지구를 살리는 희망의 지도
세계 생태마을 네트워크

Global
Ecovillage
Network

지구를 살리는 희망의 지도

세계 생태마을
네트워크

코샤 쥬베르트 · 레일라 드레거 엮음
넥스트젠 코리아 에듀케이션 옮김

· · · · · · · · ·

서로 배우고 연대하며 그리는
아름다운 생태발자국

열매
하나

감사의 글

이 책은 여러 곳에서 많은 마음을 모아 나왔습니다. 먼저 생태마을의 삶에 공헌한 많은 분들과 특별한 이야기를 나눠 준 이야기꾼들께 고마운 마음을 전합니다. 씨앗을 심고 자라는 것을 지켜본, 지혜를 가진 생태마을 네트워크의 큰 어른들 특히 세계 생태마을 네트워크를 탄생시킨 힐더 잭슨과 로스 잭슨 그리고 가이아 트러스트에 감사드립니다. 비전과 열정을 가진 활기 넘치는 청년들도 고맙습니다. 이들은 지금의 움직임을 보다 생명력 있게 준비된 다음 단계로 이어 나갈 것입니다.

지금 현장에서 일하는 모든 사람에게도 감사의 마음을 전합니다. 이 책을 통해 우리 모두가 얼마나 많은 용기와 인내 그리고 보살핌을 지속적으로 필요로 하는지 알게 되었습니다.

제니퍼Jenefer, 안젤리카Angelika, 파비트라Pavitra, 이든Ethan 등 자원봉사자분들에게 특별한 감사의 말을 전합니다. 이들은 번역가, 사진가,

편집자 및 연구자의 역할을 해 주었습니다. 나미비아 출신의 클리오 파울리Clio Pauly는 처음부터 끝까지 헌신적으로 세부 사항을 챙기며 언제나 명확한 모습을 보여 준 우리의 스타였습니다.

트리아키 프레스Triarchy Press의 멋진 출판 팀의 격려와 도움에도 큰 감사를 드립니다. 우리 가족과 친구들, 핀드혼과 타메라 공동체의 동료들은 우리를 받쳐 주고 영감을 주었습니다. 따뜻한 고마움을 전합니다. 마지막으로, 우리와 함께 이 모험에 나선 독자 여러분께 진심으로 가슴 깊이 감사드립니다! 우리가 함께 건널 앞으로의 여정을 기대합니다.

세계 생태마을 네트워크

생태마을ECOVILLAGE은 사회적 환경과 자연환경을 회복하려는 목표를 가진 계획/전통공동체입니다. 사회적·생태적·경제적·문화적 차원에서 지속가능성을 각 지역의 맥락에 맞게 적용하고, 동시에 전 세계적인 모델로 통합하는 곳이기도 합니다.

우리는 각 지역별 생태마을이 주도적으로 참여하는 과정 그 자체를 중시합니다.

이 책에는 세계 생태마을 네트워크와 함께하는 NGO들의 이야기도 있습니다. 그들은 스스로 자신의 미래를 설계하거나 생태마을로 전환하는 다른 공동체를 지원하는 역할을 합니다.

지구 전역에서, 때로는 잘 보이지 않는 외떨어진 곳에서 인류의 가장 중요한 탐험 하나가 진행 중입니다. 과학자와 기술자, 발명가와 농부, 반짝이는 눈의 청년과 너른 마음을 가진 여성과 남성, 세계가 겪는 여러 위기에 가장 큰 영향을 받는 모든 사람과 활동가들이 함께 모여 진실한 네트워크를 만들고 있습니다.

마을과 도시 그리고 빈민가에서 그들은 우리 시대의 질문에 대한 답을 찾습니다. 그들은 '응답하는 능력(response-ability)'을 발휘하여 삶을 지탱하고 사회와 자연을 재생산하는 방식으로 살아갑니다. 하지만 누구도 이를 계획하지 않았습니다. 각 공동체가 주도하는 이 운동은 많은 이들이 가지 않는 길을 선택한 용기 있는 사람들의 가슴에서, 마음과 손에서 생겨났습니다.

"노랗게 물든 숲 속에 두 갈래 길이 있습니다. 나는 사람이 덜 다니는 길을 선택했고, 내 인생은 달라졌습니다."_로버트 프로스트

여전히 많은 곳에서 결과를 생각하지 않는 듯한 일들이 습관처럼 반복됩니다. 하지만 생태마을은 삶의 현장에서 해결책을 구현하기 위해 노력합니다. 대부분 단순한 방법들이지만 가끔은 놀랄 만한 결과를 내기도 합니다. 생태마을은 지역적·국가적으로 농촌 및 도시 지역의 사회적·문화적·생태적·경제적 회복에 영감을 주는 작은 불빛이 되었습니다. 생태마을은 사회적·환경적 정의 구현을 위한 세계적인 운동의 일부입니다.

1980년대 후반 생태마을 개념이 처음으로 생겨났을 무렵 그것은 계획공동체에 가까웠습니다. 소비주의와 착취적인 문화에 대한 대안으로, 삶의 질은 높게 유지하되 환경에 영향을 덜 미치는 라이프스타일을 만들기 위한 노력이었습니다. 오늘날 생태마을, 그중에서도 특히 남반구의 생태마을 네트워크는 자신들의 미래를 스스로 만들고 싶어 하는 수천 개의 전통마을들과 빈민 지역의 노력과 계획을 포함합니다. 전 세계 생태마을이 가치관을 공유하고 성장하며 소통하는 것, 그 자체가 실제로 남반구와 북반구를 화해시키고 동서 대화의 장을 열며 지구적 의식을 진화시킵니다.

이 책은 전 세계의 생태마을 프로젝트를 소개하고 있습니다. 독자들이 적어도 생태마을의 풍요로움과 다양성을 맛볼 수 있게 하는 것이 우리의 목표입니다. 본문의 대부분은 각 공동체의 설립자나 오래된 구성원과의 인터뷰를 기반으로 쓰였습니다. 일부는 지역적·국가적 네트

워크의 생태마을 전환 시도를 다루고 있습니다. 2015년 세계 생태마을 네트워크(GEN) 20주년을 맞이하여 지난 성과들을 기리고 동시에 어려움과 실패에서도 배우기 위해 책을 기획했습니다. 이 책은 매우 개인적인 관점에서 출발하여 우리 시대의 가장 위대한 모험 중 하나인 지속가능한 삶의 방식을 탐구합니다.

각 생태마을 이야기에는 '공동체를 위한 제안들'이 담겨 있습니다. 생태마을에서는 세계적 과제에 대한 지역적 해법을 개발하고 있는데, 웹사이트(ecovillage.org)의 솔루션 라이브러리Solution Library에서 이러한 해법 일부를 찾아볼 수 있습니다. 모두에게 열려 있으니 여러분의 공동체 또는 뒤뜰에서 쓸 만한 아이디어를 얻으시길 바랍니다.

이 책(영어판)은 독일 노이 아드Neue Erde 출판사를 통해 독일어판으로도 동시에 출간되었습니다.

이 이야기가 모두에게 영감의 원천이 되길 바랍니다. 꿈을 실현하고 서로를 보살피며 아름다운 지구를 진심으로 돌보는 우리의 능력에 대한 믿음을 더욱 단단히 하시길 바랍니다. 우리는 모두 한 가지 물음 안에 있습니다. 한 사람, 한 사람이 사람들의 발길이 덜 닿는 길을 향해 우리만의 발걸음을 내딛도록 부름받았습니다. 언젠가는 이 길이 생명을 지키는 새로운 문화로 이어지리라 믿습니다.

즐거운 시간이 되길 바라며

코샤 쥬베르트

레일라 드레거

생태마을을 만나다

2008년 여름, 저는 대학에서 간접적으로 듣고 배운 대안적인 삶을 실천하며 살아가는 사람들을 직접 만나고 또 함께 살아 보고 싶었습니다. 그 무렵 제 내면에는 앞으로 살고 싶은 삶의 모델을 찾고 싶은 갈망이 가득했습니다. 자연스레 공동체적인 삶과 생태마을에 관심을 가지게 되었고, 같은 갈증을 가지고 있던 절친한 친구와 자주 그 이야기를 나누곤 했습니다. 넓은 세상에 대한 호기심, 가슴을 뛰게 하는 모험심, 무모한 용기를 가진 우리는 결국 직접 공동체운동의 역사가 오래된 유럽의 생태마을과 영성공동체를 찾아다니기로 의기투합을 했습니다.

당시에도 책과 기사 들로 외국의 유명한 몇몇 생태마을이 알려져 있었지만, 정보의 양은 적었고 접근할 수 있는 통로도 다양하지 않았습니다. 특히 직접 마을과 공동체를 방문하기 위한 정보를 찾는 일은 어려웠습니다. 지금도 그렇지만, 이 분야에 특별히 관심을 가진 사람이 아니면 공동체, 생태마을이라는 단어는 너무나도 낯선 것이었습니다.

　주변에 물어볼 곳도, 사람도 마땅치 않은 평범한 대학생 둘은 어디서부터 어떻게 생태마을 방문을 준비해야 할지 막막했습니다. 그렇게 인터넷에서 정보를 검색하며 헤매다가 생태마을에 대해 쓴 기사 하나를 봤습니다. 하단에는 글쓴이의 이메일 주소가 있었고, 우리가 받은 답신에는 '세계 생태마을 네트워크(GEN)' 홈페이지 주소가 적혀 있었습니다. 거기서부터 우리는 여러 생태마을에 대한 정보를 얻으며 여행을 시작했습니다.

생태마을 콘퍼런스

　100여 명의 구성원들이 사는 독일의 지벤 린덴은 우리가 처음으로 경험한 생태마을이었습니다. 우리는 그곳에서 몇 주간 머물면서 스트로베일 건축 워크숍을 비롯해 다양한 워크숍에 참여할 수 있었습니다. 우리처럼 여러 나라에서 온 방문객들은 지벤 린덴 공동체 구성원들과 함께 먹고, 자고, 일하고, 놀고, 살아 보면서 계획형 공동체로 세워진 생태마을에 대한 기본적인 감각과 이해를 몸으로 조금씩 쌓아 갔습니다.

　그때 마침 지벤 린덴에서 유럽의 각 생태마을을 돌며 1년에 한 번 개최되는 젠 유럽GEN Europe 정기 총회가 열렸습니다. 4일간 28개 국가에서 온 100여 명의 생태마을 사람들이 워크숍, 강연, 프레젠테이션, 토론, 의사 결정 등 다양한 방식으로 교류하며 연대했습니다.

　마치 할아버지, 할머니, 어머니, 아버지, 자녀들과 사촌들까지 전국 곳곳에 흩어져 살던 온 식구들이 큰 명절마다 모여 서로 지내 온 이야기와 정을 나누는 것처럼 공동체운동의 3세대가 한자리에 모였습니다. 1960~1970년대 공동체운동을 이끌었던 윗세대부터 현재 뜨거운 열정을 가지고 일구어 가는 허리 세대와 공동체에서 태어난 자녀들, 대안을 찾고 실험하고자 하는 열정적인 20~30대가 함께 어울렸습니다.

영어가 서투른 젊은 여성이자 아시아에서 온 이방인. 도시의 아파트에서 자라 자연과 땅에 대한 막연한 그리움과 동경만 있을 뿐 몸으로서, 삶으로서 땅에 대한 친밀한 경험이 부족했던 방문객. 그것이 저였습니다. 지금도 그렇지만 당시에도 저에게는 '생태'도 '마을'도 쉽지 않은 개념이었습니다. 아마 앞으로도 끊임없이 스스로 물으며 찾아갈 무엇일 것입니다.

그러나 함께 지낼수록 평범한 일상이 공동체의 따뜻한 환대로 채워지는 것을 느끼면서 가슴이 열리고, 함께 묻고 답하고 배우는 축제의 시간을 즐기게 되었습니다. 그곳에서는 이제 막 생태마을에 관심을 가지게 된 사람이든 수십 년의 경험을 가진 사람이든 연령과 경험, 출신지, 언어, 문화, 성별을 넘어 서로가 편안하게 교류하고 있었습니다.

마을, 공동체마다 가진 철학과 정체성, 실천 방식은 다양했지만 지구와 인간이 조화롭게 살아가기 위한 삶을 추구하는 마음은 같았습니다. 이곳에 모인 사람들은 그동안 인류의 역사에서 벌어진 경쟁과 폭력의 상처를 치유하고 성찰하며, 인류의 의식과 문화를 새롭게 창조하는 미래를 꿈꾸고 있었습니다. 생태마을운동을 통해 이루고자 하는 가슴 속 비전들은 서로의 존재를 깊은 곳에서 끈끈하게 연결해 주었습니다.

다름과 차이를 문제가 아닌 다양성과 풍부함의 관점으로 바라보고, 생각을 시작할 수 있는 접점으로 삼으려는 자세를 연습하며, 서로가 성취한 것에 대해서 진심으로 존경과 축하를 보냈습니다. 실패하고 상처받은 어려운 경험들을 용기 있게 꺼내면 기꺼이 가슴을 열어 포용과 눈물 때로는 따뜻한 침묵과 경청으로 공감과 위로를 전했습니다.

관계 안에서 필연적으로 발생하는 소통의 어려움, 상처와 갈등도 있지만 계속해서 그것을 마주하고 풀어 가기 위해 끊임없이 노력하고 고민했습니다. 지혜를 나누는 이 열정의 공간을 통해 저는 사회라는 큰 공동체의 진짜 의미가 무엇인지, 연대가 가진 아름다움과 온기가 어떤 것인지 처음으로 느낄 수 있었습니다.

함께 책을 만들다

다시 2016년 여름, 젠GEN 20주년 콘퍼런스에 참가하기 위해 스코틀랜드의 핀드혼 생태마을을 방문했을 때 이 책을 만났습니다. 젠GEN 20주년을 맞이해 출간된 이 책은 네트워크로 연결된 아시아, 오세아니아, 유럽, 북미, 중남미, 아프리카 전 세계 6대륙에 있는 생태마을에 살고 있거나 살았던 사람들의 목소리를 담았습니다.

국내 다른 생태마을 도서들은 관찰자, 여행자의 시선으로 외부에서 내부를 바라보거나, 한 마을 사례에 대해 집중적으로 다루고 있거나, 철학과 역사에 대해 심층적인 이야기를 다루고 있는 경우가 많습니다. 그에 반해 이 책은 현재진행형인 공동체 사람들의 목소리를 생생하게 전합니다. 각 생태마을을 소개하는 사람들은 실제 마을과 공동체 건설에 참여했거나 현재 참여 중인 사람들입니다.

동시에 이 책은 세계 생태마을운동의 흐름과 사례, 현주소를 소개하며, 계획공동체 외에도 다양하고 폭넓은 관점으로 생태마을을 바라봅니다. 지속가능한 삶을 위한 생태마을운동은 기존의 지역적 생태자립과 대안운동에서 한발 더 나아가 평화운동, 지구적 연대, 인류 의식의 진화까지 확장되고 있습니다.

또한 생태마을은 전쟁과 폭력으로 평화와 정의를 착취하고 수탈했던 시간, 장소 들을 재생과 풍요로움으로 회복시키려는 사람들이 함께 일구는 삶입니다. 개인적으로 한국의 사회운동, 대안운동, 생태마을운동도 갈등과 분열을 포용하고 나아가야 하는 시대적 과제와 생태적 과제를 모두 안고 있다고 생각했고, 이 책에 나오는 생태마을운동의 다양한 방향을 참조하여 새로운 영감과 생각해 볼 거리들을 얻을 수 있을 것 같았습니다.

연대의 장을 기다리며

지난 5년간 저는 젠GEN과 때로는 느슨하게 때로는 매우 밀접하게 교류해 오고 있습니다. 그 사이 청년들을 중심으로 '넥스트젠 코리아 에듀케이션'라는 네트워크와 교육센터를 통해 동료들과 다양한 활동을 펼쳐나가고 있습니다. 지금까지 젠 네트워크와의 다양한 교류로부터 지구적 연대감을 느낀 저와 동료들은 한국에서도 세대가 조화롭게 어울리고 문턱이 낮은 연대의 장이 생기기를 고대합니다.

오늘날 청년들은 남북으로 분단된 시대에 태어나 근현대사의 아픔과 문화적으로 큰 차이를 가진 윗 세대와 함께 살고 있습니다. 세계화와 물질적 풍요, 상대적 빈곤과 착취가 뒤섞인 사회 구조와 무리 짓고 경계

짓는 한국 사회 안에서 경쟁과 서열이라는 틀에 맞춰진 교육을 받고 성장해 왔습니다. 용기와 희망, 정의를 제대로 배우기 전에 두려움과 불안, 긴장부터 무의식적으로 배워야만 했습니다.

여러 청년들이 자신만의 방식으로 새로운 관계 맺기, 새로운 삶과 운동, 새로운 문화와 세대를 어떻게 만들어갈 수 있을지 고민하고 좌충우돌하며 길을 찾습니다. 그중에 누군가는 미래에 자신이 살고 싶은 공동체를 꿈꾸기도 하고, 누군가는 자신이 만들고 싶은 공동체를 꿈꾸기도 합니다. 하나의 공동체, 마을을 만드는 일이 결코 쉽지 않다는 걸 체감할수록, 우리는 우리들 중 누군가 먼저 공동체를 시작해 주면 자신도 합류하겠다며 서로 농담을 주고받기도 했습니다. 그렇게 어떤 청년들은 대안을 찾고자 때로는 먼 이국의 땅으로 향하고, 어떤 청년들은 우리나라 어느 도시의 카페와 공유 공간에 모이거나 마을 안으로 들어가 살아보기도 하고, 누군가는 시골 길 위에서 만나고 흩어지며 계속해서 꿈을 꾸고 있습니다.

각자가 가진 가치와 방식의 다름을 존중하는 것, 사랑과 연민을 바탕으로 노력의 가치를 알아주는 것, 서로의 상처에 귀 기울이고 기다려 주는 것, 불완전한 존재 그대로 서로 화해하고 하나로 연결되는 것. 이것이 지구와 우리가 치유되고 조화롭게 공존할 수 있는 길이며, 우리가 받아 온 생명과 삶을 우리 다음 세대인 아이들의 미래로 이어 주는 길과 다르지 않음을 느낍니다. 그 길을 따라 서툴지만 포기하지 않고, 조금씩 배우며 변화하고자 노력하고 있습니다. 오늘날 우리나라 곳곳에서는 청년들의 다양한 움직임이 활발하게 이뤄지고 있습니다. 그동안 멈춰 있었던 한국 생태마을공동체네트워크가 작년부터 다시 시작된 것도 무척 기쁜 일입니다.

감사의 인사를 전하며

맨 처음 이 책이 한국어로 나와 많은 사람들에게 읽혀지기를 꿈꾸는 이는 저 혼자인 것 같았습니다. 그러다 시간이 흐르며 여러 사람들이 함께 모여 공부 차원에서 번역을 시작했습니다. 번역과 출판에 대한 전문 지식이 없던 여러 명의 넥스트젠 활동가, 동료, 친구 들과 공동 작업을 통해 하나둘 원고를 읽어 나갔습니다. 책 자체가 전문 작가가 아닌 활동가들의 기록이고, 전 세계에서 각자의 언어로 쓰였기 때문에 진솔하고 개성이 넘쳤지만 투박하고 정리되지 않은 면도 보였습니다. 각 생태마을과 그곳의 활동에 대해 더 구체적이거나 전문적인 내용을 기대하는 독자가 있다면 아쉬운 부분들이 보일 것입니다. 열정만으로 다 가리지 못한 부족한 부분과 실수는 너른 마음으로 품어 주시고 알려 주시면 감사하겠습니다.

많은 분들의 변함없는 선의와 참여, 지지가 있었기 때문에 우리는 2년이 넘는 시간 동안 느리지만 꾸준히 이 작업을 진행할 수 있었고, 마침내 정식으로 출판할 수 있게 되었습니다.

바쁜 와중에도 오랫동안 개인의 시간을 쪼개어 번역 봉사를 해 주신 넥스트젠 번역출판 프로젝트 구성원들과 활동가들, 출판에 대해 조언을 주신 분들, 세상에 나올 날을 기다리겠다고 해 주신 익명의 분들, 작은 금액이라도 회의할 때 쓰라며 보내 주셨던 후원금과 모임 공간을 빌려주셨던 분들, 오로지 한국어판을 위해 추가로 글을 써 주신 한국과 해외의 공동체 분들, 시장성이 없어 보이는 이 책을 함께 만들어 보자 마음과 용기를 내주신 출판사 분들, 청년 모임에서 단체로 발돋움할 수 있도록 1년 동안 지원해 준 '아름다운 재단' 등 계속되는 따뜻한 격려를 통해 여기까지 올 수 있었습니다. 이 글을 빌려 그분들께 가슴 깊이 진심으로 감사한 마음을 전합니다.

특히, 본격적으로 책을 만들기 위해 원고를 수없이 들여다보며 다듬어 나가는 길고 무모했던 여정에 뛰어들어 끝까지 함께해 준 소중한 동료 흐름에게 특별한 감사를 전합니다.

동아시아편을 구상하며 떠올렸지만 여러 사정으로 아쉽게도 담지 못한, 한국의 전환마을운동과 후쿠시마 이후 일본에서 일어나는 생태적 움직임과 공동체 이야기도 다른 기회를 빌려 더 많은 사람들에게 알려지기를 바라며 고마움을 전합니다. 텀블벅 후원을 통해 관심을 가지고 응원해 주신 수많은 분들께도 감사를 드립니다.

방황하던 한 청년은 생태마을들의 연대와 교류를 통해 희망이 단순한 추상적 개념이 아니라 살아 있는 말이자, 삶의 증거가 될 수 있음을 알게 되었습니다. 그 길 위에서 이제까지 만나온 수많은 분들의 삶은 한 청년의 영혼과 삶을 그 이전보다 더 깊고 풍요롭게 만들었습니다. 지구 이곳저곳에서 그리고 우리 땅에서 더욱 다양한 삶의 방식에 대한 관심과 희망이 더 자주 이야기되면 좋겠습니다. 이 책이 많은 사람들과 함께 이야기를 시작하고, 생각을 나눠볼 수 있는 계기이자 연결 다리가 되어 줄 수 있다면 그것만으로도 충분한 가치가 있다고 생각합니다.

자본주의 사회의 고된 삶이 인생 자체가 된 우리들의 부모님, 자신의 존재나 꿈 대신 생존과 경쟁, 불안으로 청춘을 보낼 수밖에 없는 우리 세대의 친구들, 양극화된 세상에 태어나 더 고된 레일을 뒤따라올 우리의 아이들을 위해, 생태마을이 정답이라기보다는 이러한 삶의 방식도 가능하다는 것을 같이 꿈꿀 수 있으면 좋겠습니다. 그런 바람으로 시작된 이 작업의 결과물이 새로운 변화의 샘물을 찾고자 하는 누군가에게 작은 쓰임이 될 수 있기를 소망합니다.

옮긴이들을 대표하여

추아영(산들)

차례

동아시아

아시아 & 오세아니아

유럽

아프리카

라틴아메리카

북아메리카

일러두기

1. 마지막 페이지에 별도로 표시하지 않은 모든 사진의 저작권은 각각의 생태마을에 있습니다.

2. 한국어판에는 '동아시아' 생태마을 소개가 추가되었습니다. 이것은 자발적으로 이 책의 기획과 번역을 담당한 넥스트젠 코리아 에듀케이션 활동가들이 한국, 일본, 중국의 각 생태마을에 원고를 청탁하고, 젠GEN의 담당자들과 협의한 노력의 결실입니다. 덕분에 이 번역본은 원서의 '증보판'에 가까워졌습니다.

3. 각 생태마을 소개에 포함된 '공동체를 위한 제안들'은 젠GEN 홈페이지의 '솔루션 라이브러리solution.ecovillage.org'에서 관련 내용을 찾아볼 수 있습니다. 다만, 계속 갱신되는 정보이기 때문에 홈페이지 운영진의 사정에 따라 책에 표기된 것과 검색어가 다르거나 정보가 수정/삭제되는 등의 경우가 발생할 수 있습니다.

4. 각 생태마을의 도입부는 대체로 엮은이인 코샤 쥬베르트와 레일라 드레거가 썼으며, 본문은 각 마을 소개자가 직접 작성했습니다. 그러나 사정에 따라 인터뷰에 기초하여 기록된 경우도 있습니다.

생태마을 안내

Ecovillage Guide

우리가 사는 아름다운 세상

코샤 쥬베르트

"우리는 기후 변화에 대비할 마지막 세대입니다. 우리에게겐 행동해야 할 의무가 있습니다."_유엔 사무총장 반기문

삶을 보호하는 마음

우리는 아름다운 지구에 살고 있습니다. 지구는 우리에게 자연을 탐험하라고 손짓합니다. 그 속에서 우리를 감싼 더 큰 힘의 어루만짐을 허락하라고 말입니다. 강을 헤엄치고, 달을 바라보며, 나뭇가지를 흔드는 바람, 지저귀는 새소리, 살갗에 닿는 짠 바닷물을 느껴보라고 합니다. 삶을 보호하려는 타고난 소망과 연결되고 싶다면 그저 아이의 눈을 바라보면 됩니다. 우리 모두에겐 타인을 돌보려는 자연스런 성향이 있어 그걸 표현할 방법을 찾았을 때 가장 행복합니다.

아마도 이 책을 읽는 분들은 빌딩 숲 속에서 하루 종일 스크린만

바라보며 각종 소비재에 둘러싸여 삶을 살아갈 겁니다. 하지만 기후 변화, 환경 파괴, 기아, 무분별한 폭력, 천연자원 고갈, 대기 오염 등 주류의 흐름과 제도로부터 발생한 여러 가지 위기들이 한 곳을 향하는 걸 보면서, 우리는 이 지구에서 조용하고 평화롭게 발을 딛는 삶의 방식을 갈망하고 있습니다.

우리는 열정과 책임이 함께하길 원합니다. 지구에 대한 사랑과 지속가능한 삶에 대한 소망이 함께 어우러지길 원합니다. 어느 날 뒤를 돌아보며 아이들과 그 다음 세대에게 우리의 유산을 자랑스러워 할 수 있는 날이 오기를 희망합니다. 지구를 가로지르는 생태마을 네트워크는 이러한 소망의 표현입니다.

벽을 허물어 한 발 앞으로

저는 1968년 남아프리카에서 태어났습니다. 인종차별정책인 아파르트헤이트에 의해 피부색에 따라 사람을 분리하던 때였습니다. 그 속에는 경제적 착취, 영토 침해, 치욕, 고통, 협박, 두려움이 만연했습니다. 이 잔인한 시스템의 결과는 오늘날까지 남아프리카 사회에 여전히 남아 있습니다. 하나만 예를 들면, 이곳에선 36초마다 여성이 강간을 당한다는 통계가 있었을 정도입니다.

역사적 잔혹함과 트라우마로부터 개인과 집단을 치유하는 일은 간단한 노력으로 되는 일이 아닙니다. 용서와 화해는 법 제정으로 끝나지 않습니다. 그것은 여전히 살아 움직이기에 오랜 시간을 거쳐 걸어야 할 길과도 같습니다.

이런 배경으로 인해, 저는 치유와 변화의 공간, 다양한 문화 사이의 소통에 깊은 관심을 두고 정치제도, 폐쇄 체제 및 사회 규범에 대한 '건전한 불신'을 키웠습니다. 믿을 만한 것은 오히려 마음의 벽을 허물고 온전히 사람들을 만나는 것, 삶의 적당한 혼돈과 복잡함 속에서 실제의 경험을 기꺼이 받아들이는 것이라고 생각했습니다. 이런 과정을 거쳐 저는 생태마을과 계획공동체운동에 참여하고 싶다는 마음을 품었습니다.

23살이 되던 해 저는 순례에 나섰습니다. 폭력 사태가 절정에 이르렀던 때입니다. 1991년 넬슨 만델라가 막 석방되었고, 온 나라는 억압된 분노와 좌절감으로 꽉 차 있었습니다. 얼마간 저는 아파르트헤이트를 반대하는 다양한 조직에서 일했습니다. 그러다 내가 태어난 나라를 실제로 탐험하게 되었습니다. 흑인 택시, 흑인 마을, 야생과 밤하늘 등 젊은 백인 여성(Afrikanermeisie)에게 금기시되는 모든 장소를 경험하며 용기를 얻었습니다. 저는 석 달 동안 해안을 따라 걸었고, 이 여정은 당시 흑인들의 고향 중 하나인 트란스케이Transkei에서 끝났습니다.

세인트 존스 항구에서 배를 타고 강을 건너자 오솔길이 나 있었습니다. 길은 언덕을 구불구불 돌고 개울을 건너 들판 위에 그림같이 선 오두막으로 이어졌습니다. 한껏 휜 뿔을 가진 아프리카 소들은 뿔처럼 당당했고, 인간에 대한 두려움보다는 호기심으로 가득 찬 눈빛을 하고 있었습니다. 이 아름다운 곳에서 저는 한 공동체를 만났습니다. 흑인과 백인 젊은이들이 아파르트헤이트 제도를 떠나 함께 살며, 흙을 일구고 땅을 돌보고 오두막을 짓고 조화롭게 아이들을 키우고 있었습니다.

다채롭게 일구는 삶

당시엔 그 말을 몰랐지만, 이것이 '생태마을'에 대한 저의 첫 경험이었습니다. 생태마을은 제 인생을 변화시켰습니다. 저는 오래된 시스템 안에서도 분쟁 없이 새로운 시스템을 만들 수 있다는 걸 알았고, 작은 세포나 혁신의 틈새가 전체 시스템을 변화시키는 움직임을 일으킬 수 있음도 알게 되었습니다. 또한 자신의 가치를 따르는 사치스럽지만 단순한 삶은 우리의 순진무구함, 무지, 기만을 거침없이 떨쳐 내는 내면의 성장과 성숙의 과정을 필요로 한다는 걸 깨달았습니다.

계획공동체와 생태마을은 새로운 세계였습니다. 기존 사회의 교육이라는 양파 껍질 안에 숨겨진 새로운 세계의 입구를 발견한 것 같았습니다. 유럽에 도착하고 또 아시아로 여행 갔을 때 저는 주변 사람들의 소개에 따라 마법처럼 한 장소에서 그 다음 장소로 움직였습니다. 특정한 문화적 맥락에 따라 장소마다의 생김새는 모두 달랐지만 '사랑을 표현하는 삶'을 모색한다는 공통점이 있었습니다.

세계 생태마을 네트워크(Global Ecovillage Network, 이하 젠GEN)는 이미 일어나고 있는 생태마을운동의 출현을 가시화하고, 수천 명의 풀뿌리운동가들이 개척한 공동체 사이의 연결 고리를 제공하기 위해 1995년에 설립되었습니다. 젠GEN은 시골과 도시, 전통공동체와 계획공동체 들의 연대를 돕고, 자연에 영향을 적게 미치고 삶의 질은 높게 유지하는 라이프스타일을 추구합니다. 젠GEN에 속한 생태마을들은 가장 낮은 수준의 일인당 탄소발자국을 보입니다.

젠GEN은 5개의 지역 기구인 북아메리카(ENA), 라틴아메리카(CASA), 오세아니아 및 아시아(GENOA), 유럽 및 중동(GEN-Europe) 그리고 아프리카(GEN-Africa)를 통해 일합니다. 더해서 넥스트젠NextGEN은 청년운동을 한자리에 모았습니다. 이러한 네트워크는 전 세계 100여 개 국가, 1만 개 이상의 공동체에서 이루어진 놀라운 일들을 연결합니다. 젠GEN은 뿌리 깊은 전통적 지식과 가장 혁신적인 해결책을 결합하여 지구에서의 지속가능한 삶을 위한 지혜를 만들고 있습니다.

아프리카의 퍼머컬처 프로젝트에서부터 아시아의 불교 아쉬람과 미국의 히피 공동체, 라틴아메리카의 에코 카라반에 이르기까지 '생태마을 프로젝트'의 다양성은 급증하고 있습니다. 순수한 복잡성과 넓은 표현 범위는 생태마을의 핵심입니다. 인간과 자연의 다양성은 매우 소중하며 회복을 향한 우리의 희망 그 중심에 자리합니다. 풍부한 다양성은 우리의 가장 큰 보물 가운데 하나로 개인 표현의 예술적 본성, 영적 다양성의 풍부함 그리고 지역에 적절한 기술이라는 독창성으로 드러납니다.

다름이라는 축복이야말로 공통적인 핵심입니다. 젠GEN은 '사회적·자연적 환경을 되살리기 위한 참여적 과정'을 통해 '의식적으로 설계된 지역 소유의 계획공동체 또는 전통공동체'를 생태마을이라고 정의합니다. 지속가능성의 4가지 차원(생태, 경제, 사회, 문화)은 해당 지역의 요구 사항에 맞게 조정되는 전체적이고 지속가능한 개발 모델로 통합됩니다.

교육과 협력의 두 바퀴

생태마을은 자연에 영향을 적게 미치는 삶의 방식과 협력적이고 수준 높은 사회적·문화적 환경을 결합합니다. 전 세계적으로 직면한 어려움에 대한 해결책을 찾기 위해 다양한 실험을 해 볼 수 있는 소중한 놀이터이기도 합니다. 생태마을은 실제로 지속가능성을 선보일 수 있는 장소로 인정받고 있으며, 자연스럽게 지역 및 사회에 영감을 주는 장소가 되고 있습니다. 우리는 이곳에서 새로운 접근법을 보고 맛보고 만질 수 있습니다.

현실의 우리는 마치 우리 삶이 놓인 토대를 파괴하지 않고는 살 수 없다고 생각하는 것 같습니다. 그러나 생태마을은 오래된 지혜와 전통의 가르침을 보여 줍니다. 이상적으로 생각하면 지구상의 모든 마을과 도시는 생태마을 또는 친환경 도시가 될 수 있습니다.

공동체는 지혜롭고 애정이 넘치는 중재를 통해 우리의 삶을 유지하고 되살릴 수 있습니다. 공동체에서 우리는 토양을 보충하고, 생태계를 다양화하며, 숲을 새롭게 만들고, 물을 정화할 수 있습니다. 우리는 과거의 상처를 치유하고 해결책을 찾을 수 있습니다. 충만한 인간관계 안에서 살아갈 수 있습니다. 우리가 마음을 모아 가장 중요한 노력, 즉 성공적인 미래로 가는 길에 헌신할 수 있다면, 우리가 필요로 하는 모든 것들은 이미 준비되어 있습니다.

여기서 중요한 질문이 나옵니다. 어떻게 하면 핵심 가치를 잃지 않고서, 생태마을로 향하는 접근법을 널리 퍼뜨릴 수 있을까? 첫 번째 답은 '교육'입니다. 생태마을에서 배운 것을 대중에게 알리기 위한 교육의 일환으로, 2005년에 열린 젠GEN 창립 10주년 기념행사에서 가이아 에듀케이션Gaia Education이 발족했습니다. 저는 2004년 스코틀랜드 핀드혼에서 만난 전 세계 24명의 생태마을 교육자들과 함께 우리가 공유하고 싶은 최선의 것을 모으는 그 자리에 함께하는 영광을 얻었습니다.

그 후 생태마을 디자인 교육(Ecovillage Design Education, 이하 EDE) 커리큘럼이 만들어져 2004년부터 2014년까지 국제연합(United Nations, 이하 유엔)의 공인을 받아 지속가능한 발전 교육에 공헌하게 되었습니다. EDE는 4주간의 장기간 훈련으로 보편적인 내용을 지역적으로 적용할 수 있도록 구성되어 있습니다. EDE를 통해 지속가능성의 4가지 차원에서 각 공동체가 가진 강점과 성공적인 변화를 만드는 요소를 결합하여 공동체가 미래로 나아갈 길을 설계할 수 있습니다. 오늘날 EDE 는 전 세계 34개 국가로 확산되었고 학사 및 석사 학위 과정으로도 발전했습니다.

두 번째 답은 '사회 다른 분야와의 긴밀한 협력'입니다. 젠GEN 초창기에 생태마을은 자신들끼리만 소통하는 마치 혼자 떠 있는 외로운 섬과 같은 경향이 있었습니다. 오늘날 생태마을은 열려 있으며 스스로를 더 광범위한 변화운동의 필수 요소로 여깁니다. 젠GEN은 전환마을(Transition Town) 및 퍼머컬처 네트워크Permaculture Networks 같은 조직뿐만 아니라 정부 당국, 기업 및 학계와도 협력 관계를 맺고 있습니다.

또한 우리는 세네갈과 태국의 사례에서 배울 수 있습니다. 두 나라는 시민사회, 정부 의사 결정자 및 기업들이 협력하여 기후 변화에 대한 공동체의 주도적 대응을 지역 및 국가 차원에서 지원하고 있습니다. 젠세네갈GEN-Senegal은 2002년 설립되어 태양열 조리기, 관개 농업 키트, 퍼머컬처 디자인 및 숲 살리기 프로그램과 같은 모범 사례를 45개 생태마을에서 선보였습니다. 이 사례에서 영감을 얻은 세네갈 정부는 나중에 환경부와 지속가능개발 부서 산하에 생태마을을 담당하는 국가기관을 설립했습니다.

오늘날 세네갈은 국가적인 통합 생태마을 프로그램을 통해 1만 4,000개의 전통마을을 생태마을로 전환하는 데 성공한 세계 최초의 국가가 되었습니다. 2014년 12월 젠GEN은 세네갈 정부와 공동으로 세계 생태마을 정상회의를 주최했습니다. 세네갈 총리는 40개국의 대표단을 대상으로 아프리카 대륙 전역에 생태마을 개념을 알리겠다며, 정상회의 의장으로서의 공약뿐 아니라 개인적인 약속까지 표명했습니다.

인류의 마음

젠GEN과 EDE는 공동체의 진정한 역량 강화를 위하여 희망적인 비전과 단순한 말을 넘어서는 가치 있는 방법을 제공합니다. 지역공동체들은 자신들의 미래를 설계하고, 민관이 협력하는 적응형 조정 주기(Adaptive Governance Cycle)를 통해 의사 결정자와 정책에 영향을 주기 시작할 것입니다. 이것은 인간 고유의 지혜를 신뢰하는 진정한 민주주의에 한발 더 가까이 다가가게 합니다.

사람들에게는 좋은 의도와 변화를 일으키려는 의지가 있지만 오늘날 우리는 이를 잘 활용하지 못합니다. 젠GEN은 우리가 이러한 잠재력을 발휘할 수 있도록 돕고, 수천 개의 지역적 해법을 모아 만든 회복성 있는 아름다운 세상을 경험하게 합니다. 이 세상은 다채롭지만 하나로 짜여진 아름다운 태피스트리 같습니다.

이제는 국가적 차원을 벗어나 인류 전체의 인종차별을 치료할 때입니다. 방글라데시의 보니페이스, 콩고 공화국의 루아, 콜롬비아의 마르

가리타, 루마니아의 클라우디안, 팔레스타인의 아이다는 젠GEN 안에서 각 공동체의 일을 공유합니다. 우리는 세계적인 인식의 개념을 뛰어넘어 인류의 마음으로 곧장 나아갑니다.

우리는 우리가 하나임을 알고 있습니다. 우리가 이룬 것들을 함께 축복하고 잃은 것을 함께 애도합시다. 우리 모두는 이 여정을 함께하고 있습니다. 이것은 다음 세대들을 깨우는 부름에 대한 응답입니다.

"또 다른 세상은 가능할 뿐 아니라 우리에게 다가오고 있습니다. 조용한 어느 날, 그 숨소리를 들을 수 있습니다."_아룬다티 로이

공동체의 힘

레일라 드레거

생태마을의 핵심 역량

지난 몇 년간 월스트리트, 마드리드, 카이로 등에서 일어난 점령운동(Occupy movement)에는 한 가지 두드러진 현상이 있었습니다. 경쟁과 성과의 압박에는 익숙하지만, 의미 있는 미래를 꿈꿀 수 없는 오늘날의 젊은이들이 공동체의 기적을 경험했다는 점입니다.

계속해서 자신의 문제를 다른 사람들과 공유할 수 있음을 경험한 청년들은 힘을 모으고 머리를 맞대어 특별한 해결책을 찾았습니다. 그들은 민주적인 의사소통을 위한 새로운 규칙을 만들었고, 음식과 생각을 나누며, 함께 행동하고 사랑하고 존중했습니다. 모든 것이 가능해 보였습니다. 아무도 집으로 돌아가고 싶어 하지 않았습니다. 이것이 진정한 삶이었고 그들은 멈추고 싶지 않았습니다.

마치 금광을 발견한 것 같이 행복했지만 얼마 지나지 않아 이 공동

세계 생태마을 네트워크

체는 서서히 허물어지기 시작합니다. 끝이 없는 토론은 따분했고 본질적인 문제는 더 이상 다뤄지지 않았습니다. 대부분의 사람들은 침묵했고 몇 사람만이 끊임없이 논쟁했습니다. 경쟁의 쳇바퀴가 다시 돌기 시작했고 그들에겐 공동체를 영속적으로 유지할 수 있는 경험과 지식이 부족했습니다. 경찰과 군대가 그들의 캠프를 망가뜨리기도 전에 이미 꿈은 산산이 부서졌습니다.

이것은 놀라운 일이 아닙니다. 오늘날 사회의 지배적인 패러다임은 여전히 '믿을 것은 나 자신뿐'입니다. 정치, 비즈니스, 일상생활에서 우리는 여전히 분리되어 있고 서로 경쟁하며 일하는 것에 익숙합니다. 이러한 태도가 우리의 정서적 내면도 지배하고 있습니다.

이것이 우리들 대부분이 길들여진 방식이며 지구를 파멸로 이끄는 길입니다. 우리에게 공동체와 온전함에 대한 진정한 경험과 우리를 연결시키는 것에 대한 느낌이 없다면, 알버트 베이츠가 말한 '우리를 묶어 주는 눈에 보이지 않는 강력하고 끈끈한 연대감'이 없다면, 우리는 점점 빠르게 변화하는 세상에 신속하고 효과적으로 대응할 수 없을 것입니다.

실패한 혁신 프로젝트와 계획들은 대부분 외부의 위협 때문에 실패한 것처럼 보이지만, 자세히 들여다보면 권력 투쟁, 비밀, 질투 같은 내부 싸움 때문에 망가집니다. 정치가와 로비스트가 자신들의 개인적 이익을 벗어나 공익을 위해 단호하게 일한다면 기후 협상이 어떻게 전개될지 상상해 보십시오. 우리가 꿈꾸고 이루고자 하는 아름다운 세상을 위해 우리는 신뢰의 공동체를 핵심으로 하는 '새로운 사회적 패러다임'이 필요합니다.

이것은 정확히 생태마을과 계획공동체가 사회에 기여할 수 있는 핵심 역량입니다. 다양한 모든 공동체 가운데서도 그들에게는 한 가지 공통점이 보입니다. 바로 자신들의 문제와 과제를 공동으로 해결하고자 노력한다는 점입니다. 부득이하게 발생하는 갈등과 어려움을 다루는 것은 무척 피곤한 일입니다. 그럼에도 불구하고 그들은 계속해 나갑니다. 실험과 실수를 거듭하면서도 그들은 다시 잿더미에서 일어나 2세대, 3세대로 자신들의 소중한 경험을 모아 전달합니다.

공동체란 무엇인가?

모든 것은 공동체 안에서 존재합니다. 행성계부터 세포까지 모든 생명체는 더 큰 전체의 틀 안에서 다른 존재들과의 상호 작용을 통해 자신의 위치와 고유성을 확인합니다. 단세포 유기체가 다중 세포가 됨에 따라 지각과 운동의 가능성이 크게 증가합니다. 건강한 유기체는 모든 기관이 상호 의존합니다. 간은 산소를 얻기 위해 신장과 싸우지 않습니다. 어떤 폐도 심장처럼 움직여야 한다고 생각하지 않습니다.

몸속 장기들은 건강한 유기체의 다양성 안에서 함께 존재하며, 위대한 진화적 동맹으로 여겨지는 '자기 조직화'라는 신비한 원리를 통해 자발적으로 조직을 개조하고 변경합니다. 생물학자 브루스 립튼Bruce Lipton은 '우리 몸의 세포가 인간들처럼 경쟁과 불신으로 산다면 우리 몸은 즉시 허물어져 내릴 것'이라고 말합니다.

공동체는 인간의 본래 고향입니다. 고고학자인 마리야 김부타스 Marija Gimbutas와 다른 많은 역사가들이 묘사했듯, 전 세계적으로 존재했던 원주민 부족 문화에는 상대적으로 폭력과 처벌이 별로 없던 것으

세계 생태마을 네트워크

로 알려져 있습니다. 성생활은 편안한 방식으로 다루어졌으며, 남성과 여성은 비교적 평등했습니다. 위계질서 대신 원의 형태로 모여 함께 의사 결정을 했습니다. 수천 년의 역사 동안 이러한 문화가 존재했다는 사실을 보면 원주민은 지속가능한 방식으로 살아왔음이 틀림없습니다.

이들은 동물이나 식물의 생명을 앗아야 하면 존중을 담아 행동했고, 생태적 한계에 도달했음을 감지하면 다른 곳으로 이동했습니다. 공동체를 희생시키면서 자신의 욕심을 채우는 일은 단순한 부도덕을 넘어서는 광기의 상징이었습니다. 오늘날 지구를 약탈하고 폐허로 만드는 지구적인 탐욕은 이런 광기에 뿌리를 두고 있습니다. 이는 우리가 삶의 공동체에 대한 소속감을 상실한 데서 비롯합니다. 분리 불안은 인류의 집단적 트라우마가 되었습니다. 우리가 겪고 있는 크나큰 감정적 고통들은 우리가 공동체를 잃어버린 데서 시작되었습니다.

아프리카의 문화 대사, 소본푸 소메Sobonfu Some가 처음으로 미국의 한 가정을 방문했을 때 그녀는 놀라며 물었습니다. "다른 분들은 어디에 있나요?" 그렇습니다. 우리의 삶에 따뜻함과 의미와 행복을 주는 이웃, 친구, 자매, 삼촌, 이모, 조카, 동반자 들은 어디에 있습니까? 왜 우리는 삶에서 친밀감, 연결감, 교류, 지원, 협력, 갈등, 상호 작용을 통해 서로 배울 수 있는 많은 기회들을 사라지게 했을까요?

역사학자들은 각 지역에서 원주민 부족들이 언제 사라졌는지 꽤 정확하게 알아냈습니다. 대체적으로 신석기 혁명과 거의 동시에 일어났다고 합니다. 이때 땅을 경작하고 동물을 사육하는 것을 기반으로 한 새로운 종류의 사회 조직이 동시다발적으로 생겨났고 급속도로 전 세계에 퍼졌습니다. 이 새로운 사회 조직은 폭력을 사용했습니다. 서로 돕고 협력하던 공동체가 명령하고 통제하는 방식의 사회 조직으로 바뀌게 된 것입니다.

인간이 세계 속에서 스스로를 조직하는 방식의 변화는 아마도 그들의 내적 성장과 사회 조직의 다른 변화가 얽히고설켜 시작되었을 겁니다. 당시 인간의 자기 인식 수준이 향상되면서 사회 전반에도 변화가 필요했고, 그들은 기존의 전통과 관습으로부터 더 많은 자유와 해방을 찾았을 것으로 추측됩니다.

그러나 인간은 개인적인 표현을 더 많이 허용하는 새로운 형태의 공동체를 만드는 대신 엄격한 지배 구조와 가부장제를 선택했고, 서서히 스스로를 공동체로부터 단절시켰습니다. 이 방법은 인간이 원하던 자유를 가져오지 못했습니다. 오히려 우리는 스스로를 가두는 고독의 감옥을 만들어 냈습니다.

공동체를 향한 욕구가 채워지지 않으면, 사람들은 때로 광신적 집단의 구성원이 되어 실제 마음으로는 동의하지 않는 의견을 따르기도 합니다. 인간은 고립되면 어떻게든 공동체에 속하기 위해 취향, 상식, 연민의 경계를 넘는 것을 주저하지 않습니다. 파시즘은 자신들의 목적을 위해 바로 이 점을 무차별적으로 사용했습니다. 진정한 공동체는 개인의 고유성과 표현 그리고 소속감을 지탱해야 합니다.

마을을 유지하는 방법들

다음으로 공동체를 지속하는 데 길잡이가 될 수 있는 몇 가지 개념을 설명하려고 합니다. 궁극적으로 각 공동체는 자신들에게 가능한 방

세계 생태마을 네트워크

법들을 찾아, 반복적으로 개선하며 공동체가 살아 숨 쉬게 해야 합니다. 몇 가지 경험을 공유하고자 합니다.

공동체와 개인

사회학자 디터 둠Dieter Duhm은 "개인성… 그것은 공동체의 노력입니다."라고 말합니다. 미래의 공동체는 완전한 일치성보다는 개인성과 다양성을 특징으로 합니다. 공동체에서 우리는 개인의 발전을 위한 충분한 공간, 혼자만의 시간은 물론 상호 작용을 위한 시간도 충분히 남겨둘 필요가 있습니다. 우리는 다름과 다양성이 공동체를 풍요롭게 하는 것을 알고 있습니다. 또한, '나(I)'와 '자아(ego)' 사이의 차이를 인식합니다. '자아'는 분리되는 반면에, '나'는 언제나 무언가와 연결됩니다.

개인 없이 움직이는 공동체는 없고, 반대로 공동체 없는 개인도 없습니다. 우리는 외부와 단절된 채 혼자 개성을 발휘할 수 없습니다. 자신이 누구인지 알고, 강점과 약점에 대한 감각을 키우기 위해서는 접촉, 상호 작용, 갈등이 필요합니다. 공동체는 우리가 자기 본연의 모습을 찾고 이야기할 수 있는 안전한 장소를 제공합니다.

공동의 목표

구성원들이 항상 서로를 좋아하는 공동체는 없습니다. 개인적인 관계에서도 그런 것처럼 말입니다. 초반의 열정이 가라앉고 기대가 무너질 때, 우리는 이제 각자의 길을 갈지 아니면 순간의 연민이나 반감보다 더 강한 것을 찾을지 결정해야 합니다.

중국 고전『주역』에는 '공동체를 지속하게 만드는 것은 개개인의

사적인 이익이 아니라, 인류의 공동 목표'라는 말이 있습니다. 세상을 향한 연민과 구성원들이 받아들일 수 있는 공동의 목표는 필수적입니다. 공동의 목표에 대해 서로를 보완하고 신뢰할 수 있다는 것을 알게 되면, 구성원들 사이에 강한 유대 관계가 형성됩니다.

투명성과 신뢰

신뢰는 투명성을 통해 형성됩니다. 신뢰는 당신의 가장 깊은 내면이 보이거나, 다른 이들의 가장 깊은 내면을 보았을 때 생겨납니다. 그것은 우리가 스스로를 드러낼 때 발생합니다. 사람들이 당신을 어떻게 생각하는지 두려워할 필요가 없다는 것, 당신에 대해 사람들이 맘에 들지 않는 것이 있을 때 이야기해 준다는 것을 안다면 얼마나 큰 부담감이 사라지는지 모릅니다.

모든 공동체는 비밀스런 소문이나 뒷담화 대신, 현상 이면에서 일어나고 있는 일들을 우리가 볼 수 있도록 돕는 과정과 방법을 필요로 합니다. 이런 모든 일들은 고상하게 은폐되고 억압되어 있어 정리되지 않는다면 궁극적으로는 공동체를 둘러싼 분위기를 오염시키게 됩니다. 이 과정은 유머, 자비심, 인간의 지혜에 뿌리를 두어야 합니다.

그것은 서로에게 상처 주는 것이 아니라 스스로를 보여 주고 서로를 이해하고 자유롭게 하는 것입니다. 상대로부터 두려움이나 분노의 반응을 걱정할 필요가 없는 공간에서 자신을 자유롭게 표현하는 일은 모든 개인과 공동체를 해방시킵니다.

리더십 구조와 풀뿌리 민주주의

공동체 의사 결정을 위한 모델은 더 이상 피라미드가 아닌 원의 형태입니다. 아메리칸 원주민 작가 매니톤콰Manitonquat은 이렇게 말합니다. "원 안에서는 모든 사람이 리더입니다. 즉 모든 사람이 전체에 대한 책임을 집니다." 모든 목소리를 들을 수 있는 참여형 의사 결정 구조가 없으면 공동체는 일어나지 않습니다. 그런데 이 같은 풀뿌리 민주주의가 가능하기 위해서는 리더십의 자질을 갖춘 성숙한 구성원들이 필요합니다. 그래야만 책임감을 제대로 공유할 수 있기 때문입니다.

또한 지혜와 투명한 자세도 필요합니다. 공동체에서 의사 결정을 할 때면 소위 객관적인 논쟁들이 아주 고통스럽게 보이기도 하지만 사실 이것은 가짜 갈등이고, 진짜는 논쟁의 표면 아래 있기도 합니다. 궁극적으로 의사 결정은 기꺼이 그 책임을 질 수 있는 성숙한 사람들에 의해 내려져야 합니다. 최근 몇 년 사이에는 엄격한 만장일치제의 대안으로 다양한 방식의 의사 결정 도구가 개발되었습니다.

남성성과 여성성 사이의 역동

남녀의 다름에서 오는 차이, 매력 또는 오해는 모든 공동체에서 역동성을 만들어 무시할 수 없는 중요한 역할을 합니다. 여성의 자질이라고 일컬어지는 돌봄, 공감, 연민, 실용주의 또는 듣는 능력 등은 남녀를 구분할 것 없이, 모든 공동체의 필수 요소입니다. 일반적인 사회에서의 필요보다 훨씬 더 중요합니다. 이로쿼이 헌법(Iroquois Constitution, 모든 생명의 평등과 평화를 중요하게 여긴 북아메리카 인디언 이로쿼이족의 헌법-옮긴이)에서는 리더가 '선한 어머니와 같아야 한다'고 말합니다. 좋은 공동체일

수록 여성적 자질을 존중합니다.

마찬가지로 우리가 남성적 자질이라고 생각하는 선견지명, 결단력, 합리성, 이론, 추진력 또한 그것이 남녀 어느 쪽에서 비롯되든 생태마을 운동에서는 똑같이 중요합니다. 공동체는 이러한 자질들을 인식하고 균형을 유지할 수 있는 방법을 찾아야 합니다.

대부분의 공동체에서 남성만의 모임, 여성만의 모임을 가지는 것은 자기 존재에 대한 확인과 고향에 돌아온 것 같은 편안함을 나누는 유용한 수단이 됩니다. 공동체는 연인과 가족을 치유적인 환경으로 감싸 안아야 합니다. 이들이 갈등을 겪는 상황이 오면, 남자 또는 여자 어느 한쪽 편을 드는 대신 사랑과 진실의 편에서 함께하는 친구로 있어 주는 것이 큰 도움이 됩니다.

공동체들의 공동체

지금까지 개인에 관해 언급한 모든 것이 공동체에 대해서도 마찬가지로 적용됩니다. 때문에 젠GEN에서는 아래와 같은 과정을 진행합니다. 각각의 공동체는 다른 공동체에 자신들을 소개하고 서로를 인식합니다. 이를 통해 다른 점도 많지만 얼마나 많은 공통점을 가졌는지 확인합니다. 이 과정은 공동체들이 특히 서로를 보완할 수 있는 큰 잠재력이 됩니다. 공동체들은 자신들의 경험을 공유하며 더 깊은 수준으로 협력합니다.

지난 20년간 젠GEN 콘퍼런스를 진행하며 우리는 공동체들이 어떻게 과거의 경쟁적인 행동에서 벗어나 자신들의 질문, 쟁점, 강점을 나누며 서로에게 배우는지 관찰해 왔습니다. 이 과정은 아직 완성되지 않았지만 우리는 이미 이 지구 가족의 다양성으로부터 많은 혜택을 얻고 있습니다.

지구상의 생태마을들은 상호 지원과 책임을 바탕으로 하는 헌신적인 동반자 관계로 들어서고 있습니다. 그들은 자신의 지역에서 도시 기획자, 자치단체, 농촌 지역을 활성화하는 시민들의 혁신 프로젝트와 협력하고 있습니다. 이를 통해 지역을 활성화하고 지속가능성을 위한 공통의 과제를 수행합니다. 각 생태마을이 스스로를 개별적인 현상으로 보는 대신 큰 전체의 일부로 여기는 일이 눈에 띄게 늘고 있습니다.

우리는 이런 전체적인 현상을 '공동체들의 공동체'라고 부릅니다. 이 공동체는 계획공동체, 마을 계획, 전통공동체, 보다 민주적이고 생태적인 인식을 위한 실천 모임, 빈민 지역의 자조 모임, 에코 카라반, 난민촌 등을 포함합니다. 궁극적으로는 우리가 함께해야만 목표를 이룰 수 있다고 믿는 모든 모임과 사람들을 아우릅니다.

지속가능성의 5가지 차원

생태마을 교육자들은 2004년 EDE, 즉 생태마을 디자인 교육의 핵심 상징으로 생태마을 디자인 만다라를 만들었습니다. 이 만다라는 지속가능한 디자인과 개발을 위해 사회적·세계관적·경제적·생태적 차원을 포괄해서 만들어진 전일적인 지도(Holistic map)입니다. 개인의 삶부터 조직, 계획공동체, 전통마을, 도시 인근, 넓은 범위의 지역 등 모든 차원의 시스템에 적용될 수 있습니다.

또한 EDE 과정에는 마을 디자인이 필수적 또는 선택적으로 포함되어 왔는데, 지난 수년 동안 마을 디자인이 다섯 번째 차원으로 중요하게 인식되면서 지금은 만다라의 중심에 놓였습니다. 그리고 어느 곳에서는 맥락에 따라 '세계관'이란 표현을 '문화'로 대체하기도 합니다.

생태마을들은 젠GEN 홈페이지의 '솔루션 라이브러리' 같은 공간에서 이러한 5가지 차원에 대한 풍부한 경험과 방법과 도구를 공유하

사회적 차원	세계관적 차원
1. 공동체 만들기와 다양성 포용 2. 의사소통 기술과 의사 결정 3. 리더십과 역량 강화 4. 예술, 의식, 사회적 변화 5. 교육적·사회적 네트워크와 　행동주의	1. 전체론적 세계관 2. 자연과의 재연결 3. 의식의 전환 4. 개인과 지구 차원의 건강 5. 사회 참여적 영성
경제적 차원	생태적 차원
1. 지속가능한 세계 경제로의 전환 2. 올바른 생활 양식 3. 지역 경제 4. 공동체 은행과 지역 화폐 5. 법적·재정적 쟁점들	1. 생태건축과 개보수 2. 로컬 푸드, 영양소 순환 3. 사회 기반 시설, 물, 에너지 4. 자연과 도시의 재생, 재해 복구 5. 전체 시스템을 포괄하는 디자인

생태마을 디자인 만다라

고 있습니다.

문화와 세계관

생태마을들은 다양한 문화, 영성, 세계관을 가지고 성장하면서도 몇 가지 공통된 가치관을 추구합니다. 생명을 존중하고, 배타적이지 않고 함께하며, 다양성을 포용하고, 더 이해하고 배려하며, 상호 작용에 열려 있는 것 등이 그 몇 가지 예입니다. 지구와 지구에 살고 있는 모든 생명에 대한 책임감 및 적극적 돌봄은 생명을 유지시켜 주는 문화의 토대가 되며, 모든 문화와 종교를 넘어섭니다.

공동체에서 산다는 건 끝없는 배움입니다. 그것은 우리 자신과 모든 생명이 더 정직하고 투명하게 연결되도록 일깨워 줍니다. 다르게 보고 느끼고 생각하는 존재들이나 다른 종교 혹은 영적 수행을 하는 사람들에게도 판단을 내려놓고 이해와 우정 그리고 포용심을 키우도록 배웁니다. 어떤 공동체는 일반적인 사회의 흐름과는 다른 특정한 삶의 방식을 탐험하려는 선택으로 인해 사이비 종교라고 비난받기도 합니다. 그렇지만, 이들도 촘촘히 얽힌 젠GEN을 통해 다른 입장의 공동체와 이해와 포용으로 소통하고 있습니다.

생물 다양성에서 볼 수 있듯이 문화적·영적 다양성은 미래로 가는 우리의 여정에 아주 소중한 자원입니다. 오늘날 전 세계 젊은이들은 있는 그대로의 자기 모습에 만족하지 않고, 너무 까맣고 너무 하얗고 너무 뚱뚱하고 너무 날씬하다고 느낍니다. 젠GEN에서는 다양성의 아름다움과 풍부함을 축하하고 회복력 있는 미래를 위한 씨앗을 담고 있는 전통의 지혜를 소중히 여깁니다.

생태적 차원

생태마을은 환경 훼손이 적으면서도 수준 높은 삶의 방식이 가능하다는 걸 보여 줍니다. 물, 식량, 건축 자재, 에너지는 건강한 지역 순환 시스템 속에서 넉넉하게 얻을 수 있습니다. 어떤 나라에서는 식량과 에너지 주권이 선택의 자유를 넘어 생존을 위해 중요한 요소입니다. 도시는 건강한 지역적 관계를 만들 수 있고 더 나아가 '생태마을 벨트(ecovillage belt)'로 도시를 둘러쌀 수도 있습니다. 도시 교외의 생활 방식보다 훨씬 더 지속가능하게 지낼 수 있습니다. 잔디를 텃밭으로 대체해 갑시다!!

에너지 자급 | 생태건축 기술, 단열, 패시브/액티브 솔라, 에너지 집약적 수송 방식의 대체(로컬 푸드 등)를 이용해서 공동체의 생태발자국(Ecological Footprint, 사람이 사는 동안 자연에 남긴 영향을 토지의 면적으로 환산한 수치 – 옮긴이)을 상당히 줄일 수 있습니다.

물 | 빗물을 모아 저장하고, 하수 처리를 위한 습지를 만들고, 식수와 중수(한 번 사용한 물을 재사용하는 것 – 옮긴이)를 분리하고, 생태화장실을 만드는 것으로 물 사용량과 하수량을 현저히 줄일 수 있습니다.

식량 | 대부분의 생태마을은 스스로 식량을 생산합니다. 과일, 야채, 곡물, 축산물 들을 자체적으로 생산하고 소비합니다. 여기서 중요한 원칙은 섞어짓기, 다양성, 무농약과 무화학비료, 유전자 조작이 되지 않은 씨앗 사용과 신선함입니다.

건축 | 지역에서 구할 수 있는 재료, 생태건축, 흙, 종이, 짚, 폐기물 같은 단열재 사용으로 환경을 보호하면서도 삶의 질을 높일 수 있게 되었습니다.

쓰레기 | 생태마을은 자연의 순환 방식을 모방하여 해당 지역 내에서의 순환, 퇴비화, 재사용을 통해 쓰레기를 줄이거나 제거합니다.

연구 결과 생태마을의 생태발자국은 현대 산업사회에서 최저 수준으로 나타났습니다.

사회적 차원

지속가능성의 또 다른 중요 지점은 함께 살아가는 기술을 함께 만들어 가는 것입니다. 만일 우리가 함께하는 걸 즐기지 못한다면, 농사를 잘 짓고 효율적 에너지 시스템을 갖추고 재활용을 하고 생태주택을 짓고 살아간다 해도 소용이 없습니다. 수년간 생태마을과 공동체들은 성숙해졌고, 의사소통, 갈등 조정, 참여적 의사 결정 구조, 구성원 개개인에 대한 관심과 배려, 트라우마 치유, 신뢰 재건 등에 많은 경험을 쌓아 노련해졌습니다.

공동체는 '합의제를 넘어서는' 더욱 세련된 구조로 나아갔습니다. 구성원들의 다양한 의견 속에서 최소한의 공통분모를 찾아내는 대신, 부분의 총합 그 이상이 되기 위해 팀과 조직에서 그들의 역량을 키워 나갔습니다. 공동의 지혜를 모으는 것은 새로운 개척입니다. 우리가 이미 가지고 있는 해결 방법을 실행하기 위해, 또 여전히 필요한 다른 해결 방법들을 발견하기 위해 어떻게 우리의 지성과 목적의식을 진심으로 모을 수 있을까요? 위기를 극복하고 소중한 경험을 얻은 공동체들은 자신들의 지식을 새로 공동체를 계획하는 사람들과 나누고 있습니다.

경제적 차원

공정함, 공평함, 연대, 투명성, 재생성, 무이자는 지속가능한 사업 운영의 전형적인 특징입니다. 지역 내 경제 순환이 잘 되려면 재화가 지역 내에서 유지되도록 도와주는 금융 시스템이 필요합니다.

생태마을 거주자들은 의식 있는 소비자이자 생산자이며 거래자입니다. 그들은 대부분 지역 상품을 소비하고 생산하고 거래하면서, 공동체 또는 지역 내에서 새로운 경제를 위한 모델을 구축하고 있습니다. 생태마을에서는 작은 규모의 신뢰와 개척 정신을 바탕으로 공동저축협동조합(communal savings cooperatives)에서부터 지역 화폐, 물물 교환, 공동체 은행, 선물 경제까지 다양한 경제적 실험이 일어날 수 있습니다.

공동체의 경제 설계에 관해 많은 질문이 있고 각각의 생태마을은 각기 다른 답을 찾았습니다. 어떻게 땅의 소유권을 정리할 것인가. 어떤 법적 형태가 가장 효과적인가. 사업 운영을 개인적으로 할 것인가 아니면 협동조합식으로 할 것인가. 공동체 일에 보수를 받을 것인가. 개인들이 각자 따로 수입을 가질 것인가 아니면 수입을 공동으로 소유할 것인가. 어떤 기금을 공동으로 조직할 것인가. 구성원들이 아프거나 늙었을 때 공동체가 그들을 어떻게 보살필 것인가. 구성원이 공동체를 떠날 때 어떻게 할 것인가?

공동체가 어떤 특정한 형태를 선택하든 신뢰, 소통, 열린 상호 작용은 운영에 필수적입니다.

참여적 마을 디자인

생태마을과 주류 공동체를 구별 짓는 핵심은 거주자에게 주인 의식을 주는 참여적 설계 과정입니다. 생태마을은 외부의 개발자나 건축가들이 설계할 수 없습니다. 생태마을은 참가자의 꿈과 소망으로부터 비롯되며, 자신의 손으로 자신의 미래를 만들어 간다는 바로 그 점이 중요합니다.

물론 거주자들이 전문가를 초대해 필요한 지원을 받을 수는 있습니다. 젠GEN은 이런 공동 설계 과정을 진행하는 일에 풍부한 경험을 쌓았고, 모든 대륙에 전문 팀을 두고 있습니다. EDE 역시 그러한 설계 과정을 지원하기 위해 사용될 수 있습니다.

이 과정은 참가자의 꿈과 비전을 듣는 것으로 시작합니다. 자녀를 위해 바라는 미래는 어떤 모습인지 그려 보고, '생태마을 디자인 만다라'의 각 차원에서 자신들의 공동체 혹은 마을의 강점과 약점을 알아봅니다. 개개인은 자연에 어떻게 연결되어 있는지. 자아존중감과 문화적인 축제를 얼마나 중요하게 다루는지. 갈등은 어떻게 다뤄지는지. 리더십은 어떻게 공유되는지. 자연 자원은 어떻게 사용되고 생태계는 어떻게 재생되는지. 사람들은 경제적으로 얼마나 지속가능한지. 자연스런 에너지 흐름과 모든 영역에서 회복력을 상승시키기 위해 환경을 어떻게 설계하면 좋을지. 이런 많은 질문과 마주하며 한편으로는 전 세계의 우수 사례로부터 영감을 받기도 합니다.

참가자들은 만다라의 각 차원에서 지렛대가 되는 지점을 찾아 설계 과정을 밟아 가며 프로젝트를 실현할 수 있습니다. 이렇게 함으로써 최소의 노력으로 최대의 효과를 얻을 수 있을 것입니다. 우리는 가장 쉽게 달성할 수 있는 일부터 시작합니다. 성공의 경험은 활력을 유지하는 데 큰 도움이 됩니다!

전 과정을 진행하며 모든 사람이 주인 의식을 갖게 됨과 동시에, 새롭게 만들어진 설계도의 어떤 부분을 누가 책임지고 진행할지 자연스럽게 알게 됩니다. 특정 부분을 다듬는 팀들이 생겨나고, 일정한 과정이 끝난 후에 각 팀은 공동체에서 그것을 실행할 다른 이들을 끌어들입니다. 만약 갈등이 생긴다 하더라도 이는 공동체의 갈등 해결 기법을 적용해 볼 환영할 만한 일입니다.

이런 방식으로 참가자 상호 간의 인정과 신뢰의 연결망을 강화하고 이해 당사자들을 발전시키기 위한 정기적인 회의가 열립니다. 그 끝에는 '공동체 회복 계획'이라는 살아 있는 기록이 자연스레 따라옵니다.

Global
Ecovillage
Network

동아시아

East Asia

다음 시대를 살아가는
공동체마을

선애빌
한국

선애빌과 이 책을 연결한 이는 민경주입니다. 2013년 말레이시아에서 열린 제노아GENOA 회의에 참가한 이후부터 지금까지 젠 코리아 GEN Korea 대표로 활동 중입니다. 세계와 한국의 생태마을 네트워크를 잇는 역할을 맡고 있으며, 현재 고흥 선애빌에 살며 명상 강사로 일하고 있습니다.

선애빌을 소개해 준 이종민은 도시에서 태어나 자라고 교육받았으며 환경운동가로 활동한, 이른바 386세대 환경운동가이자 명상수련가입니다. 한때 사회를 바꾸고자 했던 그의 열정은 자연과 인간이 더불어 사는 삶에 대한 관심으로 이어졌습니다. 조화로운 삶을 위한 좀 더 근본적인 해법을 찾던 중 명상을 만났고 더 나아가 귀농귀촌하여 선애빌을 설립했습니다. 현재 충북 보은 기대리에 위치한 선애빌 생태마을의 대표이자, 사회적기업인 (유)선애마을 보은 대표, 명상가 그리고 생태공동체

이종민.

연구소 '뮨'의 소장까지 다양한 역할을 수행하고 있습니다.

생태화장실

편리함은 인간과 과학기술이 포기할 수 없는 지향점입니다. 그중에서도 화장실을 집 안으로 끌어들인 수세식 변기와 음식물을 오랫동안 보관하는 냉장고는 현대문명을 상징하는 발명품이죠. 하지만 우리는 그 대가로 많은 걸 잃었는지도 모릅니다. 환경과 자원 순환의 관점에서 보면 결코 좋은 발명품이 아니니까요.

수세식 변기는 한 번 물을 내릴 때마다 소중한 자원인 물을 10리터 안팎으로 소비하는데, 성인 기준으로는 하루 108리터, 1년이면 40여 톤에 달하는 물을 소비합니다. 게다가 삭혀서 땅에 뿌리면 먹거리가 돼 돌아올 양분을 하천을 더럽히는 오염물질로 바꿔 버리는 셈이기도 하죠. 이런 문제점을 잘 아는 사람들도 수세식 변기의 편리함을 포기하기란 쉽지 않아요.

또한 현대인이 얻은 많은 질병이 어쩌면 냉장고가 발명되면서부터 생겼다는 과격한 주장도 있습니다. 제철 음식을 먹으며 자연에 순응하던 조화로운 삶이 냉장 보관을 통해 깨지면서 병이 늘어났다는 겁니다. 선애빌 주민들이 이용하는 마을 한가운데 있는 공동 화장실은 전통의 재래식 화장실을 개선한 생태화장실인데요. 똥과 오줌을 분리해 수거하여 근처 퇴비장에서 왕겨와 화목을 태운 재와 섞어 발효시키고, 그것으로 주민들의 식탁에 오르는 먹을거리를 키웁니다.

마을 주민들은 생태화장실을 사용하는 것은 물론, 스위치만 켜면 태울 수 있는 석유보일러 대신 화목보일러로 방 안을 덥힙니다. 주로 버려지는 나무와 종이 등 재생가능한 바이오 에너지를 사용하는 거죠. 텔레비전이나 전자레인지같이 오늘날 많은 가정에서 필수품이 된 가전제품도 포기하고, 세탁기는 세 집에 한 대 꼴로 공동 사용하는 불편을 감수합니다. 그렇다고 세상에서 스스로를 고립시키는 건 아닙니다. 텔레비전은 없어도 집집마다 컴퓨터가 있어서 인터넷을 통해 세상의 흐름을 살피며 소통하고 있으니까요.

선仙을 사랑하는 마을

금강의 지류인 보청천이 휘돌아 가는 야트막한 언덕배기, 오천리와 원정리를 가로지르는 일봉산을 바라보는 기대리에 선애빌이 들어선 때는 2011년입니다. 마을 이름인 선애仙愛는 '선을 사랑한다'는 뜻인데, '선仙'은 자연(山)과 인간(人)이 어우러져 살았던 선조들의 전통적 생태사상을 표현한 개념이에요. 이것을 현대에 되살려 명상을 통해 자신을 수양하고 생태적 삶을 조화시키는 게 선애빌 삶의 근간입니다.

선애빌은 2006년 한 명상 모임 안에 '생태명상마을 동호회'라는 작은 소모임이 꾸려지면서 시작되었습니다. 갈수록 심각해지는 지구 생태계의 위기와 인류의 정신적 혼란을 극복하고, 자연과 인간이 조화롭게 살 수 있는 대안적 삶을 작은 공동체에서 이루어 보고자 했던 생각이 실천으로 이어진 것이죠. 우리는 국내외 공동체마을을 탐방하고 생태건축이나 생태농업 시설들을 돌아보면서 연구와 준비를 진행해 나갔습니다.

선애빌 크기의 공동체 수십 개가 모여서 각각 다른 방식의 소유 구조와 운영 방식을 실험하는 인도의 오로빌은 부러운 연구 대상이었습니다. 넓은 공간에서 각자의 삶을 영위하면서도 문화와 생활을 함께 나누며 친환경적 삶을 추구해 나가는 호주의 크리스탈 워터스에서는 넉넉한 삶의 철학을 배웠습니다. 세계적으로 유명한 공동체들뿐만 아니라 국내의 변산 공동체, 산청 민들레 공동체 등 어려운 여건에서도 공동체를 유지해 나가는 선배들의 노력은 힘든 상황에서도 꿈을 포기하지 않고 나아갈 수 있는 원동력이 되었죠.

망망대해의 작은 배

하지만 실제 공동체를 만드는 과정은 탐방객의 시선으로는 다 알 수 없는 어려운 공부거리를 던져 주었습니다. 희망자를 모으고 땅을 구하고 기금을 모으는 일은 우리가 한 번도 경험해 보지 못한 도전의 연속이었어요. 거센 파도가 끝없이 몰아치는 망망대해에서 오직 새로운 땅이 나타날 것이라는 믿음 하나로 작은 배를 노 저어 가는 과정 같았습

선애빌

니다.

희망자를 모아서 적게는 수백만 원에서 많게는 수억 원씩 기금을 모았고 땅을 구하기 위해 전국을 수소문했습니다. 마침 속리산면 폐교에 먼저 내려와 있던 명상공동체 본부가 보은군을 적극 추천했어요. 속리산과 구병산 자락에 접해 있고 보청천이 군을 가로지르는 수려한 풍광이 제2의 삶을 살아가기에 좋은 조건이었죠. 보은군에서도 도시민을 유치하고 지원하기 위해 적극적으로 노력해 주었습니다.

문제는 알맞은 땅이었는데, 마침 야트막한 야산을 뒤로 하고 보청천이 휘감아 도는 지금의 땅을 만나 뿌리내릴 수 있었어요. 그 결과 충북 보은군 마로면 기대리에 있는 공동체마을 선애빌에는 자연을 위해 도시의 편리함을 기꺼이 포기(?)한 사람들이 모였습니다. 지금은 약사, 은행원, 회사원, 정보기술 전문가, 농민, 자영업자, 교사, 환경단체 활동가, 만화가, 목수 등 다채로운 전직에 종교적 배경까지 다양한 20여 가구 40여 명이 함께 삽니다.

모아 놓은 기금으로 마을 이름을 딴 유한회사를 설립하고, 그 법인 명의로 임야와 농지 등의 땅 2만 평을 구입했습니다. 한가운데 주택용 건물 20여 채와 창고, 식당, 명상센터, 대안학교 등의 부대 건물을 지었고, 주택은 실 평수 20여 평에 방 4개와 욕실, 주방 겸 거실 등을 갖추었어요. 가족에게는 독채를, 미혼이거나 가족과 떨어져 혼자 온 사람에게는 공동 주거의 형태로 집을 배정했죠.

합의를 통한 동등한 관계

공동체를 만들고 살아감에 있어 주민들이 합의하는 공동의 정신은 무엇보다 중요한 요소입니다. 각각 내놓은 기금의 액수와 가족 수가 다르기 때문에 전체 기부금에 대한 지분이나 의결권 등을 정하는 문제는 공동체가 지속하는 데 결정적일 수밖에 없었습니다.

하지만 이 중요한 문제에 대해서는 오히려 출발이 어렵지 않았어요. 애초에 공동체를 만들 때부터 공동체 자산은 공동소유로 하며, 주민으로서의 권한은 기부금에 비례하는 것이 아니라 동등하다는 점을 분명히 했기 때문이죠.

자산의 안정성을 위해 유한회사라는 법적 형태를 취했지만, 실제 운영에서는 지분만큼의 권한을 가지는 것이 아니라 구성원이 수평적 권한을 가지는 협동조합적 성격을 갖췄습니다. 그건 우리가 이 사회의 한계를 극복해 보려는 비전에서 출발했기에 가능했습니다. 선애빌의 공동체 정신은 물질에 대한 과도한 집착과 욕심이 만들어 내는 자본주의적 병폐와 현대인들의 정신적 위기를 새로운 삶으로 극복하는 거예요.

동등한 소유권이나 의결권은 줄곧 지켜온 원칙이지만 변화된 것도 있습니다. 초기에는 경제 활동을 같이 수행했어요. 농업을 통해 수익을 창출하고자 매일 공동으로 작업 회의를 하고 공동으로 노동에 참여했죠. 이스라엘의 키부츠 혹은 과거 마을 단위의 집단 농업 형태를 재현해 본 겁니다. 하지만 마을이 가진 땅과 장비의 규모, 당시 주민들의 농업 숙련도로는 집단 농업으로 전체 수익을 감당하는 일이 쉽지 않았죠. 결국 2~3년의 경험을 바탕으로 경제 활동은 각자 자율적인 형태로 전환하기로 했습니다.

선애빌

선애빌에서는 성인 구성원이면 재산과 성별과 나이에 상관없이 모두가 동등한 1표를 행사하는 존재가 됩니다.

대신 마을과 주민들의 장점을 살려 녹색농촌체험마을과 체험휴양마을로 지정받아 다양한 체험 프로그램을 운영했어요. 이를 위해 마을법인을 사회적기업으로 등록하여 주민 다수가 참여하고 있으며, 천연비누 제작, 캠핑장 운영, 소프트웨어 개발 사업 등을 통해 수익의 다각화도 추진하고 있습니다.

변화에 열린 생활

공동체라고는 하지만 주민에게 요구되는 의무 사항은 3~4가지 정도에 불과해요. 먼저 1인당 월 20여 만 원 내외의 생활비를 납부하는데,

다음 시대를 살아가는 공동체마을

성인에게만 해당됩니다. 이 돈으로 세끼 식사와 개인 통신료를 제외한 공과금을 모두 해결하죠. 또한 약간의 마을 부채도 갚고 장기수선충당금도 모아둡니다.

마을을 방문하는 분이나 도시 생활에 익숙한 분들이 놀라는 부분이 바로 이런 재무 구조입니다. 이것은 마을 영농 팀이 주민들과 함께 짓는 농사를 통해 주식은 100퍼센트, 부식은 최소 30퍼센트 이상 자급하기 때문에 가능한 일이죠. 초기 기금으로 집 문제가 이미 해결되어서 가능한 일이기도 하고요.

식사는 '낙생(樂生)'이라고 이름 붙인 식당에서 공동으로 해결합니다. 주민 가운데 1명이 운영 책임을 맡고, 부족한 노동력은 주민들이 번갈아 가며 한 달에 한두 번 도우미 활동으로 보충해요. 처음에는 공동생활의 편의를 위해 시작했는데, 지금은 '식구(食口)'로서 같이 밥을 먹는 일이 무엇보다 중요하다는 것에 대부분의 주민들이 동의하고 있습니다.

같이 식사하면서 서로의 생활과 생각을 나누고, 마을 일조차 함께 식탁 위에 올려서 해결하기 때문입니다. 실제 마을의 중요한 일들은 회의보다는 식사 중에 '뚝딱' 해결되는 경우가 많아요. 이제는 한 집에 살아도 제대로 얼굴조차 보기 힘든 '가족'이라는 말보다 함께 밥을 먹고 나눈다는 뜻의 '식구'라는 말이 어쩌면 더 중요하지 않을까요?

여기에 더해 주민들에게 부과되는 의무는 매주 한 번씩 있는 공동노동인 '울력'과 마을회의 참여 등이 전부입니다. 하지만 이행하지 않는다고 제재가 있는 것도 아니에요. 사실 생활비 납부를 제외하고는 모든 것을 협의와 배려를 통해 자율적인 방식으로 결정하죠. 처음에는 모든 것을 함께해야 공동체라고 생각했지만 지금은 개인의 형편에 따라 울력

선애빌

이나 마을회의에 불참하기도 합니다. 이젠 개인적 사정을 충분히 알고 있기 때문에 획일적으로 참여를 강요하지 않는 거죠. 간혹 불참하는 주민들도 다른 방법으로 본인의 역할을 보충하고요.

그러다 보니 선애빌에는 공동체 운영의 필수 조건으로 여겨지는 엄격한 규율이나 명문화된 규칙이 없어요. 우리 마을은 '실험공동체'라는 주민들의 동의가 있었기 때문에 가능한 일입니다. 계속 이것저것 실험을 해 나가야 하는 상황에서 너무 틀을 고정하는 건 바람직하지 않다는 쪽으로 의견이 모인 결과죠.

이런 분위기다 보니 가치지향적인 공동체라고 하면 으레 떠올릴 수 있는 비타협적인 완고함은 찾아보기 어렵습니다. 자연과 조화롭게 살아가면서 개인의식을 성장시킨다는 마을의 정신, 기부금 액수와 무관하게 누구나 동등한 권리를 갖는다는 기본 원칙을 제외하고는 어떤 변화도 논의될 수 있어요.

문화생활과 의료, 교육

귀촌하는 도시 사람들의 대표적인 걱정거리는 도시에서 누릴 수 있는 혜택, 즉 문화, 의료, 교육 같은 것을 향유하기 어렵다는 겁니다. 선애빌 주민들도 비슷한 우려를 가지고 있었어요. 하지만 그런 걱정 때문에 오히려 문화와 교육 활동에 더 적극적으로 노력하게 되었죠. 덕분에 지금은 도시에서보다 오히려 더 많은 연결과 혜택을 누리고 있습니다.

외부의 문화예술인을 초청해서 지구힐링콘서트나 다양한 문화 행사를 기획해 진행하고, 평생교육 차원에서 여러 분야의 전문가를 초빙

전기 없는 날 열린 공동체 놀이 시간.

하여 강의, 워크숍 등도 진행합니다. 도시에서는 너무 흔해서 많은 기회를 그냥 지나쳐버리지만, 주민들이 뜻을 모아 기획하고 진행하다 보니 한 번의 행사에서도 더 많은 걸 향유하려고 노력하는 것이죠.

특히 '전기 없는 날'은 우리 마을을 상징하는 대표적인 행사이자 체험 프로그램으로 자리매김했습니다. 애초 석유문명의 위기를 성찰하고자 경험삼아 시작했는데, 언론에까지 알려지면서 지금은 많은 학교에서 체험방문하는 프로그램이 되었어요. 하지만 그런 체험 이전에 '전기 없는 날'은 우리 마을의 고유한 전통으로 자리 잡았어요.

매월 보름을 전후하여 텔레비전, 인터넷, 전등을 모두 끄고 주민들이 함께 모여 공동으로 놀이도 하고 맛있는 음식도 나눠 먹고 살아가는 이야기를 나누는 시간을 가지는 거죠. 때로는 밝은 달 아래 바비큐 파

66 선애빌

티를 하고 때로는 촛불 아래서 주제를 정해 치열하게 토론해요. 우리가 지금 잘 살아가고 있는지 돌아보는 공동 성찰의 시간인 셈이에요.

마을에 전문적인 의료 시설은 없지만, 명상을 통해 배워온 침, 뜸, 마사지 등의 자가 치유 요법을 일상적으로 활용하여 주민들은 자신들의 건강을 스스로 챙기고 있습니다. 지금은 인근 마을 어르신들을 대상으로 마사지 등의 봉사도 하고요. 또한 마을 안의 약사를 통해 전문적인 상담도 받고 있지만, 아직은 전문 인력이 부족한 것이 사실이어서 장기적으로는 인근 마을까지 연계한 의료생협 결성을 계획하고 있어요.

마을 안에는 대안학교인 선애학교가 있습니다. 초기에는 주민 자녀들의 교육을 위해 시작했지만, 설립 취지를 알고 도와주신 분들이 많아 점차 외부인의 자녀들, 즉 유학생이 더 많은 학교로 발전했어요. 주민과 학생이 함께 살면서 생활과 인성교육을 같이해 나가는 '마을학교', 여행을 통해 스스로의 삶을 계획하고 풀어 나가는 법을 배우는 '여행학교', 다양한 고전과 인문학 공부를 통해 세상의 가치관을 배우는 '인문학학교', 매학기 주제를 정해 영화, 연극, 집짓기, 옷 만들기 등을 배우는 '집중수업' 등이 선애학교를 설명하는 키워드죠. 현재는 중등 과정만 운영합니다.

의미 있는 실험, 공동체라는 학교

공동체를 꾸려 나가는 일은 정치, 경제, 교육, 문화, 복지 등 많은 문제를 주민들 스스로 기획하고 만들어 나가는 과정이에요. 국가나 지자체, 혹은 사회 전체적으로 고민해야 할 문제들을 마을 단위에서도 고민하고 풀어 나가야 하죠. 자칫 어렵고 복잡한 문제로 보일 수 있으나 뒤집어 말하면 나 자신의 삶을 둘러싼 많은 문제를 스스로 선택하고 결정해 가는 과정입니다.

마을의 크고 작은 현안에 대한 의사 결정은 그 자체로 새로운 '정치' 실험이며, 이 정치의 핵심은 인디언식 원탁회의, 화백회의 같은 의사 결정 방법에 있어요. 경청을 원리로 하는 원탁회의에서는 '토킹 스틱 talking stick'이라는 발언권을 가진 사람만이 자신의 이야기를 할 수 있고, 다른 사람은 발언자의 이야기를 경청하죠.

이 방식으로 주민들은 자유롭게 돌아가면서 자신의 의사를 이야기하는데, 그것만으로도 많은 문제가 저절로 해결됩니다! 미처 생각하지도 못했던 다른 사람의 생각을 알게 되고 이해하게 되기 때문이에요.

그래도 해결되지 않는 문제는 화백회의라는 전통적 만장일치의 기법에 의해 해결해요. 이를 통해 1년에 한두 번 정말 해결하기 어려운 문제를 결정하는데, 마을에 입주했다가 공동체를 탈퇴한 이들에게 기부금을 돌려줄 것인가 하는 등의 예민하고 어려운 문제들이 회의 안건으로 올라오죠.

하지만 결국 중요한 건 형식이 아니라 회의 과정에서 자신의 생각, 감정, 욕심을 내려놓고 타인의 생각을 받아들일 수 있는가 하는 점이에요. 부부나 가족조차 서로의 차이에 따른 갈등을 쉽게 해결하지 못하는 현실을 생각하면, 수십 명의 타인이 모여 소소한 문제를 합의하는 일이 결코 쉬울 리가 없겠죠. 그래서 자신의 고집과 생각을 내려놓는 걸 가장 중요하다고 말하는 거예요. 어쩌면 공동체는 그것을 훈련하는 학교가 아닌가 합니다.

선애빌

초창기에는 쉽지 않았던 의사 결정이 해를 거듭할수록 좀 더 빠르고 쉬워지는 건, 이것이 노력과 훈련으로 가능하다는 증거죠. 서로의 생각과 스타일을 잘 알게 되어 서로 배려하고 맞춰 주는 데도 점점 익숙해지는 것, 그것이 공동체라는 실험이 의미 있는 이유 아닐까요?

선의 확장

2킬로미터 정도 떨어진 주변 마을과의 소통은 중요한 과제이면서 선애빌이 지향하는 가치입니다. 시작은 뜻이 맞는 사람들끼리 했지만 선애빌이라는 작은 세계에 고립되는 건 우리가 지향하는 바가 전혀 아니에요. 그래서 끊임없이 문화 행사를 기획하고 자원봉사도 하고 마을에서 생산한 물품을 나누는 등 다양한 교류를 위해 노력하는 거죠.

여기서 그치지 않고 마로면 소재지인 관기리나 보은읍까지 활동 반경을 넓혀 친환경적인 농산물 유통을 위해 기여하는 생협을 결성하고, 맛있는 유기농 빵집과 찻집을 만들며, 사람들이 즐겁게 교류하고 배울 수 있는 문화 공간을 운영하는 것은 조만간 이뤄질 기대리 선애빌의 당면 목표입니다.

좀 더 긴 호흡으로는 우리나라를 대표하는 명상과 힐링 공동체로서 많은 세계인들과 교류하고, 그들에게 한국의 고유한 문화로서 명상과 선仙한 삶을 알리는 목표도 가지고 있어요. 이를 통해 지역의 자랑이자 한국의 자랑이 될 큰 꿈도 꾸고 있고요. 소박한 삶을 지향하지만 그 소박함으로 널리 알려지고 싶은 꿈. 험하고 복잡한 이 세상에서 한번 가져볼 만한 꿈이 아닌가 합니다.

공동체를 위한 제안들

솔루션 라이브러리Solution Library에서 찾아보세요.
- 생태화장실Compost Toilets – 물을 아끼고 천연 비료를 생산할 수 있는 방법.
- 조율하기Tuning in – 공동체의 의견을 모아 하나로 만드는 과정.

학교는 마을의 어머니

홍동마을
한국

홍동마을과 이 책 사이에 다리가 되어 준 친구를 먼저 소개합니다. 김우인은 풀무학교를 졸업하고 대학 시절부터 유럽과 아시아 공동체와 생태마을을 순례했습니다. 생태, 마을, 교육, 영성을 주제로 여러 분야의 사람들을 만나 배우고, 이를 바탕으로 한국에서 넥스트젠 코리아를 설립합니다. 이후 풀무학교에 돌아와 교사로서 교육을 주제로 삶의 뿌리를 내리고 생태마을이나 교육 부문과 관련된 통번역 일도 하고 있습니다.

아래 글은 넥스트젠 코리아 활동가들이 홍동마을의 주형로 선생님과 인터뷰한 내용을 토대로 작성했습니다.

주형로

저는 풀무학교 졸업생입니다. 2학년 재학 당시 일본 애농회 고다

주형로.

니 준이치의 초청 강연을 듣고 유기농업을 결심하여, 이후 40여 년 가까이 홍동마을에서 이를 실천하고 있죠. 1993년 홍순명 선생님이 소개한 오리농법을 우리나라에서 처음으로 시작하여 전국에 전파했고요. 또 2000년에는 마을 사람들과 함께 '21세기 문당리발전백년계획'을 세웠어요. 현재 정농회 회장, 환경농업단체연합회장, 지역 센터 마을활력소 대표, 마을학회 일소공도 운영위원 등을 맡고 있습니다.

풀무농업고등기술학교

풀무학교는 1958년 개교 이래 농촌교육을 지향합니다. 교육 목표로는 성서에 바탕을 둔 깊이 있는 인생관, 학문과 실제 능력에서 균형 잡힌 인격을 함양해서 하나님과 이웃, 지역과 세계, 자연과 모든 생명과 함께 '더불어 사는 평민'을 기르는 거예요.

처음에는 중학교 과정인 고등공민학교로 출발했지만(현재는 폐지), 1963년에 고등학교 과정인 고등기술학교를 설립했어요. 또 고등 과정만 마치고는 농촌에 뛰어들기에는 나이나 경험이 부족하다는 걸 깨닫고,

1980년부터 모색하여 2001년에는 전공부 과정도 설립했죠.

풀무학교는 의식을 전환하기 위해 특별한 걸 교육하진 않아요. 그저 삶 속에서 보여 주고 선생님의 모습 속에서 닮아 가도록 교육하죠. 또한 한국에서 대안교육의 첫 사례로서 현재도 수많은 대안학교의 대표로 여겨집니다. 홍동마을은 밖에서 보면 여느 농촌마을의 풍경과 크게 다를 바 없지만, 가장 앞장서 사회적경제와 녹색정치운동을 적극 실천하는 곳이에요.

협동조합, 유기농업, 귀농귀촌운동을 비롯해 세상을 바꾸려는 여러 새로운 실험들이 이곳에서 계속 시도되고 있죠. 홍동마을은 풀무학교의 교육 이념과 정신을 중심으로 주민들이 스스로 만든 여러 조직과 소모임으로 이루어져 있어요.

홍순명 선생님

사실 저와 풀무학교는 나이가 같아요. 2018년에 60주년이 되죠. 풀무학교는 처음부터 학생 정원을 25명만 뽑았는데, 하늘이 도왔던 것이 제가 입학한 그해에는 지원자가 저까지 딱 25명이 왔어요. 중학교 때까지 배구선수 생활을 하느라 공부를 안 했던 저는 백지 시험지를 냈지만 홍순명 선생님 덕분에 풀무학교에 입학할 수 있었죠.

선생님은 "100점 맞은 친구는 희망이 없다. 근데 10점 맞은 너는 90점이라는 희망이 있다."라고 말씀해 주셨어요. 그 말씀이 저에게 희망이 되었어요. 그 뒤로 선생님을 하늘같이 보고 따르게 되었습니다.

홍순명 선생님은 풀무농업고등기술학교의 설립 정신에 공감하여

1960년부터 지금까지 교사, 교장을 거쳐 마을교사를 하고 계신 분입니다. 재직 중에는 풀무생협, 풀무학교생협, 갓골어린이집을 설립했고 풀무생태농업고등학교의 전공부 설립에도 도움을 주는 등 많은 일을 하신 대단한 분이죠. 지금도 홍동밝맑도서관장으로 일하세요.

선생님은 작은 학교를 주장하셨는데 이것이 '페스탈로치 교육'입니다. 그 집의 수저 식구를 알아야 교육으로 연결시킬 수 있다고 생각하셨죠. 지금은 이렇게 학생을 적게 뽑는 학교가 늘었지만, 이미 60년 전에 이것을 주장하고 실천한 학교는 풀무학교가 처음입니다. 저는 풀무학교가 우리나라의 대안학교 교육제도를 바꾸고 있다고 생각해요.

예전에 《한겨레》 신문 한 면에 사람을 소개하는 기사가 있었는데 선생님과 제가 같이 실린 적이 있어요. 〈스승은 풀무질 하고, 제자는 타오른다〉라는 제목을 보고는 순간 그냥 눈물이 나왔습니다. 제가 지금 이 자리에 있기까지 저는 한 것이 없어요. 다만 선생님 가르침을 따랐죠. 선생님은 저에게 정신을 가르쳐 주셨습니다.

선생님이 아니었으면 저도 없고, 마찬가지로 풀무학교가 없었다면 지금의 홍동마을(문당리)도 없다고 생각해요. 풀무학교는 지역의 어머니입니다.

한울마을과 리더십

홍성환경농업교육관에서 마을을 내려다보면 다른 곳은 산이 높아 보이는데 반해, 이곳은 산과 주변을 수평으로 같이 볼 수 있어요. 이런 여건들이 저를 평범하게 만들어 주는 것 같습니다. 우뚝 서고자 하는 게 아니고 같이 동등하게 보려고 하는 거죠. 아침에 해가 막 오를 때, 제가 그 빛을 마시는 것 같은 기분이 들어요. 저는 이곳에서 삶에 대한 기도와 감사 기도를 드리는 걸 좋아합니다.

지도자가 항상 즐거운 건 아닙니다. 어려울 때가 있어요. 특히 마을 사람들이 저의 진심을 몰라줄 때 그렇습니다. 한번은 어떻게 해야 하나 싶어 숲에 가서 손으로 소나무를 치다 손에서 피가 나왔어요. 그때 소나무를 꽉 껴안고 "나무야 나무야 나는 어떻게 살아야 하니?"라고 외쳤습니다. 그러자 뒤에서 "야이 자슥아 우리처럼 살아…" 하는 음성이 들렸죠. 그래서 누가 왔나 뒤를 돌아봤지만 아무도 없었어요.

그제야 비로소 숲을 자세히 보았습니다. 숲 전체를 언뜻 보면 곧은 나무들만 보이지만 속을 가만 들여다보니 작은 나무, 큰 나무, 꼬부라진 나무 등등 섞여 살고 있었어요. 이거다! 우리 인간은 강북, 강남을 가르고 학벌을 가르기에 바쁩니다. 하지만 저는 가르는 것을 무시하면서 해보고 싶었습니다. 그게 조화라고 생각했기 때문이에요. 나이 든 사람과 젊은이, 배운 이와 못 배운 이, 가진 사람과 못 가진 사람의 조화요. 그 꿈을 노트에 적었습니다. 그 이후 나라에서 지원금을 받아서 전원마을을 만들었어요.

문당리에 위치한 한울마을이 다른 마을들과 다른 점은 첫째로 토지를 공유화한 겁니다. 이곳은 바둑판처럼 땅을 자르지 않고 모두 연결해 놓았어요. 그래서 얼핏 보면 다 한집 같아 보이기도 하죠. 이웃 땅과 내 땅이 어디인지 모르고, 여기 있는 땅을 전부 내 땅이라고 생각해도 되는 거예요. 개인이 땅을 소유하지 않으니까 누가 과실나무를 심으면 마을 사람들이 같이 따먹을 수 있어요.

두 번째는 전깃줄입니다. 전봇대를 없애고 모두 땅속에 묻었어요. 지하에 관을 매립해서 연결하면 비용이 절감됩니다. 햇빛을 쐬지 않으니 상하지 않는 장점도 있고요. 그리고 똘고랑('도랑'의 충청도 사투리)도 없앴는데 그래도 물이 쫙쫙 빠져서 배수가 잘 됩니다. 세 번째는 에너지의 80퍼센트를 전부 직접 만들어 사용하는 겁니다. 전기세가 기본요금도 나오지 않을 정도죠.

오리농법 그리고 협업과 조화

마을 사무실 역할을 하는 '마을활력소'는 획기적인 생각 중 하나였어요. 보통 자기 마을만 가꾸기 쉬운데 지역을 가꾼 시도였으니까요. 저는 1978년에 기술도 없이 농사를 시작해서 다른 사람보다 뒤처지기도 하고 밭이 전부 풀 바다가 되기도 했죠. 동네 사람들이 미친놈이라고 하고 정부에서 빨갱이라고도 했어요. 정말 15년 동안 눈물 나는 유기농을 해 왔습니다. 그러다 풀무학교 선생님들과 홍순명 선생님이 일본 사례를 보고 온 뒤 오리농법을 전해 주셔서, 1994년 우리나라에서 최초로 이 농법을 시작했어요.

오리가 가장 잘하는 건 협업입니다. 솔개가 뜨면 바로 뭉치죠. 또 주인이 손뼉을 치면 멀리서도 다 와요. 이런 오리들 덕분에 오늘날 이 지역을 만들어진 거라고 생각해요. 자연의 흐름이 이렇습니다. 오리농법을 하면서 자연스럽게 지역 주민들과 함께 유기농사를 짓게 되었고, 자연스럽게 공동체가 되었어요. 자연이 만들어 준 겁니다.

오리농법을 하다 나중에 함께한 게 '함께 짓는 농사 도농일심'이에요. "땅 살리고, 환경 살리고, 먹거리 살리는 일인데, 생산자 혼자 짝사랑하게 할 거예요?" 하고 《중앙일보》에 작은 광고를 냈습니다. 그걸 보고 500여 명이 돈을 보내줘서 19개 농가와 같이 농사지을 오리를 샀어요. 1995년 6월에 드디어 오리를 논에 풀어 넣는 오리 입식 행사 날을 지정해서 마을로 후원자들을 초청했죠. 오시는 분들께 어린이 그리고 고향의 향수를 느낄 어르신과 함께 와주십사 했습니다. 먹거리는 마을에서 준비하고, 떡과 동동주, 돼지를 잡아서 잔치를 열었어요.

다음으로 쌀 이야기 마을 축제를 만들었어요. 과거에 쌀이 화폐로 사용된 적도 있으니, 입장료를 받아서 그걸 쌀로 바꿔 주었죠. 그러면 점심이나 여러 간식을 살 때 쌀을 화폐 대신 내고 먹는 방식이었어요. 재미있는 건 이때 쌀을 지불하는 방법에 따라 참가자들 유형이 나뉜다는 겁니다. 첫째 알뜰형은 내는 척하면서 실제로는 조금만 내는 형, 둘째 팍팍 쓰는 형, 셋째는 천방지축형으로 모자라서 나중에 밥도 못 먹는 사람이 있었어요. 그런 사람들을 위해서는 환경농업교육관을 쌀 충전소로 만들어서 거기서 충전해서 먹을 수 있게 해 놓았죠.

참가자들에게 동네를 두루 다니게 하고, 마지막 단계는 화폐로 사용했던 남은 쌀은 기부할 수 있도록 나눔통을 만들었어요. 이번에도 어떤 사람은 탁탁 털어 넣고, 어떤 사람은 몰래 가져가기도 했어요. 그런데 저희가 마지막에 나눔통에 담긴 쌀을 그때까지 통에 넣은 사람이나 안 넣은 사람이나 처음처럼 봉투에 꽉 채워 줬습니다. 모두 다 똑같이 가져가도록 만들었어요.

쌀을 몰래 가져가려고 속마음과 싸운 사람들도 있었을 텐데, 그때 참가자들이 눈물을 글썽이기도 하고 그랬습니다. 마을에서 이렇게 재

오리가 가장 잘하는 건 협력입니다.

있는 행사도 진행했어요. 지금은 조류 독감 등의 이유로 오리농법을 전처럼 활발하게 하진 못해요. 대신 메기, 우렁이 등을 이용한 유기농업을 계속해서 발전시켜 가고 있습니다.

신념의 교육

저희는 한집에 할머니, 아버지, 우리 부부, 제 아이들 4대가 같이 살았어요. 제가 5,000평 땅으로 농사를 처음 시작해서 지금도 그 땅을 유지하고 있는데, 지금은 대를 이어 농사를 짓는 아들 덕분에 편안하게 지역운동을 하고 있죠. 풀무학교 교육은 '더불어 사는 평민'을 지향해요. '일소공도'라는 말도, 일만하면 소가 되고, 공부만 하면 도깨비가 된다는 뜻이죠. 일과 공부를 같이해야 사람이 된다는 겁니다. 해야 하는 노

홍동마을

작(힘을 들여 부지런히 일함) 교육을 버린 것이 오늘날 교육의 문제점이라고 생각해요.

내 마을이 아니라 우리 마을의 모습을 보고, 곳곳에 더 좋은 마을들이 생겨나길 바라는 마음이 있어요. 그러기 위해서 우리가 움직이지 않으면 대한민국 농업이 망하고, 우리가 움직여야 대한민국 농업이 산다는 책임감을 느끼기도 해요. 또 정농회가 초반에는 농약과 유기농 분야에 많은 힘을 썼는데, 이제는 청년과 교육에 힘을 쓸 때라고 생각해요. 하지만 운동을 하면서 교만해지지는 않으려고 노력합니다.

선물 받은 인도 철학자 비노바 바베의 책에 이런 말이 있더군요.

교육은 가르치는 것이 아닙니다.
교육은 배우는 것도 아닙니다.
가르치고 배우는 것이 교육입니다.
들에 있는 작은 나뭇가지에도
시냇가에 있는 작은 돌에도
교육의 가치가 숨어 있습니다.
그리고 교사는 직업화되어서는 안 됩니다.

정말 교육은 가르치는 것이 아니라 닮아 가는 거라고 생각해요. 첫째는 부모 둘째는 친구 셋째는 스승 넷째는 사회 마지막으로 자연이죠. 자연을 보는 눈이 생겨야 세상을 보는 눈이 생깁니다. 책을 많이 읽지 않아도 자연을 자주 보니 이렇게 얘기할 수 있게 되었어요. 자연이 들려주는 이야기를 듣고 닮아 가기 때문에 느끼는 바가 있는 거죠.

학교는 마을의 어머니

농업이 가지는 교육적 가치를 인정하는 것도 중요합니다. 콩 심은 데 콩 나고 팥 심은데 팥이 나죠. 이것만큼 진실한 것이 어디에 있고, 이런 가치가 어디 있습니까? 아이들을 교육할 때도 다르지 않습니다. 일을 시켜야 해요. 노동은 약자가 하는 것이 아니에요. 노동 속에 생명이 있고 가치가 있다고 생각해야 합니다. 무리하라는 것이 아니라 적당한 노동을 해야 한다는 뜻이에요.

종합예술이 되는 농업교육

자연을 어느 시기에 접하는지도 중요한데, 제 생각에는 어렸을 때부터 체험해야 자연을 통해 여러 영감을 받기 쉬운 것 같아요. 2017년 풀무학교에서 1년 동안 '일도'라고 일만 하는 도깨비라는 이름의 동아리 멘토를 했어요. 아이들과 같이 농사를 지었죠. 여기서 학생들이 직접 농사지은 농산물을 부모님께 소포로 보내 드렸어요. 농산물이 삐뚤어지면 삐뚤어진 채로 생강이랑 순무 등을 넣어서요. 꾸러미를 받은 부모들 중에는 감동을 받아 눈물을 글썽인 분도 있었고, 생강을 보내 줘서 김장할 때 따로 안 사서 고맙다고 하신 분도 있었습니다.

아이들이 직접 농사지은 건 단순한 무와 생강이 아니에요. 내년에는 좀 더 작물을 골고루 키워 보려고 해요. 고향에 가면 부모님이 자식이 필요하다 싶은 걸 잔뜩 챙겨 주시는 것처럼, 아이들도 자신이 키운 농산물의 가치를 직접 느끼게 해 주고 싶습니다.

또 도시로 찾아가는 농촌체험교육을 7년 정도 진행했어요. 이 과정에서 아이들이 변하는 게 느껴지죠. 욕설 없는 학교, 폭력 없는 학교로 변합니다. 학교 선생님들은 이 과정이 매년 새롭게 달라져야 한다고 주장하죠. 근데 저는 다른 생각을 가지고 있어요.

매년 같은 체험 과정을 하면 첫해에는 잘 못하던 아이도 그 다음 해에는 좀 더 익숙해지고, 또 그 다음 해에는 능숙해집니다. 이런 과정이 중요해요. 아이들한테는 이렇게 연속성 있게 가야 하는데, 선생님들은 매해 새로운 걸 가르치고 싶어 하죠. 반복되는 체험 속에 아이들이 커 가는 걸 모르고 새롭게 항상 바꿔야 교육하는 걸로 아는 게 안타깝습니다.

그래도 아이들은 농촌체험을 1년만 해도 학교 오는 걸 즐거워하고 어렵게 일하는 농부들을 생각하며 밥을 남기지 않는다고 합니다. 한번은 방송국에서 한 아이를 인터뷰했는데, "농사체험을 하면서 무엇이 생각났니?"라는 물음에 아이가 울먹이며 "시골에서 고생하는 외할머니가 생각나요."라고 말했답니다. 저는 감동받아 눈물이 났습니다. 논 하나를 통해 아이가 자연스럽게 알게 된 거죠. 교육이 이런 것 아닐까요.

하지만 농촌체험교육도 아이들을 위한다면서 정작 아이들에게 "너희들 이런 거 배우면 좋니?"라고 물어보질 않습니다. 장학사, 교장, 지역 어른 들이 모여서 교육을 논하면서도 아이들 생각은 하나도 듣지 않아요. 그런데 선생님들에게 "이 교육이 즐거운가요?" 하고 물어보면 즐겁지 않다고 말합니다. 선생님도 즐겁지 않은데 어떻게 교육이 될 수 있을까요. 이런 식으로 가르치려고 하니, 아이들 머리만 아프게 하고 또 주입식 교육이 되는 거죠.

제일 쉬운 대안은 학교마다 지역 주민들과 연결되어 할 수 있는 걸 하면 된다고 생각합니다. 선생님들은 그저 옆에서 잘한다고 칭찬하고

가르치는 사람과 배우는 사람이 모두 즐거워야 진짜 교육이고 배움입니다.

박수치는 역할이면 충분해요. 지역 어르신들을 교사로 인정하면 그분들도 존중받는다 생각하고 신이 나서 더 함께할 수 있는 부분이 많아질 거라고 생각하죠.

홍동마을에서 말하는 순환농법은 작물만 이야기하는 것이 아니라 사람과 지식도 순환되어야 한다는 거예요. 조물주가 세상을 만들 때 똑같이 만들어서 그런지 작물이 크는 것과 아이들이 크는 것이 일치해요. 어린이나 작물이나 끌고만 가는 교육은 힘이 없어요. 알아서 크는 걸 몰라서 그런 겁니다.

현재 저는 마을운동보다는 교육, 학교에 집중하고 있어요. 홍성농업교육센터를 '쌀농업학교'로 만들어서 쌀에 대해서 자세히 배우고, 이 교육을 들으면 쌀에 대한 권위자가 될 정도로 해 보고 싶어요. 제가 마을 안에서 많은 일을 하고 여러 활동을 하는 이유는 다 연결되기 때문입니다. 교육은 교육대로 농업은 농업대로 따로 가는 게 아니라 종합예술이니까요.

토지운동은 청년 지원 사업

홍순명 선생님은 외국 사례 연구를 많이 하셨어요. 우리나라의 토지제도 아래서 부모는 자식에게 재산 가치로 땅을 물려주죠. 하지만 외국은 활동 가치로 줍니다. 홍동마을에서는 토지를 농사짓는 사람에게 주자는 운동을 합니다. 마을 전체가 그런 건 아니지만 마을운동을 하는 사람들이 이걸 시도하는 중이에요. 토지운동에 공감하거나 지지하는 지인들이 모금을 해 주었고, 땅 한 평 나눔운동을 하면서 모은 돈을 합쳐 정농회에서 올해부터 청년들을 지원하는 사업을 시작했어요.

청년들에게 무상으로 토지를 임대하는 사업으로 정농회와 충청도가 함께할 예정입니다. 농사지을 땅과 기본 지원금이 마련된 상태에서 농사를 지을 수 있는 거죠. 5~10년 정도 안에 빠르게 정착되면 좋겠지만, 자립할 때까지 농사를 짓고 이윤이 남는다면 그때 토지 연금을 자발적으로 낼 수도 있을 거라고 생각해요. 부담 없이 열심히만 하면 가능하도록 만들고 싶어요. 이번에 처음으로 농사짓는 청년 중 1명은 북한에서 온 새터민이라 의미가 더 크죠. 정농회 토지운동은 홍동에만 국한되지 않고 전국적으로 확장하여 토지를 구매하고 있습니다.

지속하는 힘

홍동마을은 교육, 협동조합, 유기농업이 삼위일체입니다. 그래서 참 멋있어요. 교육만 잘하고 마는 것이 아니라 협동조합, 유기농업이 모두 있어야 하죠. 이 3가지는 개인을 위한 것이 아니라 더불어 살기 위한 거예요. 풀무가 지향하는 마을은 학교고 학교는 곧 마을이에요. 형식적인 말이 아니라 진짜로 그래야죠. 운동과 모임은 다르다고 생각해요. 모임은 같은 생각을 가진 사람들이 질주하는 거고, 운동은 서로 좋은 쪽으로 유도해서 함께 가는 거 아닐까요.

긍정적인 사람에게 지혜가 주어집니다. 과거에는 저도 부정적인 생각을 가졌던 시기가 있었지만, 긍정적인 마음을 품은 지금은 실타래가 풀리듯이 일이 자연스럽게 됩니다. 참 감사한 일이죠. 요즘에는 일을 함께하는 군청이나 기관에 가서 어떤 요구를 하면 불가능한 일보다 가능한 일이 많아요. 그동안 우리가 해 왔던 일이 쌓여서 그렇기도 하지만, 저부터 개인을 위해 살기보다 우리 동네, 우리 지역, 우리 농민에게 필요한 일을 요구하는 공적인 삶을 살면서 그렇게 되었어요.

지금까지 농사를 짓고, 마을운동을 하면서 어려운 일보다 좋은 일이 훨씬 많았습니다. 사람들은 보통 어려웠던 것만 기억하지만, 절망을 볼 것인지, 희망을 볼 것인지는 본인의 선택에 달려 있다고 생각해요. 그래서 어려운 일은 잊어버리고, 기쁜 일을 계속 간직해야 합니다. 어려운 일이 생겼을 때는 한쪽 귀로 듣고 한쪽 귀로 흘려보내기도 해야 하고요.

나쁜 일을 마음속에 계속 품고 있으면 사람이기 때문에 저도 힘이 듭니다. 즐거웠던 일로 그 어려움을 이겨야 하죠. 우리가 살아가면서 선과 악이 있다고 할 때, 세 번 악을 보면 세 번은 선을 보아서 균형을 맞춰 주어야 합니다.

우리는 악에 많이 노출이 되어 있어서 선을 계속 보아야 선을 닮아갈 수 있어요. 마찬가지로 보는 눈을 긍정적인 곳에 둘지 부정적인 곳에 둘지에 따라 많은 일이 달라집니다. 그래서 나날이 좋은 일들이 더 많아지도록 어려움을 생각하기보다 먼저 감사하려고 해요.

공동체를 위한 제안들

솔루션 라이브러리Solution Library에서 찾아보세요.

· 유기농업organic agricultural technique – 화학비료를 쓰지 않고 자연을 보고 배우며 먹을거리를 생산하기.

학교는 마을의 어머니

도시형, 개방형 생태마을

애즈원 네트워크 스즈카 커뮤니티
As one network Suzuka community
....
일본

일본에서 시작되어 한국과 브라질 등 해외에서도 활동하고 있는 애즈원 네트워크는 존 레논의 〈이매진〉 마지막 가사에서 이름을 따왔습니다. 모두가 안심하고 자신답게 살 수 있는 사회를 만들기 위해 기존의 고정 관념이나 상식이 아닌 새로운 사고와 소통 방법이 필요함을 느낀 애즈원 구성원들은 '사이엔즈 메소드'라 불리는 방식을 발전시켜 이를 실현하고자 합니다.

가타야마 히로코

저는 일본의 비영리법인(Non Profit Organization, 이하 NPO) 젠 재팬 GEN-Japan의 대표이사입니다. 히로시마에서 태어나 제2차세계대전에서 피폭당한 어머니 밑에서 성장하며, 자립한 시민들이 평화로운 사회를

가타야마 히로코(片山弘子).

만드는 일에 관심을 갖게 되었죠.

시민적 공공성, 커뮤니케이션 장소 만들기 등의 실천적인 연구를 거쳐 2009년부터 애즈원 네트워크 스즈카 커뮤니티(이하 '스즈카 커뮤니티')에 거점을 두고 '도시의 툇마루' '에코 스테이션' 만들기 등의 프로젝트에 참여했습니다. 2012년에는 스즈카 시의 환경심의회 위원 활동도 했고요.

스즈카 커뮤니티에서의 경험을 바탕으로 지속가능한 사회는 지속가능한 인간관계가 열쇠라고 생각하여, 특히 사이엔즈 메소드를 이용한 교육 프로그램의 개발에 집중하고 있습니다. 2013년부터 '지속가능한 사회 만들기 대학'을 개최했으며, 2017년부터는 일본 각지의 환경운동가들과 생태마을을 방문하여 생태마을 디자인 교육(EDE) 과정을 개설하기 위한 협력 관계를 맺었어요. 또한 일본의 성공적인 사례에서 배울 수 있는 실천 프로그램도 만들었죠.

현재 다도 평생 사범 회원으로서 일본 문화를 널리 소개하는 한편 차세대 교육 활동을 계속하고 있습니다.

사이엔즈 메소드 방식의 공동체 만들기

스즈카 커뮤니티는 2000년 말 지역에서 공동체에 관심을 갖고 있던 수십 명이 미에 현 스즈카 시에 모이며 시작되었습니다. '애즈원'이라는 이름은 존 레논의 〈이매진〉 마지막 가사인 "세계는 곧 하나가 될 거예요(The world will be as one)."에서 유래했어요. 처음에는 이상을 그리며 시작했지만, 여러 문제에 부딪히면서 열정과 실행력만으로는 이상이 실현될 수 없음이 명확해졌죠.

또 앞으로의 사회제도를 그려 나갈 때는 먼저 자신의 사고방식을 처음부터 재검토할 필요가 있음도 알게 되었습니다. 그러면서 2004년부터 지금까지, 개별 과제 해결이 아닌 사람과 사회를 근본적으로 재검토하는 연구를 시작했어요. 그 과정에서 '항상 처음부터 검토하고, 여러 사람의 지혜를 모으고, 본질을 탐구하고, 그 실현을 도모'하는 방식인 사이엔즈 메소드가 탄생했습니다.

2007년에는 사람과 사회의 본질을 전문적으로 연구하는 NPO '사이엔즈 연구소'를 설립했고, 누구나 자유롭게 참여하고 연구에서 발견된 것을 이해, 탐구하는 장으로서 '사이엔즈 학교'도 개교했어요.

저희는 스즈카 시, 긴테츠 히라타마치 역 남쪽, 평범한 마을 거리에 현재 150명 안팎이 도보로 10분 정도 걸리는 범위에서 각자 마음에 맞는 집과 생활 방식 그리고 일을 선택하여 생활하고 있습니다. 스즈카 커뮤니티에서는 지역 사회를 만들면서 각각의 자유의사와 토론을 통해 각 멤버가 주체적으로 관계하는 방법을 결정해요. 이곳은 인생을 걸고 뛰어든 70여 명의 회원을 중심으로 그들의 가족, 자유롭게 관계하는 회원, 지역에서 활동을 지지하는 사람들로 구성된 마을이에요.

회원에 대한 특별한 규제가 없어 외관상으로는 이 지역의 어디서부터 어디까지가 스즈카 커뮤니티고, 누가 회원인지 명확한 경계가 없습니다. 굳이 말하자면 '스즈카 문화 스테이션'이 그런 장소에 해당하죠. 스즈카 커뮤니티의 구성원들은 이곳을 환승역이나 만남의 광장으로 삼아 도시에 녹아들어요.

즉, 스즈카 커뮤니티는 도시형, 개방형 공동체 시범 사업이라고 할 수 있습니다. 사이엔즈 메소드에 의해 지속가능한 경제 및 사회 시스템을 실현하고자 노력하며, 규모를 키우기보다 사회에 당당히 제안할 수 있는 검증 가능한 공동체를 만드는 걸 목표로 하죠.

이런 노력으로, 스즈카 커뮤니티는 2015년 11월 30일 파리에서 개최된 '제21회 유엔기후변화협약체결국회의(COP21)'에서 소개된 세계 60곳의 생태마을 가운데 하나가 되었습니다. 우리 공동체의 특징을 한마디로 표현한다면 '사람과 사람' '사람과 단체' '단체와 단체'가 서로 아울러 연결감을 심화해 가는 거예요.

기술을 경시하는 게 아니라 인간관계나 사회에 울타리나 장벽이 존재한다면, 어떤 뛰어난 기술도 활용하기 어렵다고 생각하는 거죠. 먼저 관계가 있어야 무엇을 해도 안심할 수 있고, 그런 사이가 될수록 불필요한 낭비가 해소되어 관계 속의 사람이나 물건이나 에너지 등이 각각의 특색을 발휘한다고 생각하거든요. 또 그래야 결과적으로 사회가 지속가능한 방향으로 성장할 수 있다고도 보고요.

사실 저는 한편으로는 그렇게 생각하면서도, 또 한편으로는 '정말 그럴까' 하는 탐구심 역시 계속 가지고 있어요.

공동체 사업

스즈카 커뮤니티가 스즈카 시에 뿌리내린 이유 중 하나는 독립적인 공동체 사업으로 지역에서 사랑과 신뢰를 받기 때문이에요. 사이엔즈 메소드를 사용하여 관리, 운영되는 3개의 주요 사업을 소개합니다.

어머니 도시락

"엄마가 만든 수제 요리의 맛을 한 끼(1인분)도 배달합니다."라고 말하며 지역에서 사랑받는 수제 도시락 가게를 목표로 지역 사회의 주부들과 함께 2006년부터 시작한 사업이에요. 처음에는 하루 20개의 도시락을 배달하다가 현재는 하루 평균 1,000개의 도시락을 판매합니다. 스즈카 시를 중심으로 욧카이치, 츠, 가메야마 시에서 택배 및 매장을 운영하죠. 현재 60명의 직원 중 20여 명을 공동체 밖에서 고용하고 있고요.

도시락 재료인 쌀과 야채는 연계된 사업체인 ㈜스즈카 농장(SUZU-KA FARM)을 중심으로 구입해요. 매일 아침 수확한 신선한 야채가 농장 구성원에 의해 포장 없이 직접 운반되고, 못생긴 B급 야채도 사용되어 결과적으로 쓰레기가 거의 나오지 않죠. 또 도시락 작업에 일손이 부족하면 농장의 구성원들이 응원차 함께 와서 돕고요.

농장 측면에서도 '어머니 도시락' 용도로 출하되는 물품은 포장재가 불필요하니까 친환경적이고 편리하죠. 또한 현지 야채가 도시락 반찬뿐만 아니라 스즈카 시 내외의 각 가정과 직장에 그물망처럼 유통될 수 있어 음식의 지산지활, 즉 지역 내 순환이 촉진됩니다.

어머니 도시락.

스즈카농장

스즈카 커뮤니티의 식량 기지를 꿈으로 삼은 젊은이들이 모여 2009년에 설립한 회사예요. 여러 사정으로 버려진 논 8헥타르(약 2만 4,000평)와 밭 6헥타르(약 1만 8,000평)를 인근 농가에서 빌리고, '거리의 밭 공원'에서는 하우스도 하며 다품종을 재배하고 있어요.

지역 사회 젊은이들이 논밭에서 일하는 모습에 인근 농가에서도 호감을 가져 관계가 양호합니다. 필요할 때 콤바인과 트랙터 등 대형 농기계를 농가에서 빌릴 수 있을 정도로 주위의 이해와 협력을 받고 있어요. 제과 회사와 계약 생산하는 감자를 제외하고 농장에서 생산된 작물은 지역의 직매소나 슈퍼에 안정적으로 공급할 수 있어 만족스럽죠. 특히 규격 외 야채도 처분하지 않고 어머니 도시락으로 활용할 수 있기 때문에 경영적인 부분에도 크게 도움이 되는 사업이에요.

일손이 많이 필요한 감자와 양파 수확 때는 공동체에서 많은 응원을 받아요. 이때 여러 구성원이 모이는 교류의 장이 열리죠. 도시락 배달은 운전을 좋아하는 농장 젊은이들에게 인기가 많아요.

사단법인 스즈카 문화 스테이션

2010년에 폐가가 된 가구 전시장을 리노베이션하여 문화 사업을 시작했어요. 스즈카 커뮤니티의 명예 고문인 교토 대학 명예 교수 나이토 마사아키 박사와 독일 도르트문트 대학의 에크하르트 한Ekhart Hahn 박사로부터 도시의 툇마루, 에코 스테이션이라는 개념을 제안받아 세운 곳이에요. 시민이 '지속가능한 사회로 들어가는 문은 사실 일상 속에 무수히 있음에 주의한다'라는 점을 가장 염두에 두고 공간을 만들었죠.

개설한 지 8년이 넘은 현재, 이곳은 스즈카 시 내외의 시민들이 주최하는 각종 회의, 문화 교실, 심포지엄 장소로 활용되며, 가을에는 문화 행사가 계속되는 등 저렴하고 친숙한 문화 시설로 자리매김했어요. 또한 젠 재팬이 개최한 지속가능한 사회 만들기의 정보 발신 기지로도 자리 잡아, 정기 강연회와 EDE 강사의 공개강좌 등도 개최되고 있죠. 관심 있는 지역 사람들이 계속 드나들기 때문에 지속가능한 사회를 향한 최신 정보가 왕래하는 공간이에요.

문화 사업만으로는 경영이 어려운 지역 사회 관련 사무소들도 이곳에 들어와 임대료를 분담하고 경영에 협력하고 있어요. 어머니도시락이나 스즈카 농장의 상담 장소와 각종 연구회 모임에 무료로 공간을 제공하고 있고, 커뮤니티 허브Hub 등 생활의 중심이자, 응접실, 일상적인 환담을 나누는 카페 공간으로도 활용하죠.

커뮤니티의 특징

지산지활地産地活, 직주접근職住接近

스즈카 커뮤니티는 스즈카 문화 스테이션을 기준으로 반경 1킬로미터 이내에 거주하는 구성원이 많아요. 특별한 규칙은 없지만 서로 걸어서 몇 분 이내에 있는 것이 편하다고 실감하면서 자연스럽게 그렇게 되었어요. 직장도 대략 그 범위에 있기 때문에 통근 시간도 도보 또는 자전거로 멀어야 10분 정도 걸리죠.

스즈카 농장은 여기저기 흩어진 경작지를 15헥타르(약 4만 5,000평) 정도로 유지하며, 물 순환과 토양 보존에 신경 쓰면서 농작물을 생산합니다. 모든 농지가 본사 사무실에서 차로 15분 거리에 있어서, 수확된 농산물은 어머니도시락이나 공동체를 포함하여 거의 전량 스즈카 시내와 인근 지역에서 순환되죠. 이렇게 지역 활용도가 높아 물건이나 사람의 이동과 수송에 필요한 화석연료와 시간을 절약할 수 있어요.

커뮤니티 공간 조이, 공동체 경제 실험

저희는 경제적·생활적 측면에서 지금까지 몇 번이나 새로운 시스템을 실험하고 검토하는 리뉴얼 과정을 반복했어요. 현재는 '커뮤니티 공간 조이JOY(이하 조이)'를 시도하고 있죠. 조이는 현재 70여 명의 회원들이 운영, 이용하는 프로젝트예요. 모두가 하나의 가족처럼 가계경제를 융통하기 때문에 식료품이나 물품을 돈 없이 자유롭게 사용할 수 있어요. 또한 회원들이라고 해도 외부에서도 쇼핑할 수 있고, 조이를 통하지 않고 직접 요리해 먹기도 해요. 일주일에 한 번 정도만 구매해도 된다고 기뻐하는 회원도 많아요.

조이에는 스즈카 농장에서 매일 신선한 농산물이 도착해요. 어머니도시락에서 금방 만든 저녁 반찬이나 도시락으로 판매하고 남은 것도 폐기하지 않고 보내죠. 거리의 밭 공원에서는 계절 과일을, 사토야마(さとやま, 마을 가까이에 있어 그 지역 사람들의 생활과 밀접한 산이나 삼림 - 옮긴이)에서는 죽순과 표고버섯, 숯, 목초액(木作酢)을 배달하고요. 기타 수제 과자와 된장 절임, 정원 과일, 산나물과 밤, 낚시한 생선, 기념품 등이 늘어설 때도 있어요. 구매를 많이 하면 일상품, 기호품, 주류 등을 묶어서 싸게 주기도 합니다.

조이 이용에서 재미있는 부분은 혼자 사는 사람들이 큰 병에 담긴 조미료나 식빵, 수박, 포도 등을 소분하여 자유롭게 필요한 양만큼만 가져갈 수 있다는 점이에요. '먹을 만큼, 먹고 싶을 때 가져가는 것'이 오히려 낭비를 줄이는 결과로 나타나고 있는 거죠.

매일 식단 만들기를 예로 들면, 1명이 각자 집에서 요리하는 시간이면 도시락 가게 주방에서 1명이 약 100인분을 만들 수 있습니다. 재료로 들어가는 야채나 쌀도 농장에서 포장 없이 받을 수 있어 쓰레기도 나오지 않고요. 또한 조리에 필요한 가스와 전기 등의 에너지 소비와 쇼핑에 필요한 차량 사용이나 가솔린 소비 역시 줄일 수 있죠. 덕분에 이전에 비해 냉장고에 보관하는 음식이 압도적으로 줄었다는 호응이 많아요.

여성의 가사 노동 시간이 단축되고, 독신자의 건강한 생활이 보장되면서 조이 회원들은 다른 사람들보다 쉽게 자신의 삶에 전념할 수 있게 되었어요. 물건뿐만 아니라 돈의 교환 없이 가전, 자동차, 자전거의 구입부터 수리, 대여 지원을 받을 수도 있고, 여행이나 이사 준비 등도 자신 있는 사람이 맡아 줍니다. 또한 전구 교체, 등유 배달, 물건 수선 등 일상의 세세한 부분까지 소셜네트워크서비스(SNS)를 통해 부담 없이 소통하며 서로 의지해요. 그러한 과정에서 서로의 지혜와 기술과 능력이 활발하게 활용되고, 결과적으로 각 회원의 자유도가 높아질 뿐만 아니라 지역에 있는 물건, 돈, 사람, 에너지가 낭비되지 않고 종합적으로 활용되죠.

위와 같은 공동체 경제는 틀에 박힌 구조나 규정으로 이루어지는 것이 아니라, 다채롭게 서로를 알아 가고 안심하고 마음을 나누는 관계를 기반으로 합니다. 이것은 또한 인간과 사회의 본질을 연구하기 위해 70명의 회원들이 참여하는 사회적 실험이기도 해요.

거리의 밭 공원, 공동체를 위한 활동

거리의 밭 공원은 스즈카 문화 스테이션에서 도보로 몇 분 거리에 있는 약 1.5헥타르(약 4,500평)의 밭이에요. 원래 지역 밀착형 슈퍼가 들어설 부지였지만 2010년에 무산되었고, 그 뒤로 스즈카 농장의 비닐하우스 및 출하 시설도 놓여 있었지만, 은퇴 세대 가운데 관심을 보이던 사람들이 정비하여 거리의 밭 공원 프로젝트를 시작했어요.

'어린이부터 노인 세대까지 농사와 친밀해지고 쉴 수 있는 공간을 만들자' '아이들이 느긋하게 위로받을 수 있도록 하자' 이러한 바람으로 계절 야채, 옥수수, 수박, 포도, 귤, 땅콩 등이 심어져 있습니다. '밭에 가

거리의 밭 프로젝트.

자, 밭에서 먹자' 등의 체험 기획도 매월 개최되어, 정원 가득 가족 동반으로 온 100명 가까운 사람이 붐벼요. 공원에는 광장, 부뚜막, 우물, 생태화장실도 설치되어 있는데, 이곳에는 지역 잡목으로 장작을 만들어 비축해 놓아 재해 시에는 지역의 피난 장소 역할도 하죠.

사토야마 프로젝트, 공동체와 행정의 협력

스즈카 문화 스테이션에서 남쪽으로 차로 15분 거리에는 시에서 주요 생태지역으로 지정한 완만한 구릉과 야쓰다(谷津田, 골짜기의 밭 - 옮긴이)가 있어요. 이 일대는 산림이 줄어드는 과소過疎 현상이 진행된 곳이고, '사토야마'도 방치되어 있었지만 2010년부터 은퇴 세대 분들 중에 관심을 가진 사람들이 모여 일부를 빌려 '스즈카의 사토야마'라고 이름 붙이고 보전 활동과 체험 활동을 진행하고 계세요.

애즈원 네트워크 스즈카 커뮤니티

체험 활동에는 스즈카 시 내외에서 어린이를 동반한 가족들이 북적이는데, 단골 참가자도 늘어나 사토야마 산책과 탐험을 즐기고 버섯, 산나물, 숯 체험도 하며 현대적인 의미의 사토야마로 자리매김하고 있어요. 특히 2013년 지역 노인에게 가르침을 받아 전통 숯불 가마를 설치한 이후에 숯 체험을 연중 실시하게 되었답니다. 숯의 원료를 만들고자 나무를 심기도 하지만, 지속적으로 원목이 필요하다는 사실이 스즈카 시의 협력으로 홍보되었고 공영방송(NHK) 등에도 소개되었죠.

덕분에 여러 잡목수림 소유자들에게 알려지면서 관심을 가진 사람들이 모여 '벌도대'를 결성했습니다. 이들은 산림 소유자들에게 손질이 어려운 잡목림을 신고받아 무료로 간벌 및 정비를 해 주고 나무를 운반해 오죠. 이걸로 숯을 만들 원목이나 장작으로 쓰고, 동시에 앞에서 설명한 거리의 밭 공원으로 옮겨 비상용으로 비축해요. 2015년부터는 미에 현 환경학습센터에서도 이곳의 나무를 이용하고 있어요.

네트워크 활동과 사이엔즈 메소드의 보급

저희는 2011년부터 '스터디 투어'를 개최해 공동체 만들기의 경험과 실태를 공개하고 있어요. 그 인연 가운데 "사이엔즈 메소드를 사용하여 지금 거주하는 곳에서도 공동체 만들기를 할 수 있도록 연수를 받고 싶다."라는 요청이 있었고 또한 공동체에 장기적으로 머물며 체득하고 싶다는 요구도 있어 이에 부응하고자 2014년부터 유학제도를 마련했죠.

그 결과 2017년 현재 요코하마, 하마마츠, 고베, 미네, 노가타, 나하시 등을 비롯하여 한국의 서울 근교와 브라질 상파울루 근교에서도 사이엔즈 메소드를 사용한 동료 만들기, 회사 만들기, 커뮤니티 만들기의 이상을 실현하는 활동이 활발해졌습니다. 젠 재팬에서도 가이아 에듀케이션 프로그램에 사이엔즈 메소드를 소개해 참가자들로부터 높은 평가를 얻었고요. 또한 홋카이도, 모리오카, 도쿄, 나가노, 아이치, 교토, 오사카, 구마모토에서도 대화의 장소가 만들어져 애즈원 네트워크가 형성되고 상호 교류가 시작되었답니다.

사이엔즈 메소드는 학계 연구자들과 실제 가정에서도 17년간 귀중한 사회적 실험으로 평가되어 왔습니다. 특히 환경조화형 공동체를 만들기 위해 노력한 에크하르트 한 박사와 나이토 마사아키 교수의 활동. 사이엔즈 메소드를 통해 서로에 대해 처음 알게된 U이론(MIT대학의 오토 샤머 교수가 만든 것으로, 나와 자연, 나와 사회, 나와 타인, 나와 자아 사이에 벌어진 격차를 좁혀 결국 본질적인 차원에서 문제를 보고 느끼고 해결하는 방법 – 옮긴이) 연구 그룹과 가이아 에듀케이션 학술이사인 지오반니 차 로의 활동. 또한 국제적인 전환마을 활동과 비폭력대화(Non Violent Communication, NVC) 등의 활동들이 오늘날과 같은 협력 관계를 만들었어요.

네트워크화는 스즈카 커뮤니티를 객관화할 수 있으며, 다양한 사회 만들기 제안이 공동체에 발신되는 과정이기도 해요. 시민들에게 매력적인 선택지를 늘려 주면 새로운 시도에 참가하기 쉬운 흐름도 생기죠. 우리는 국내외에서 같은 바람을 가진 개인, 가정, 소모임, 연구자, 행정 기관, 단체 들과 폭넓게 협력하여 개성이 인정되고 지속가능한 사회가 평화롭게 전 세계에 실현되는 걸 꿈꾸고 있습니다.

공동체를 위한 제안들

솔루션 라이브러리Solution Library에서 찾아보세요.

- 사이엔즈 메소드Scienz method – 항상 처음부터 검토하고, 중지衆知를 모으고, 본질을 탐구하고, 그 실현을 도모하는 방식으로 유기물의 순환, 물 재활용, 토양 보전, 휴경지 활용에도 사용된다.
- 사토야마 보전Reforestation Satoyama woodland – 마을 가까이 있어, 땔감이나 산나물 등을 채취하기 용이한, 생활과 밀접한 관계가 있는 산을 보전하기.
- 숯 만들기Charcoal making – 전통 숯가마에서 숯 만들기.

다음 세대를 위한
더 나은 삶의 방식

샨성구 三生谷

중국

중국의 생태마을 건설은 다른 나라와는 조금 다를 수 있습니다. 역사적으로 농경문화가 발달한 중국은 40년간의 산업화로 큰 충격을 받았지만 여전히 많은 농촌을 유지하고 있습니다. 향촌 건설운동(중국 생태철학자 량수밍梁漱溟에 의해 시작된 농촌마을운동 - 옮긴이)은 중국에서 이미 100여 년의 역사를 가지며, 지식인과 정부는 오랫동안 적극적으로 향촌 건설을 추진했습니다.

중국공산당 제18차 전국대표대회(2012)가 제시한 생태문명 개념도 서서히 대중적인 지지를 얻어 뿌리내리면서 각 지방 정부들도 호응하고 있습니다. 제19차 전국대표대회(2017)에서 정부가 농촌의 발전을 국가 전략으로 내세운 결과 농촌이 뜨겁게 달아올랐고 지역 사회의 열렬한 호응을 얻었습니다. 향촌 건설에 생태적 아이디어와 개념을 도입할 수 있는 새로운 힘이 시민사회에 생겨났습니다.

최근에는 공업화된 지역에서 '도시인들이 농촌으로 다시 돌아가는 역도시화' 현상이 나타나기도 합니다. 또 향촌 건설의 경험과 실력이 자라면서 2017년을 중국 생태향촌 건설운동의 원년이라고 할 수 있을 정도로 수많은 생태향촌 실천 사례가 생겨났습니다.

쑤링(胥岭)의 생태마을 역시 그중 하나입니다. 이 마을은 중국 최초로 젠GEN에 참여한 곳이기도 합니다. 이 글은 샨성구 설립자인 왕 하이차오(汪海潮)가 보내 주었습니다.

농촌 사회적기업, 쑤링 모델

우리는 오랫동안 도시에 살고 있지만 주변 환경과 이웃들에게 무감각하며 함께 살고 있다는 생각을 하지 않습니다. 첫 발을 내딛는 것이 쉽지 않지만 우리가 어떻게 해야 세상을 더 좋게 만들 수 있을까요?_왕 하이차오

중국 지앤더 시(建德市)에 위치한 쑤링 마을은 춘추전국시대 말기 오나라의 지도자였던 오자서伍子胥가 이곳을 방문하면서 그 아름다운 경치와 비옥한 땅이 알려졌습니다. 쑤링이라는 말도 오자서의 산이라는 뜻이고요. 우리 마을은 사방이 산으로 둘러싸인 해발 400미터의 산간 평지에 위치합니다. 여러 뙈기의 계단식 밭들이 산기슭에 뻗어 있죠.

봄이 오면 계단식 논은 유채 꽃으로 뒤덮입니다. 100년이 넘은 오래된 집들을 배경으로 핀 황금빛 유채 꽃은 여러 다른 꽃들과 함께 어우러져 완벽한 한 폭의 수채화를 그려 내죠. 이 계단식 유채 밭은 중국 동부에서 열 손가락 안에 꼽힐 정도의 아름다운 풍경을 자랑한답니다.

계단식 밭이 아름다운 샨성구 전경.

비가 온 후 산 꼭대기에 걸린 구름이 연기처럼 피어오르는 운무 풍경 또한 많은 사람들에게 사랑을 받습니다.

　맑은 공기는 물론 광천수 수준의 맑은 물도 마을의 자랑이에요. 공식적인 마을 인구는 600여 명이지만, 실제론 대부분의 마을 주민들이 외지에 나가 있어 주로 60~70명 노인들이 이곳에 살고 있어요.(중국은 국가가 토지를 소유하고 개인은 그 사용권을 가진다. 여기에 각 지역과 마을별로 호적을 따로 관리하며 이동에 제한이 있다. 때문에 마을 호적을 가진 사람이 그 마을 토지에 대한 사용권을 갖는다─옮긴이) 이곳에는 6,000에이커(약 734만 평)의 숲과 600에이커(약 73만 평)의 계단식 밭이 뻗어 있으며, 대강당과 생수 공장, 초등학교 및 기타 공공 건물 등도 자리하고 있죠.

　샨성구는 생태마을의 개념을 홍보하고 실천하며, 사랑, 교육, 풀뿌

　　　　　　　　　　　　　　　　　　　　　　　　샨성구

리 지역 활동, 근검, 지속가능한 삶을 지향하는 사회적기업입니다. 샨성(三生)은 생활生活, 생태生态, 생명生命을 나타내죠. 우리는 생태마을 건설을 위한 국제 포럼을 두 차례 개최했으며, 중국에 100개의 생태마을을 만들겠다는 비전을 가지고 있습니다. 샨성구 활동으로 하나의 마을을 변화시키면 몇 개의 마을이 따라서 변화하고, 나아가서 농촌 사회에 영향력을 끼칠 수 있다고 생각해요.

쑤렁 마을과 지앤더 시 정부 관계자들을 만났을 때, 우리는 국제 생태마을 전략이 지속가능한 마을공동체의 좋은 모델이 될 수 있다고 설명했고, 시 정부는 이를 받아들였습니다. 생태마을은 생태적 생산과 생활 방식의 변화를 통해 인간과 사회의 지속가능한 발전과 삶의 길을 찾는 거라고 생각해요. 시진핑 주석의 "청산녹수 금산은산靑山綠水 金山銀山(잘 보호된 생태 환경이 우리의 자산입니다)."이란 말은 생태마을을 잘 표현한 개념이죠.

생태마을은 사람과 사람, 사람과 자연의 조화로운 관계를 목표로 합니다. 보통 전통마을과 계획공동체의 2가지 유형으로 구분되고요. 우리는 쑤렁에서 마을이 가지는 사회, 경제, 생태, 문화의 4가지 측면을 지속가능한 개발의 틀로 통합하여, 전통마을을 변화시키는 모델을 만들어 보려고 노력했습니다. 이는 젠GEN에서 말하는 지속가능성의 4가지 차원을 실천하는 길이기도 하죠.

함께의 경제적 가치

생태마을을 만드는 것은 경제적 측면에서는 비교적 쉬운 일이라 우리는 당국에 마을의 행정 권한을 요구하지는 않았습니다. 하지만 상업적 수단 없이 농촌 지역을 변화시키는 건 매우 어려운 일이어서 사회적기업가 정신에 따라 경제적 측면을 강조할 필요는 있었죠.

그래서 샨성구는 마을로 들어가 600명의 마을 주민들과 함께 7대 3의 비율로 출자하여 지역개발관리 주식회사를 세웠어요. 샨성구가 경제 관리권을 가지고, 공공 배당금의 대부분을 마을에 기부하고, 마을의 공공 건설 투자를 위한 공공 기금도 만들었습니다. 실제 거주할 마을 주민을 끌어들이기 위해 수익의 10퍼센트를 적립하는 등 마을의 경제적인 발전을 위해 기업 모델을 적용한 것이죠. 또한 민박, 농업, 관광, 요양 분야의 자회사들도 세워 다양한 공공 활동과 투자를 유치할 계획을 세웠어요.

투자자들은 마을의 건설 회사와 공동 건설 계약을 맺어야 하며, 수익이 나지 않는 경우를 제외하고는 매년 수익의 10퍼센트를 관리 회사에 넘겨주기로 합의해야 합니다. 이런 방식을 통해 마을에 살지 않는 마을 사람들도 모두 그 이익을 배당받을 수 있는 구조를 만들었어요. 결국 마을 사람들이 자신의 집과 밭을 빌려주고 소득을 얻는 주주가 되는 셈이죠. 샨성구는 쑤링 마을이 이런 구조를 만들고 자금을 조달하는 일을 도왔습니다.

당국은 투자자들과 소통하는 일을 우리에게 위임했어요. 다시 말하지만 투자자들이 마을의 공동 건설 계약에 동의한다는 것은 수익의 10퍼센트를 마을 회사에 기부한다는 뜻입니다. 이러한 공공 투자가 확대되면 자연스럽게 마을이 개발되고 유지될 수 있다고 봤던 거죠.

개발은 생태적으로

생태마을의 두 번째 차원은 생태적 차원이에요. 생태계, 생태건축, 생태농업, 생태에너지를 포함하죠. 쑤링 마을 주택 중 90퍼센트는 친환경적인 재료로 지은 흙집이며, 계단식 밭의 흙은 야채와 과일을 재배하기에 최상의 상태였어요. 몇 년 전 지방 정부는 마을 사람들이 유채를 키우도록 지원했는데, 2015년 유채를 심는 시기에 샨성구가 마을에 들어왔죠. 우리는 약간의 돈을 투자해 모든 유채를 유기농으로 재배하자고 주장했어요.

앞으로도 우리는 많은 문제를 겪을 겁니다. 마을 사람들이 농사 방식을 바꾸는 건 하루아침에 되지 않을 일이니까요. 하지만 마을에서 농약을 사용한다면 화학비료도 사용한다는 말이죠. 우리는 지방 정부를 설득해 그들이 농약을 사용하지 않는 농사 방식을 앞장서서 홍보하도록 했어요. 해충을 없앨 수 있는 천연 효소를 농부들에게 무료로 공급했고요. 일상생활에서도 합성세제를 대체할 수 있는 효소 사용도 권장했답니다. 이렇게 생산 방식뿐만 아니라 생활 방식에서도 조금씩 마을 주민들에게 영향을 줄 수 있도록 노력하고 있습니다.

쑤링 개발 계획은 민박, 문화예술, 전통마을 3개 구역으로 이루어집니다. 우리는 2명의 생태마을 디자이너를 초대해 현대적인 아름다움을 가지면서도 계단식 밭과 조화를 이루는 2개의 복도식 건물을 지었어요. 산등성이 저수지 옆에는 땅의 훼손을 최소화하는 18개의 나무집을 만들었고요.

자연스럽게 형성된 계단식 밭의 한쪽은 야외극장으로 다시 태어나기 위한 공사에 한창입니다. 지방 정부가 공사 기금을 지원하고 마을 사

개인이 모여 우리가 되는 과정을 배우는 마을 회의.

람들이 참여하는 공사로 의미가 깊어요. 올해는 지난 천년 동안 주민들이 마을과 논밭을 잇기 위해 손으로 돌을 날라 만들어 온 오래된 길을 고치고 반딧불이를 키워서 날리는 행사도 계획하고 있어요.

나와 너를 넘어서는 사회 만들기

샨성구는 함께 사는 마을 주민들이 행복한 삶을 살며 지속가능한 생태공동체 또는 마을 만들기를 목표로 합니다. 우리가 마을을 만드는 과정은 일반적인 과정과는 약간 다릅니다. '우리'는 먼저 '그들'이 되려고 노력해요. 그들은 기존의 마을 사람들이죠. 우리가 그들이 되어 그들의 생산 방식과 생활 방식이 생태적으로 회복하는 일을 돕는 거죠. 또 그렇게 우리는 마을 사람이 되고요. 중국 북방에서는 농촌 만들기가 종

샨성구

종 '우리'가 '그들'을 돕는 걸 의미합니다. 왜냐하면 중국의 북쪽은 남쪽 지역들에 비해 더 나은 사회적·인구학적 구조를 가지고 있기 때문이에요. 상황이 더 좋아서 약간의 도움이 필요할 뿐이죠.

남쪽 마을 대부분은 텅 비어 있습니다. 산성구는 도시인을 농촌으로 끌어들이고, 또 원래 거주하는 마을 사람들과 함께 마을을 이루는 걸 목표로 합니다. 마을의 모든 일을 직접 나서서 하기보다 도시의 인재들이 마을로 돌아오게 해서 그들로 하여금 새로운 형태의 안정적인 마을을 만들도록 하는 거죠.

이렇게 우리는 중국 생태마을의 나아갈 길을 직접 실험하고 주도하며 새로운 모델을 만들고 있습니다. 그 일환으로 2년 과정의 산성구 생태대학을 세우고 '천인합일(天人合一), 즉 인간과 자연의 조화'라는 중국의 전통적인 철학을 바탕으로 생태마을을 만들어 갈 지도자들을 키우려고 해요.

사라져 가는 마을을 되살리는 일은 경제적·생태적인 부분에서 시작되지만, 중요한 핵심은 새로운 유형의 공동체를 만드는 거예요. 공동체를 만들기 위해서는 함께 살고, 함께 노동하는 경험이 필요하다고 봅니다. 함께하는 활동이 부족하면 공동체 의식을 가질 수 없어요. 우리가 매년 50회 이상의 다양한 문화 활동을 통해 때마다 30명 이상의 새로운 사람들이 마을로 들어오게 하는 이유는 공동체를 만들기 위한 과정인거죠.

화룡점정, 마을에 영성을 더하다

우리는 혈연관계로 맺어지지 않았고 모두 다른 학교, 직장, 생활 경험을 가지고 있습니다. 하지만 어떻게 하면 마을에서 조화롭게 살 수 있을지 고민하는 마음은 같아요. 우리는 같은 생각과 꿈을 가지고 있기에 더 깊은 공동체 실험을 함께할 수 있는 겁니다. 사실 중국의 전통적인 농촌의 윤리관은 붕괴되었고, 도시의 자본주의적인 사회관계는 농촌 마을에 적합하지 않죠. 전통문화를 새롭게 재창조해서 사람과 사람 사이의 새로운 질서와 관계를 찾아야 할 시점이라고 생각해요.

종교적 신념이나 정서가 있는 사람은 상대적으로 시골로 다가가기 쉽습니다. 또 산업문명에서 생태문명으로 전환하기 위해서는 깨어 있어야 하죠. 깨어 있지 않으면 변화할 수 없고, 이전 생활 방식으로 돌아가기 쉬우니까요. 깨어 있다는 건 자연에 대한 소망과 연결성, 종교로부터 영양분과 방향성을 얻는 걸 말해요. 우리는 새로운 마을공동체를 만들어 함께 일하고 살아가며 종교적인 의식을 따르기도 합니다.

하지만 그 무엇도 오래된 것을 넘어서는 방법은 없음을 새삼 느낄 때가 있어요. 공동체의 생활에는 종교가 필요하고, 특정한 종교가 없더라도 종교적인 일종의 의식은 필요합니다. 중국 전통의 공동체 문화인 용춤은 단순히 사람들을 모으기 위한 의식이 아니에요. 고대인들은 종교 의식에 어떤 내용을 담았는데, 용춤 안에는 인간의 협동심과 의식을 진화시키는 내용이 담겨 있어요. 용춤의 사례처럼 종교가 외형적 형식의 옷을 입는 경우도 있고, 더해서 경전을 통해 각자 자신의 눈으로 읽을 수 있으면 그 진리는 더 실천하기 쉽겠죠.

물론 종교가 사교邪教화 되어 창시자 개인을 숭배하게 되면 인간 의

샨성구

식 각성의 차원에서 심각한 문제입니다. 인간을 각성시키고 종교의 본질적인 가치를 실천하는 가장 좋은 방법은 사람을 키우는 일이에요. 저는 이것이 생태문명 교육이라고 생각합니다. 결국 신앙이 생태마을을 건설하는 유일한 방법은 아니겠지만 필요한 조건인 셈이죠.

종교적 탐구나 실천 없이 생태적 영성을 실현하는 일은 불가능하고, 생태적 영성이 없으면 공동체의 생태적 인간관계나 자연과 함께하는 생태적 관계 역시 이어 가기 어렵습니다. 생태마을의 나아갈 길이 지속가능한 삶이라고 본다면, 우리 마음의 생태적 각성은 지속가능한 삶의 전제 조건인 것이죠. 신앙이 없으면 오래된 영성을 되살리기가 어려워요. 마음의 토양을 신앙으로 회복하는 일은 생태마을을 만들고 유지하는 데 있어 매우 중요한 문제입니다.

개인의 의식 깨우기

'생태공동체를 만드는 과정에서 그와 동시에 자신의 의식을 상승시킬 수 있는가?' 하는 질문은 새로운 도전거리가 됩니다. 이때 서로 포용하면서도 자유로운 것이 중요해요. 누군가는 공동체 안에서 자유로워야 한다고 말하고, 누군가는 공동체엔 반드시 규칙이 있어야 한다고 말하죠. 이런 이야기 속에서 사람들은 자연스럽게 민주적인 분위기와 집단적인 의사 결정 방법을 익혀나갑니다. 이런 일은 우리가 이전에 받았던 교육에서는 부족했던 부분이에요.

우리는 끊임없는 흔들림 속에서 어떻게 의사 결정을 하고 문제를 해결하는지 배워 갑니다. 많은 절차적인 규칙이 존재해요. 땅에서 농사

샨성구 구성원들이 지속가능성의 4가지 차원을 뜻하는 그림을 앞에 두고 모여 앉았다. 두 번째 줄 가운데에서 오른편 남자가 설립자인 왕 하이차오며, 마지막 줄 오른편에서 왼쪽으로 네 번째에 이 글을 감수한 한국인 활동가 김재형이 있다.

를 짓는 것과 비교해서 생각해 보면, 갈등 상황을 해충이라고도 말할 수 도 있지만, 사실은 땅을 개선하는 유익한 익충이 될 수도 있어요. 정말 해충이라고 해도 그것은 땅을 개량하라는 신호로 받아들일 수 있습니다. 공동체에 발생하는 문제는 구성원들이 그것을 해결하면서 함께 배울 수 있는 기회가 되어야 하니까요.

만일 경제적으로 번영하거나 서로 화목하게 지내는 것이 생태공동체를 평가하는 기준이라면, 중국의 많은 마을들이 이에 해당하고, 훌륭한 생태마을로 전 세계에 알려질 수 있을 겁니다. 하지만 생태마을의 평가에는 '중심 기준'이 없고, 만약 중심 기준이 필요하다면 각 개인의 자아自我가 중심이 되어야 한다고 생각해요.

많은 사람들이 멋진 아이디어를 가지고 있으며 이상적인 국가, 유

샨성구

토피아나 천국을 만들려고 합니다. 하지만 결과적으로는 많은 생태마을이 공동체 만들기에 실패하는 것도 사실이에요. 바로 갈등 때문이죠. 사람과 사람 사이가 좋아진 뒤에야 변화가 가능합니다. 우리는 좋은 생각을 가진 사람들이 조화롭게 살아가는 방법을 찾기 위해 어려운 상황에서도 오랫동안 노력해 왔다고 할 수 있어요.

전통문화에서 시작하기

마침내 우리는 '역량 강화(empowerment)'라는 답을 찾았습니다. 원래 이 말은 '권리를 주는 것(賦权)'을 나타내는 말이지만, 우리는 이를 '자신이 가진 내면의 힘을 키우는 것(賦能)'이라고 해석합니다. '강함'이란 건 개인 스스로가 가진 가슴속의 에너지와 능력으로부터 나오는데, 개인의 삶이 피어날 때 자연스럽게 공동체도 번성한다고 봅니다.

이때 말하는 능력은 돈을 많이 벌거나 월급을 늘리는 능력이 아니라, 더 많은 에너지가 생겨 자신의 삶을 파악하고 책임지게 하는 능력이에요. 내면의 역량이 강화된 사람은 자신의 마음을 따라 살아갈 권리와 책임이 있다는 것을 깨달아 어려움이 맞닥뜨려도 도전할 수 있죠. 그래서 저는 이 '역량 강화'란 개념이 앞으로 생태마을을 만들기 위한 매우 중요한 원칙이 되어야 한다고 생각해요.

생태마을을 이루는 4가지 차원 가운데 마지막 하나는 문화와 세계관입니다. 우리는 유럽 미국 일본의 전문가들을 마을로 초대해 그들의 지혜를 함께 나누었어요. 한국의 김재형 선생님을 초대해서 주역과 생태철학을 나누기도 했지요.

젠GEN이 강조하는 또 한 가지는 '마음 챙김'이에요. 생태마을 건설의 가장 중요한 핵심은 우리의 관념을 바꾸는 것인데, 이는 다시 말해 마음의 변화입니다. 도가, 유가, 불교 등의 전통문화를 가진 중국은 이 부분에서 매우 유리하죠. 중국 전통문화는 세계 생태문명에 독창적인 기여를 할 것이고 중국의 생태마을 역시 좋은 사례가 될 거예요.

샨성구는 중국 내의 생태마을운동을 더욱 촉진시키기 위해 2018년 초 다른 생태마을들과 연합하여 중국 생태마을 연맹(China Eco-Village Alliance)을 설립했습니다. 우리는 중국 생태마을이 젠GEN의 중요한 구성원이 되기를 희망합니다.

공동체를 위한 제안들
....
솔루션 라이브러리Solution Library에서 찾아보세요.
• 자립과 역량 강화를 위한 도구Tools of Self-reliance and Empowerment - 공동체 안에서의 상호 지원 강화.

샨성구

아시아 & 오세아니아

Asia & Oceania

GENOA
GLOBAL
ECOVILLAGE
NETWORK
OCEANIA & ASIA

오래된 미래, 생태마을

라다크Ladakh
인도

헬레나 노르베리 호지는 지난 40년간 라다크에서 일해 왔습니다. 그녀는 현재 지속가능한 삶의 방식을 선택한 80개 마을을 보호하고 지원하고 있습니다. 이 마을들은 이미 오래전부터 생태적으로 지내왔지만, 자신들의 문화유산을 더욱 소중히 하고 사회적·경제적으로 생존하기 위해 전통적이면서도 혁신적인 해결책을 결합할 필요가 있었습니다. 이를 위해 그들은 생태마을 전략을 받아들였습니다.

세계 생태마을 네트워크(GEN)의 설립 멤버이기도 한 헬레나 노르베리 호지는 지역화운동에 깊이 관여하고 있고, 바른생활상(Right Livelihood Award, 세계 각지에서 정의, 진실, 평화 증진, 환경 보호, 민주주의와 인권 보호 등의 활동을 벌인 이에게 수여하는 상으로 '대안 노벨상'으로 불리기도 한다 - 옮긴이) 수상자이기도 합니다.

헬레나 노르베리 호지Helena Norberg-Hodge.

헬레나 노르베리 호지

저는 40년 넘게 삶의 많은 시간을 '작은 티벳' 라다크에서 보내는 동안 생태마을의 중요성을 깊이 깨달았습니다. 제게 라다크는 자연에 뿌리내린 공동체 사람들을 직접 알게 된 곳이자, 그들이 지구와 타인에 대한 깊은 연결감을 바탕으로 어떻게 포괄적이고 확장된 자아를 가졌는지 경험한 곳이에요. 라다크 문화 안에서는 두려움과 자기 방어 같은 경계 뒤로 물러설 필요가 없었으니까요.

저는 1975년 다큐멘터리 제작 팀의 일원으로 라다크에 처음 왔습니다. 당시 이곳은 '개발'과 관광산업에 막 개방된 때였죠. 원래 6주만 지내다 파리로 돌아가 언어학자로서 본업에 복귀할 생각이었어요. 그러나 라다크인들의 활력 넘치는 기쁨과 전염성 있는 웃음은 저를 사로잡았고, 다큐멘터리 작업이 끝난 후에도 언어를 배우며 계속 남기로 결정했답니다.

그 후 몇 년 동안, 저는 이 지역이 '성장과 개발'에 개방된 상태에서 극적으로 변화하는 걸 목격했습니다. 라다크는 물밀듯이 밀려오는 수입 소비재, 관광업, 서구화된 교육, 디디티DDT, 석면을 포함한 새로운 오염 기술들에 잠식되어 갔어요. 그러는 동안 사람들은 자신들을 시대에 뒤쳐지고 원시적인 존재로 묘사하며, 도시 소비문화를 낭만적으로 그리는 미디어 이미지에 영향을 받았죠.

전에는 깊은 자기존중감을 가졌던 청년들이 혼란스러워하고 자신감을 잃는 모습을 보았어요. 어린 소년에게는 람보, 소녀에게는 바비인형이 새로운 역할 모델이 되었죠. 실업, 자기 부정, 빈곤, 오염이 만연하기 시작했어요. 사람들이 새로운 도시의 화폐 경제 속에서 희소한 일자리를 두고 경쟁하면서 공동체 유대 역시 무너졌고요. 이런 심리적·경제적 압박은 1989년 불교도와 이슬람교도의 폭력 충돌로 귀결되었습니다.

에너지의 건강한 원천

라다크는 점점 부정적인 방향으로 변했어요. 사회적·환경적으로 너무나 파괴적인 방식의 개발을 보며, 저는 이에 대한 대안을 보여줘야겠다는 마음이 강해졌어요. 무엇보다 라다크의 도시화 개발은 명백히 화석연료에 기반하고 있었으니까요. 정부는 석탄, 디젤, 등유 사용에 보조금을 지급했고, 사람들은 겨울철 가정 난방에 그것들을 사용하기 시작했죠. 하지만 라다크는 티베트 고원 높은 곳에 자리하고 있어 연중 300일 이상 화창한 날이 계속됩니다. 태양에너지 사용에 더할 나위 없이 적합한 곳이고, 수력 발전을 위한 여지도 많았어요.

저는 인도 정부에, 전통 문화의 강점을 살리면서 재생에너지 사용을 촉진하자는 편지를 쓰기 시작했어요. 그리고 우리는 '트롬브 벽(Trombe wall, 벽 앞에 유리를 덧대는 방식의 태양열 집열판으로, 햇빛온풍기와 같

단순한 수단을 활용해 태양열을 효율적으로 이용하는 트롬브 벽을 짓고 있습니다.

은 원리로서 태양열을 건물 내로 흡수한다 - 옮긴이)' 프로젝트를 시작했죠. 난방을 위한 이 단순 명쾌한 태양열 기술은 라다크에 매우 적합했고, 전통 건축물에 적용하기도 쉽고, 자재 마련도 어렵지 않았습니다. 검은색 페인트로 칠한 남향의 진흙 벽돌 벽은 태양에너지를 흡수하고 저장했어요. 고도가 낮은 겨울철 햇빛은 효과적으로 방을 데우는 반면, 고도가 높은 여름철 햇빛은 거의 벽에 닿지 않도록 처마를 설치하여 집 안을 시원하고 편안하게 유지시켰죠.

라다크 생태 개발 그룹

이러한 활동으로 라다크의 일부 영성 지도자와 정치 지도자 들이 우리에게 관심을 보였어요. 우리는 함께 1983년 라다크 생태 개발 그룹 (The Ladakh Ecological Development Group, LEDeG)을 출범하여, 전 영역에 걸쳐 적정기술을 시연할 수 있었어요. 예를 들면 태양열 오븐, 온수기, 그린하우스(식물의 성장 시기를 6개월이나 늘렸습니다!), 마이크로 수력 전기 설비, 놀라운 자동양수 펌프가 있었죠. 특히 펌프는 기존의 표준 부속품을 활용하여 우리 기술진이 만들어 낸 작품으로, 수입 석유 대신 중력을 이용해 물을 퍼 올렸어요.

라다크 생태 개발 그룹은 이 지역에서 가장 영향력 있는 비정부기구(non-governmental organization, 이하 NGO)가 되었어요. 1984년 세운 우리의 에콜로지 센터Ecology Centre는 인디라 간디 총리가 개관을 선언했고, 달라이 라마로부터 축성祝聖을 받았습니다. 그리고 마침내 우리는 지역 도처의 80개 마을에서 일하게 되었죠.

우리는 재생에너지뿐 아니라 유기농업 프로그램도 개발했어요. 그러나 에너지 분야에서든 농업 분야에서든, 우리는 라다크인들에게 개발을 어떻게 할 것인지 말하기보다 기존 방식에 대한 대안을 보여 주는 일에 중점을 두었습니다. 당시 라다크인들에게는 외부 '전문가'들이 쏟아붓는 자료와 변화에 관한 정보가 거의 없었기 때문이었죠. 그들은 서구의 환경운동이나 화석연료, 잡종 종자(hybrid seeds)에 대해서도 몰랐고 인공 비료, 디디티 같은 살충제 등에 대한 문제와 부작용 역시 전혀 알지 못했으니까요.

라다크인들은 서구의 생태문제만 모르는 것이 아니었어요. 다른 이른바 개발도상국들과 마찬가지로, 라다크에서도 관습적으로 광고와 미디어를 통해 서구를 일종의 천국으로 묘사하고 있었어요. 마치 서구 사람들은 끊임없이 여가를 즐기고, 엄청나게 부유한 삶을 사는 것처럼 그려졌죠. 라다크인들은 서구인들이 말 그대로 아무 일도 하지 않는다고 생각했답니다.

리얼리티 투어

우리는 라다크에서 공동체 모임, 라디오 프로그램, 극장, 워크숍 등 등 전 영역에 걸친 교육을 진행했어요. 개발과 서구에 대한 환상에 대응하기 위해 노력한 거죠. 이 과정에서 '리얼리티 투어Reality Tours' 프로그램을 만들어 이곳 공동체 지도자들이 서구의 실체를 경험할 수 있도록 후원했어요. 이때 젠GEN은 정말 중요한 역할을 했습니다. 덕분에 우리는 도시의 소비문화가 가진 공허하고 자연 파괴적인 본질을 깨달은 사람들의 사례를 강조할 수 있었어요.

라다크인들은 서구인들의 목소리로 그들의 영적·심리적·생태적·경제적 문제를 들을 수 있었죠. 중요한 점은, 라다크인들이 젠GEN을 통해 서구인들 역시 더 의미 있고 지속가능한 삶의 방식을 창조하고 있음을 배웠다는 것입니다. 라다크인들은 서구인들과의 깊은 대화를 통해 자신을 찾을 수 있었어요. 그들은 토지에 뿌리내린 다른 전통공동체들과 마찬가지로 라다크가 서구의 대안운동에 많은 기여를 할 수 있음을 깨달았죠. 결국 라다크 청년들은 자신들의 문화에 대한 깊은 존경심을 되찾았어요.

이러한 활동들이 처음부터 모두에게 공감을 받았던 건 아니에요. 초기에 인도 정부 공무원들은 제가 미국중앙정보국(CIA)의 요원이라

확신했고, 라다크 지도자들에게 우리의 활동에 함께하지 말라고 경고했답니다. 그래서 3년 뒤 이곳에 합류한 남편 존 페이지John Page와 저는 오랜 세월 동안 계속 정부의 감시를 받아야 했죠. 또 어려웠던 점은 1980년대에 젊은 라다크 남성들이 특히 우리 활동을 적극적으로 반대했다는 겁니다. 그들은 람보와 화석연료에 열광했고, 우리의 재생에너지 사업이 시간 낭비일 뿐 아니라, 그 과정에서 우리가 많은 돈을 빼돌린다고 생각했어요. 무엇보다 가장 힘들었던 문제는 우리의 모든 노력에도 불구하고 기존 방식으로 개발은 계속 진행되었고, 여전히 오염과 실업이 증가하고 있다는 사실입니다.

그럼에도 불구하고, 지난 20년간 라다크인들의 지원이 계속 증가하였고, 실업 문제 압박에도 불구하고 불교도와 이슬람교도의 관계가 평화롭게 지속되고 있어 저는 매우 행복하답니다. 가장 중요한 건 이곳의 지도자들이 라다크 생태 개발 그룹과 사실상 동일한 목표를 가진 준독립정부(semi-independent government)를 세웠다는 점이에요.

우리 DNA 안의 생태마을

저는 몇 년에 걸쳐 라다크인의 기쁨과 품위는 그들이 타인을 비롯해 지구와 맺고 있는 깊은 연결감에서 비롯한다는 사실을 깨달았어요. 이는 인류 역사 대부분의 기간 동안 우리가 진화한 방식입니다. 생태마을은 틀림없이 우리의 DNA 안에 있어요. 이는 전 세계에서 타인 및 자연과 단절되어 도시적 삶을 살았던 사람들이 자신들의 삶에서 영적인 연결 고리를 재건하길 열망하는 이유이기도 합니다.

저는 이러한 영적 연결의 근원에는 지역 경제의 상호 작용이 있다고 확신해요. 공동체는 일상에서 타인이나 자연과 상호 의존적으로 경제적 유대 관계를 경험하며 만들어지니까요. 이는 차례차례 개인을 성장시키고 양육하는 건강한 토대가 되어 자신의 문화와 터전이 지구 위에 있음을 느끼는 건강한 사람들을 낳게 되죠.

소비사회에서 우리는 대체로 다른 사람이나 자연과 단절되어 있어요. 또 거대한 관료 체제와 비즈니스가 우리 상호 작용의 대부분을 조정하죠. 그래서 사람들은 서로 상부상조하기보다 제도에 의존하게 됩니다. 예를 들면 우리가 먹는 음식들 대부분은 수백, 수천 킬로미터 떨어진 곳에서 생산되어 많은 유통 과정과 중간상인을 거치는데 이는 우리와 음식의 원천이 분리되어 있음을 보여 주는 증거죠.

지역 경제 구조를 유지하거나 재건하는 것이 중요하다는 사실을 점점 더 인식하면서, 저는 저의 활동을 사람들에게 알리기 시작했고, 멀리 떨어진 세계 경제에 의존하는 방식에서 벗어나는 것이 중요하다는 글을 쓰기 시작했어요. 그리고 대안으로 분권화, 지역화를 알렸습니다.

이 씨앗은 '라다크 프로젝트Ladakh Project'라는 작은 국제기구 설립으로 이어졌다가 1991년 생태와 문화를 위한 국제협회로 성장했고, 최근 다시 '지역의 미래(Local Futures)'로 명칭을 변경했어요. 수년간 우리는 영화를 만들고, 대규모 회의와 강의를 조직하고, 책과 논문을 썼으며, 지역화의 많은 장점을 다루는 워크숍을 진행했답니다. 또한 이산화탄소 배출 증가와 여러 유형의 오염부터 빈곤과 실업에서 생겨나는 두려움과 우울증의 확산까지, 세계 경제의 구조적 영향에 대한 정보를 적극적으로 알렸죠.

우리가 40년 넘게 해 온 활동의 대부분은 북반구 국가(the global North)와 남반구 국가(the global South) 사이의 대화를 심화시키는 것이었어요. 그동안에도 '경제 개발'이 전 지구를 휩쓸면서, 요란하게 울리는 텔레비전 광고뿐만 아니라 교과서에서까지 전통적이고 토착적인 삶의 방식이 열등하다는 메시지를 전하고 있었어요.

그래서 산업화가 덜된 문화에 아직 남아 있는 '사람 사이의 유대감'을 되찾기 위해 서구인들이 애쓰는 모습은 경제 개발의 신화를 반박하는 데 큰 역할을 하는 거죠. 전 세계의 경험을 나누다 보면 우리 모두 더 많은 정보를 바탕으로 현명한 선택을 할 수 있고, 근본적 변화를 가져올 강력한 민중운동을 이끌어 낼 수도 있을 테니까요. 이를 위한 작업으로 우리는 '국제 지역화 연합(International Alliance for Localisation, IAL)'의 형성에 앞장서고 있습니다.

행복의 경제학

라다크 이야기는 『오래된 미래(Ancient Futures)』를 통해 널리 알려졌습니다. 저는 16년간의 변화를 목격한 후 책을 썼고, 몇 년 뒤 같은 제목의 영화를 만들었죠. 영화와 책 모두 40개 이상의 언어로 번역되었답니다. 『오래된 미래』의 주제를 확장하여 만든 영화, 〈행복의 경제학(The Economics of Happiness)〉은 전 세계 공동체들의 모습을 통해 영성과 사회와 생태 그리고 경제적으로 지역화가 가지는 다양한 이점들을 보여줍니다. 이 영화 역시 수많은 언어로 번역되었고, 그것 자체가 일종의 운동이 되었죠.

행복하고 지속가능한 문화를 지키기 위해 분투하고 있는 라다크의 원로 여성들과 함께.

수많은 청중이 세계 각국 수도의 큰 강당과 회의장에 모여 이야기를 듣고, 의미 있는 실천에 대한 영감을 받았어요. 세계 곳곳의 작은 마을과 소규모 모임들은 카페 혹은 집에 모여 정보를 나눴고요. 책과 영화의 파급 효과는 우리를 계속 놀라게 했죠. 저는 우리 작업의 핵심 메시지가 드디어 바라던 임계 질량에 가까워졌다고 생각합니다.

localfutures.org

공동체를 위한 제안들

솔루션 라이브러리Solution Library에서 찾아보세요.

- 지역화Localisation – 지역공동체, 경제, 문화를 되살리고 홍보하기.
- 트롬브 벽Trombe Wall – 패시브 태양열 건축 기술.
- 행복 지수Index of Happiness – 부의 대안 개념으로 웰빙을 측정하기.

라다크

생태마을과 탈식민지화

왕사닛 아쉬람
Wongsanit Ashram
....
태국

태국 왕사닛 아쉬람의 설립자인 프라차와 젠GEN의 오랜 활동가인 나루몬 파이분시티쿤Narumon Paiboonsittikun은 생태마을에 대한 인식을 공유하고, 동남아시아 전역을 대상으로 사회적 행동주의(Social activism movement)를 실천하고 있습니다.

나루몬 파이분시티쿤

태국은 빠르게 변하고 있어요. 아시아 사회에 속한 태국 국민들은 침착하고 예의 바르며 부정적인 감정 표출을 자제하는 편이죠. 이런 사회 분위기는 우리가 진정한 자신을 알기 어렵도록 만들기도 해요. 우리에겐 자유로운 의사 결정 능력이 부족해요. 그 결과 내부적 긴장이 우발적인 폭력으로 폭발하는 게 아닐까 생각하죠. 그래서 우리 세대의 많

프라차 후타누와트르Pracha Hutanuwatr.

은 사람들은 다른 가치와 존재 방식을 탐구하기 위해, NGO의 자원봉사에 참여하거나 공동체를 찾아가거나 한동안 아쉬람에서 머무르기도 합니다.

2000년 제가 처음으로 왕사닛 아쉬람에 왔을 때는 모든 것이 꿈만 같았어요. 그렇지만 5년간 머물며 풀뿌리 민주주의를 공부하는 동안 제 내면 깊은 곳에서 하나의 의구심이 들기 시작했죠. '태국에서 우리는 민주주의를 실현하며 살고 있는 걸까?' 저는 35명의 동료들을 찾았어요. 그들은 정직한 방식으로 자신들이 속한 공동체를 운영하는 방법을 배운 사람들로, 정치인들에게도 어떻게 나라를 운영해야 하는지 가르침을 줄 수 있을 만한 사람들이었죠.

프라차 후타누와트르

저에게 '생태마을'은 진보적인 개념으로서 대부분의 관료들이 이해하는 '개발'의 반대 개념입니다. 제가 사는 동남아시아에서는 현대화, 개발, 세계화라는 이름의 새로운 식민지화가 진행되고 있죠. 이들 전략의 핵심은 모두 동일한 가치관을 장려하는 거예요. 자연을 정복하고 서로 경쟁하고 개인주의를 추구하며 공동의 가치를 업신여기죠. 바로 이것이 생태마을 활동가인 우리에게 도전 과제가 됩니다.

동남아시아에는 천연자원이 풍부하죠. 덕분에 오래전부터 이곳은 '생태마을'이 말하는 지속가능성, 공동체, 공정한 경제, 깊은 문화적 가치를 실천하며 살아왔어요. 하지만 50여 년 동안 서구의 생활 방식을 받아들이며 이러한 가치들을 잊어버렸죠. 태국과 같은 동남아시아 국가들에서 생태마을 개념에 있어서도 탈식민지화 과정이 필요한 이유입니다.

구체적으로는 테크노크라트technocrat, 즉 권력을 행사하는 전문가나 기술 관료에게 저항하고, 자연을 파괴하는 전략과 가난한 사람을 더 가난하게 만드는 정책에 반대해야 합니다. 태국에 개발 바람이 분 지 50여 년이 지난 지금, 사람들은 자신의 자동차와 오토바이를 소유하게 되었지만 그 대가로 많은 빚을 지게 되었어요. 그리고 이제 개발의 바람은 태국을 넘어 미얀마로 향하고 있어요. 다국적 기업이 몰려오고 개발이라는 이름 아래 많은 압박이 가해지고 있죠.

사회적·영성적 행동주의

생태마을을 향한 저의 여정은 대학을 다니던 1970년대부터 시작되었습니다. 집과 차를 얻으려 노력하기보다 어떻게 하면 더 뜻있는 삶을 살 수 있을까 고민하던 저는 안락한 중산층의 삶을 떠나기로 결심했죠. 처음에는 세상을 변화시키기 위해 맑시스트Marxist가 되었어요.

그러나 얼마 지나지 않아 맑시즘의 부족한 점이 보였습니다. 그중 하나는 인간의 행동을 내면으로부터 변화시키는 방법에 대한 지혜가 부족하다는 점이었죠. 그 답을 찾기 위해 저는 불교 승려가 되었습니다. 처음에는 2주 정도만 머물 계획이었지만, 11년 동안 수도원에서 지내게 되었답니다.

저는 대학에서 15명의 친구들과 우리의 스승인 술락 시바락사Sulak Sivaraksa(세계적인 시민사회운동가이자 불교사상가 - 옮긴이) 선생님과 함께 모임을 만들어 활동했어요. 우리는 영국의 지배에서 인도 국민을 해방시키려 노력한 간디로부터 영감을 받았습니다. 1986년 승려 생활을 마칠 무렵, 스승님은 저를 인도에 있는 간디 아쉬람으로 보냈죠. 이후로 저는 북인도부터 남인도에 이르기까지 인도의 다양한 아쉬람을 방문했어요. 몇몇의 아쉬람은 이미 사회적 변화를 이끄는 주도적인 역할을 하고 있었습니다.

참여 불교 아쉬람

1990년 술락 선생님의 친구 한 분이, 방콕에서 한 시간 반 정도 떨어진 곳에 위치한 10헥타르(약 3만 평)의 땅을 기부하였어요. 우리는 이곳에 왕사닛 아쉬람을 세우고, 인간 본연의 삶, 전일(全一, 완전하거나 하나의 전체로서 통일을 이루는 것 - 옮긴이)적인 삶, 땅을 일구고 물고기를 잡는 소박한 삶을 실천하기로 했죠.

40명이 모여 불교의 기본 원칙에 따라 함께 살아가는 데 필요한 기본 수칙을 세웠습니다. 인도의 간디 아쉬람 운동에서 영감을 얻었죠. 함께 살아가기 위한 방법, 각각의 영성적 삶을 결합하는 방법, 한걸음 더 나아가 사회적 변화를 이끌어 내는 방법에 대해 실험했어요. 왕사닛 아쉬람의 기본 원칙은 정신적 수양과 육체적 노동 그리고 명상의 결합입니다. 우리는 지금도 최소 일주일에 한 번 함께 모여 명상을 하고, 한 달 또는 일주일에 한 번 함께 모여 일을 합니다.

이곳에는 텔레비전과 냉장고가 없어요. 초기에 우리는 참여형 공동체를 실현하려고 노력했습니다. 이는 합의에 따라 모든 것을 결정하고 권력을 나누는 과정을 통해 다 함께 성장함을 의미하죠. 우리는 모든 결정을 함께 내렸어요. 예를 들어 새로운 구성원을 받을 것인지 말 것인지, 모두가 함께 식사를 할지 아니면 가족끼리 할지 등 아주 사소한 일조차도 말이죠.

때로는 그 과정에 필요 이상의 시간이 소요된다는 걸 배울 수 있었습니다. 그래서 오늘날에는 대부분 합의를 통하지만, 어떤 안건에 대해서는 다수결로 결정하기도 해요. 이런 과정에서 상식을 적용하고 절충안을 찾는 것 또한 즐거운 일이랍니다.

왕사닛 아쉬람 안에는 저희 손으로 만든 오아시스가 있어요. 빼놓을 수 없는 자랑거리죠. 그곳에는 많은 나무가 자라고 야생 동물이 찾아옵니다. 새도 있고 뱀도 있어요. 아쉬람 바깥에서는 사냥을 당하거나 죽임을 당하지만 이곳은 안전하다는 걸 동물들 역시 알고 있나 봅니다.

마음먹은 프로젝트를 시작할 때는 오롯이 집중하고 균형을 잃지 말아야 합니다. 1992년에 저는 동남아시아 전역에 걸쳐 공동체의 역량 강화를 돕기 위해, 왕사닛 내부에 '사회 변화를 위한 실행 센터(A Center for Activism for Social Change)'를 설립했어요. 제가 10년 동안 단체장을

왕사닛 아쉬람은 여러 해에 걸쳐 그들의 땅에 생태계의 파라다이스를 만들었습니다.

맡아 운영하는 동안 이 센터는 명상과 사회적 행동을 결합시키는 사회운동을 실천하며 우리의 구심점이 되었죠.

나란히 함께 걷는 것은 어떤 행동이든 영적일 수 있습니다. 우리는 변화를 모색했고 많은 활동가들이 동참했어요. 결국 우리는 태국 전역에 걸친 패러다임 전환 작업에서 일정한 역할을 담당했습니다. 지금 저는 왕사닛에 살지 않지만 활동가들과 정기적으로 소통하며 삶 속에서 이러한 가치를 실천하기 위해 최선의 노력을 다하고 있어요.

미얀마에서의 생태운동

저는 핀드혼 생태마을의 동료인 제인 라스베쉬Jane Rasbsh와 함께 미얀마에서 '풀뿌리 리더십 트레이닝 프로그램(Grassroots leadership

Taining Programme, GLT)'을 개발했고, 얼마 뒤에는 생태마을 디자인 교육(EDE) 과정 개발에도 참여했습니다. 1994년 우리는 NGO를 시작하고 싶어 하는 몇몇 사람들의 요청으로 미얀마에 초대되었어요.

당시 미얀마 정세는 매우 불안했어요. 마을에는 전기가 들어오지 않았고, 거리에는 총을 든 군인들이 있었고, 사람들은 자유롭지 못했죠. 그러나 미얀마는 풍족한 자원으로 인해 자급자족이 가능했으며 지도자와 젊은이들 사이에 강력한 유대감이 형성되어 있었고, 전통 역시 잘 보존되어 있었어요.

그곳을 다녀올 때마다 안도의 한숨을 내쉴 정도로 마음을 졸여야 했지만, 그런 불안한 상황 속에서도 우리는 10년 넘게 미얀마에서 GLT와 EDE 교육을 진행했습니다. 현재 이 프로젝트는 미얀마 내에서 단단한 NGO 네트워크로 자리 잡았으며, 미얀마 현지 친구들에 의해 운영되고 있어요.

우리는 교육 중 늘 5가지 사항을 강조합니다. 첫째, 세계정세가 우리 지역에 미치는 영향력과 이에 대한 비판적인 이해. 둘째, 생태와 환경적 상황에 대한 지식의 공유. 셋째, 버팔로 은행, 쌀 은행, 유기농업 연습 등 전통에 기반한 마을 시스템의 운영과 사회적 해결책의 공유. 넷째, 명상. 명상은 매우 중요해요. 태국은 영적 수행에 깊은 뿌리를 두고 있습니다.

하지만 사람들이 현대식 학교에 다니면서 태국의 전통문화로부터 멀어지게 되었죠. 우리는 이러한 흐름을 바꾸고 싶었어요. 현대적 교육과는 다른 좀 더 전일적으로 영적인 부분이 삶에 자연스럽게 녹아들 수 있는 교육을 꿈꾸죠. 다섯째, NGO를 운영하는 방법 같은 경영과 관련된 능력을 키우는 겁니다.

돌아보면, 우리의 바람대로 사회를 변화시키는 일은 결코 쉽지 않았어요. 사람들은 점점 더 현대사회 속에서 잦은 광고에 노출되고, 소비 지상주의에 유혹당하고 있죠. 생활수준이 변한다고 늘 더 좋은 결과로 이어지는 건 아닙니다. 지난 2년 동안 제인과 저는 미얀마 NGO인 메타 개발 재단(Metta Development Foundation)과 함께 중간 관리자를 위한 생태 리더십 강화 교육을 담당했어요. 현재 이 재단은 지속가능한 성장을 위한 생태마을 전략을 어떻게 자신들의 내부 프로그램에도 적용할지 고심하고 있습니다.

태국과 중국의 전환

우리는 태국과 중국 남부의 여러 지역에서 생태마을 교육을 부탁받아 꾸준히 방문하고 있습니다. 중국의 많은 사람들이 지속가능한 삶의 방식을 갈망하고 있기 때문이죠. 때로는 경찰의 방해로 중단될 때도 있지만 중국에서의 생태마을 교육은 충분히 가능한 일입니다.

태국은 지금 큰 혼란을 겪고 있습니다. 2003년부터 태국 사회는 더욱 어려워지고 있죠. 우리는 직접적인 투쟁보다는 현안을 근본적으로 해결할 수 있는 변화를 제안합니다. 자연과의 연결, 영성의 회복, 공동체를 만드는 것이죠. 쿠데타 이후 태국 민주주의는 조금씩 더 발전하고 있고, 저 역시 풀뿌리민주주의운동에 보다 적극적으로 참여하게 되었습니다.

태국 남부의 한 지사가 5,000명이 거주하는 11개 마을 지역 전체를 친환경 도시로 전환하겠다는 결정을 한 적이 있습니다. 우리는 지역

왕사닛 아쉬람

전체를 새롭게 디자인하는 작업을 맡았고, 이 과정에서 학계의 전문가들과 마을 사람들의 화합을 유도했어요. 전문가와 마을 사람을 연결시켜 주는 다리가 되어 함께 고민하고 친환경도시를 위한 종합 계획을 만들어 제안했죠.

그러나 정부는 이 지역의 지사를 다른 지역으로 보내 버렸습니다. 우리는 1000만 바트(약 3억 4000만 원)의 지원금을 약속받았지만 지사가 떠남과 동시에 모든 것이 무산되었죠. 새로 온 지사가 이 프로젝트를 계속 진행할지는 알 수 없는 일입니다. 슬프게도 우리는 부정부패가 만연한 곳에 살고 있습니다.

물 그리고 숲의 보존

우리의 가장 중요한 프로젝트 가운데 하나는 전일적인 방식의 숲 지키기입니다. 동남아시아 전역에 걸쳐 숲은 중요한 쟁점이죠. 많은 숲이 가뭄으로 인해 타들어 가고, 그 결과 물 역시 문제가 되고 있습니다. 어떤 지역은 이미 가뭄이 발생했고, 지하수가 말라감에 따라 농장과 가정은 심각한 물 부족에 시달립니다.

생태계 회복을 전체적으로 고려한 새로운 패러다임이 필요한 시점이에요. 농사는 본래 개발 이전부터 지속가능한 것이었기 때문에 이제 우리는 유기농업과 물 관리 부문에서 전통적 방식과 현대적 지식을 접목해 쌀과 농산물을 생산해야 합니다.

왕사닛 아쉬람은 영적 수행과 사회적 행동주의를 결합시켰습니다.

사람을 위한 경제

현재의 경제 구조 안에서 생태마을은 성장할 수 없습니다. 모든 마을의 잉여금이 은행 시스템에 의해 지역 바깥으로 흘러가기 때문이죠. 그래서 우리는 윤리적 대안은행을 구상하고 있습니다. 이 대안은행은 지역을 기반으로 마을과 지역 안에서 돈의 순환이 이루어지도록 돕고, 잉여금을 유지할 수 있도록 하여 지역 경제를 활성화시킬 것입니다.

지난해부터 우리는 '비지니스 오브 체인지Business of Change'라는 단체를 만들기 위해서 여러 사업체와 생태마을 활동을 연결하기 시작했습니다. 태국에서 최고의 회사 가운데 하나를 운영하는 저의 동생이 이 일을 시작했죠. 그는 한때 건강이 악화되어 매우 깊은 삶의 변화와 위기를 겪었어요. 다시 일선으로 돌아온 이후, 동생은 재계를 내부로부터 변화시키기 위해 노력하며, 영성적 삶을 향해 마음을 열게 되었답니

　　　　　　　　　　　　　　　　　　　왕사닛 아쉬람

다. 동생의 사업 목표는 최대의 이윤을 추구하는 것을 넘어 사람과 지구를 돕는 것으로 확장되었습니다.

생태마을에 관한 한 우리는 서구의 개발 모델을 따를 필요가 없습니다. 우리만의 방식으로도 발전이 가능하지요. 생태마을의 가장 중요한 메시지는 바로 이것입니다. 우리는 이미, 아주, 충분히 좋습니다. 우리는 서구를 따라갈 필요가 없어요. 텔레비전과 현대의 교육 시스템은 서구화만이 좋은 것이라고 사람들을 세뇌시킵니다. 물론 우리는 현대 사회의 지식을 받아들여야 하죠. 그러나 이것은 우리가 부족하기 때문이 아닙니다. 방콕의 고층 빌딩에서 일하는 사람을 부러워하지 않아도 될 만큼, 우리는 이미 충분합니다.

공동체를 위한 제안들

솔루션 라이브러리Solution Library에서 찾아보세요.
- 버팔로 은행Buffalo Bank, 쌀 은행Rice Bank – 돈이 없는 전통적 경제 시스템 다시 세우기.
- 영적 행동주의Spritual Activism – 사회적·환경적 정의를 위한 일에 영성의 실천과 원칙을 적용하기.

남인도의 정원사

오로빌Auroville
인도

인도 동남부에는 세계에서 가장 규모가 크고 높이 평가받는 생태 마을 가운데 하나인 '오로빌'이 있습니다. 이 '우주적 도시'는 1968년 철학자 스리 오로빈도Sri Aurobindo와 '마더Mother'라 불리는 미라 알파사Mira Alfassa의 비전을 토대로 시작되었습니다. 오늘날 오로빌에는 40여 나라에서 온 2,000명 이상의 사람들이 함께 살고 있습니다.

지난 45년 동안 조스 브룩스는 척박했던 땅을 회복시키고 원시 열대림을 생태적으로 재건하는 일을 해 왔습니다. 오로빌이 타밀 지역의 주변 마을들과 어떠한 방법으로 경험을 공유해 왔고, 그래서 이 지구의 씨앗이 되는 문화로부터 무엇을 배워왔는지, 동시에 여러 다양한 사회들과는 어떤 혁신적인 아이디어를 나누었는지 조스의 지난 여정을 통해 돌아봅니다.

조스 브룩스Joss Brooks.

조스 브룩스

저는 호주의 타즈마니아 섬에서 자랐어요. 1804년에 영국 식민지가 되기 전까지, 가장 오래된 원주민 부족 중 하나였던 이곳 사람들은 산과 평야와 해변에서 조화롭게 어울려 살았습니다. 이러한 삶의 방식은 약 3만 5,000년 동안 이어졌죠. 암벽에 그려진 그림에는 이곳 원주민들의 꿈이 담겨 있습니다. 그러나 유럽인들의 침략은 타즈마니아 원주민의 삶을 파괴했고, 1876년 마지막 원주민인 트루가니니 여왕(Queen Truganini)이 죽음을 맞이 하죠.

몇 년 후, 최초의 녹색당이 타즈마니아에서 결성됩니다. 사람들은 오래된 숲을 훼손하는 것과 강에 댐을 만드는 일에 저항했어요. 그들은 수 세기 동안 이곳의 아름다운 자연을 보호해 온 원주민의 발자취를 따라 걸었죠.

여러 차례의 여행 뒤에, 저는 인도 코로만델Coromandel 해안가의 타밀 나두Tamil Nadu에서 살기로 했어요. 토착 식물이 보호받는 신성한 숲과 사원의 숲에서 초창기 자연의 조화로운 모습을 발견할 수 있었거든요. 그러다 스리 오로빈도와 미라 알파사가 그린 미래 도시에 대한 비전

남인도의 정원사

조스 브룩스와 그의 팀은 수십만 그루의 나무를 심어 피찬디쿨람Pitchandikulam 숲을 포함한 오로빌 주변의 숲을 되살렸습니다.

이 폰디체리Pondicherry 근처에서 실현되고 있다는 이야기를 들었습니다. 그곳은 특정한 누군가에게 속하지 않고 인류 전체를 위한 곳이라는 말도 들었죠.

유네스코UNESCO와 인도 정부 역시 우리의 생각을 지지했어요. 1968년 2월 인류 통합을 상징하기 위해 120개 나라에서 가져온 흙을 항아리에 담아 '오로빌 광장(at the centre of a plateau)' 아래 묻었죠. 모였던 사람들이 집으로 돌아가고 그곳에는 뱅갈만에서 불어오는 뜨거운 바람만 남았지만, 곧 탐구자, 여행자, 1960년대 학생 혁명으로 시야를 넓혔던 망명자 들이 먼저 오로빌에 들어왔어요.

숲의 영혼, 그 운명적 만남

30여 개 나라에서 온 사람들이 오로빌에서 새로운 삶을 시작했습니다. 우리는 허름한 오두막을 지어 함께 살며, 인근 마을의 농부들과 문맹인 할머니들을 선생님으로 모셔 여러 가지를 배웠죠. 그분들은 몇 시간 동안 끊임없이 이야기를 할 수 있었고, 수백 가지 약초에 대해서도 알고 있었으니까요. 인근 마을에서의 삶은 어려웠지만, 남인도의 위대한 문명을 상기시키는 오랜 문명과 의식은 여전히 남아 있었죠.

심지어 오늘날에도 정해진 시간이 되면 사원의 신을 모신 이륜차가 마을을 돌아다닙니다. 이륜차는 사원의 대문과 같은 나무로 만들어졌고, 그 나무의 씨앗에서 채취한 기름이 성소 안의 등불을 밝히죠. 500년 전 이 지역에 살던 시인들은 이곳의 동물, 새, 식물 들에 대한 노래를 불렀고, 그 시는 사원 벽에 새겨졌어요. 바로 200년 전까지 밀림에 모여 살던 코끼리 떼가 왕(Maharaja)의 행렬을 멈추게 했다는 기록도 남아 있습니다. 이를 통해 이곳이 숲이었다는 사실을 알 수 있었죠.

마더라고 불리는 미라 알파사는 오로빌이라는 현상의 숨은 원동력이에요. 그녀는 우리에게 자연의 정신(spirit)과 연결되라고 이렇게 조언하죠. "지난 몇 세기에도 불구하고, 그것은 사라지지 않았습니다. 숲을 되살리는 과정에서 영성적인 만남은 퇴비를 만드는 일보다 훨씬 더 중요합니다. 보이지 않는 존재는 이곳이 예전의 모습을 되찾을 수 있도록 당신을 도울 것입니다."

우리는 농부들에게서 자연스럽게 물길을 옮기고 수로를 논에 연결하는 법을 배웠어요. 농부들이 노래를 부르며 일할 때 같이 노래를 부르기 위해 우리도 디젤 모터를 쓰지 않게 되었죠. 또한 농부들에게 자연의 흐름을 따르는 절기 농사법도 배웠습니다. 남인도에서는 여전히 절기를 중요하게 생각해서, 여름철 하이라이트인 '불꽃 걷기(firewalking)'란 이름의 기우제에는 심지어 은행 관리자나 교사도 참여할 정도예요.

우리는 적색토를 150피트(약 45미터) 아래까지 파 내려가 첫 번째 우물을 만들고, 돛천과 나무로 풍차를 세웠어요. 긴긴 더운 여름을 견디려면 그늘이 필요했기 때문에, 묘목장을 만들어 달구지로 물을 날라 가며 묘목을 키우기 시작했고요.

한번은 우기에 거대한 태풍이 불어오자 이곳의 연약한 지반이 심하게 침식되었어요. 이 일을 통해 유역(Watershed, 강물이 흐르는 언저리-옮긴이) 개념의 중요성과 우리가 사는 오로빌이 그 유역의 낮은 지점에 위치한다는 걸 알게 되었죠. 장차 우리 마을의 기반이 될 곳이라 생각했던 땅도 큰 비에 쓸려 바다를 붉게 물들일 정도였어요.

우리는 복구를 시작해 경관을 가로질러 수천 킬로미터의 제방과 강둑을 쌓았어요. 이 열대 지역의 빗물들은 땅에 흡수되고 머무르면서 지하수면에 다시 채워져야 했기 때문이에요. 우리는 빗물이 흐르며 생긴 물길에 알맞은 댐을 만들었죠. 서서히 지표면이 풀로 덮이자, 새들이 씨앗을 물고 날아와 토종 식물이 다시 자라기 시작했어요.

다음 작업으로 우리는 이 지역에 원래 있던 숲의 흔적을 조사했답니다. 대부분의 식물이 이 지역의 신과 성자의 조각상으로 보호받는 사원 안에서 작은 숲 형태로 발견되었죠. 우리는 씨앗을 모아 싹을 틔우는 기술을 배웠어요. 또 연구를 통해 열대 건조 녹지림이 인도에서 가장 빠르게 사라지는 숲이라는 사실을 알게 되었습니다.

지난 수십 년간 우리는 오로빌 그린벨트의 일부로 숲을 보호하면서 1,000에이커(약 120만 평)에 이르는 땅을 복원했어요. 그리고 코로만 델 해안을 따라 식물 생태계를 회복시켰습니다. 오늘날 오로빌은 다양한 식물의 집합소가 되었죠.

지역을 지키며 일하기

우리는 지역 사람들의 도움을 받아 천연 자원에 대한 지식, 특히 전통 치유사들의 지혜를 문서화했어요. 동물, 식물, 광물, 전통 기술, 약초에 대한 토착 지식은 한 나라의 가장 귀한 자산이죠. 때문에 우리는 먼저 약초를 기르는 숲을 만들었어요. 이곳에서 오로빌 여성들은 소모임을 꾸리고 전통적인 동물 병원에서 사용할 생약을 만들었습니다. 덕분에 소와 염소 들이 더 건강하게 자랐고요.

지역 마을들을 지원하기 위해 오로빌에서 30킬로미터 떨어진 곳에 공립학교도 세웠습니다. 600명의 어린이와 4명의 교사로 시작한 이 학교에는 그늘을 드리운 두 그루의 나무만 있을 뿐 물도 화장실도 없었어요. 그래서 우리는 우물을 파고 화장실을 짓고 태양열과 풍력 발전기로 작동하는 하수 처리 장치도 만들었죠.

아이들도 지역 환경에 관한 학습 교재를 만드는 데 힘을 보탰습니다. 또한 자신이 배운 것을 이야기로 시로 연극으로 인형극으로 만들어, 그걸 마을 사람들과 공유하기 위해 마을 행사를 벌이기도 했어요. 이 학교의 중등학교 졸업인증시험의 합격률(인도는 초등5년, 중등5년까지 의무교육이며, 10학년을 마치면 졸업시험을 본다. 여기서 합격해야 11학년인 고등학교에 들어갈 수 있다-옮긴이)은 10년 전에는 10퍼센트 정도였지만, 현재는

75~80퍼센트 정도로 향상되었습니다.

그런데 또 다른 문제가 생겼죠. 바로 교육을 받은 아이들이 마을을 떠나는 일입니다. 인도 전역에서 시골 사람들이 도시로 이주하는 거대한 인구학적인 이동이 일어납니다. 이제 우리의 도전은 사람들이 첸나이Chennai 또는 폰디체리의 빈민가로 흘러들어 가지 않도록, 새로운 에너지와 기업을 시골로 되돌려 보내는 일이 되었어요.

오로빌은 이에 대해 많은 해답을 지닌, 지속가능성, 생물 다양성, 지역의 장기적인 번영에 영감을 주는 장소가 되었습니다. 최근 타밀나두 정부는 지역의 거주 구역 외곽에 '지속가능한 생활 기관(Sustainable Livelihood Institute)'을 설립하자고 제안했어요. 이 기관은 오로빌을 거대한 배움터로 활용하는 전일적 방식의 협력 사업을 추진 중입니다.

오로빌 방식의 도시 재생 사업

우리는 인도의 도시 재생 사업에도 참여할 기회가 생겼답니다. 인구 1000만 명 규모의 첸나이는 오로빌 북쪽으로 100킬로미터 떨어진 곳에 위치한 도시입니다. 어느 날 이곳 공무원들이 우리를 찾아와 "첸나이 중심에 최고의 오로빌을 만들 수 있을까요?"라고 제안했죠.

그리고 지난 50년간 쌓인 쓰레기 더미와 방치된 건물 잔해로 가득한 60에이커(약 7만 3,000평)가 넘는 습지대를 제공받았습니다. 여기에서 무언가를 해야만 했죠. 우리는 단지 그 땅만이 아니라 더 넓은 2제곱킬로미터(약 60만 5,000평) 유역 전체를 염두에 두고, 함께할 수 있는 주변 사람들을 끌어들였어요. 계획을 세우는 데만 1년이 걸린 일이었죠. 마침

인도의 종교 의식은 여전히 곳곳에 살아 있으며, 많은 나무들이 신성한 존재로 여겨집니다.

내 6만 톤의 쓰레기를 적절한 곳으로 옮기고, 오로빌의 묘목장에서 186여 가지 재래 수종 20만 그루를 가져와 심었습니다.

우리는 도시 한복판에 복합적인 습지 생태계 전체를 복원했어요. 새, 물고기, 게 들이 서식지로 돌아왔고 사람들은 이제 습지 산책로를 즐기죠. 한때 불모지였던 이곳을 바위와 그림이 있고, 환경 정보가 제공되며, 휴식을 취할 수 있는 공간으로 아름답게 바꾸었습니다. 이곳에 수로, 하수 처리 시스템, 소용돌이 분수, 풍차 등 오로빌에서 가져온 기술들을 적용한 것이죠. 사람들이 다시 꿈을 꿀 수 있는 장소, 자연 그대로의 장소, 스스로 치유할 수 있는 있는 장소를 만들고 싶었기 때문입니다.

이 모든 일이 희망을 보여 주는 사례예요. 그러나 현실은 인도만큼이나 복잡합니다. 오로빌은 근본적으로 전 세계에서 온 사람들이 이곳 타밀나두의 원주민인 드라비다인(Dravidian)과 함께 어우러져 앞으로 나아갈 길을 찾는 곳입니다. 지금 우리에게 가장 중요한 것은 시시각각 변화하는 세상 속에서도 어디서든 각자의 정신을 잃어버리지 않는 거예요. 정신은 미래의 정원에 대한 기억을 품고 있으니까요.

auroville.org

공동체를 위한 제안들

솔루션 라이브러리Solution Library에서 찾아보세요.
- 생태복원Ecorestoration – 자연환경을 되살리기.
- 전통 지식 창고Traditional Knowledge Base – 다음 세대를 위해 지역의 전통과 지혜 지키기.

오로빌

생태마을이 가르쳐 준 비밀

나라라Narara

호주

존 텔벗은 핀드혼과 세계 생태마을 네트워크(GEN)를 발전시키는 데 깊이 관여해 활동하다 호주로 이주하여 나라라 생태마을의 설립을 도왔습니다.

존 텔벗

저는 대학에서 3년간 영문학을 전공하고, 공학으로 전공을 바꿨습니다. 사회에서 뭘 하고 싶은지는 몰랐지만 공학을 배우면 적어도 어떤 직장이든 구할 수 있으리라 확신했죠. 생각대로, 저는 졸업 후 4년간 거대 다국적 기업에서 유조선과 철도 차량을 제작했어요. 대기업이 어떻게 돌아가는지 배울 수 있는 좋은 경험이었습니다. 하지만 몇 년 뒤, 저는 제가 더 의미 있는 일을 원한다는 걸 깨달았어요.

존 텔벗John Talbott.

1978년 세계를 돌며 여행하다 우연히 스코틀랜드 북부에서 300명으로 이루어진 핀드혼이라는 공동체를 알게 되었습니다. 저는 곧 이 강력한 영성공동체에 합류했고, 그곳에서 내면의 다양한 울림을 들었어요. 핀드혼에서 지내며 기존의 공학 일이 아니라 이곳의 아름다운 텃밭에서 자연과 더욱더 조화를 이루며 일하게 되리라 예감했습니다. 실제로 몇 주 지나, 저는 핀드혼의 시설관리부로부터 일을 도와 달라는 요청을 받았답니다.

핀드혼에 살게 된 첫해, 저는 생태마을에 대한 초기 발상에 주목하기 시작했어요. 생태마을은 인간과 대지의 본질적인 연결성을 반영하는 동시에 지구적 의식과 관심을 품고 있는 개념이지요. '우리의 이상적인 생각을 건축 환경에서 구현하려면 어떻게 해야 할까?' 저는 이런 질문을 발전시키며, 핀드혼이 생태마을로 탄탄하게 자리 잡을 수 있도록 도왔습니다.

젠GEN 설립을 돕고 처음 몇 해 동안 이사회의 일원으로 활동한 것을 포함해, 지난 24년은 경외심으로 가득 찬 여정이었어요. 그리고 1996년 퍼머컬처 행사를 위해 방문한 호주에서 저는 원주민 출신인 지금의 아내를 만났습니다.

폐허가 된 오래된 농장에 일군 생태마을.

계획하지 않는 즐거움

2003년 후반 아내와 저는 시드니에 있는 가족들 곁에서 휴식 시간을 갖기 위해, '1년 동안'만 핀드혼을 떠나기로 했어요. 그런데 살다 보면 종종 예상치 못한 일이 벌어지나 봅니다. 우리는 그때부터 지금까지 쭉 호주에서 살게 되었어요. 또 지난 3년간 저는 시드니에서 북쪽으로 한 시간가량 떨어진 곳에 새로운 생태마을을 만들기 위해 열심히 활동했습니다.

이곳 나라라 생태마을은 린달Lyndall과 데이브 패리스Dave Parris에 의해 설립된 곳으로, 린달이 자신의 오십 번째 생일날 받았던 깨달음에서 출발했어요. 그것은 대부분의 사람들이 서로를 지지하는 공동체 안에서 삶의 기복을 함께 겪으며 살아갈 때, 자신의 능력을 최대한 발휘할 수 있고, 가장 행복할 수 있다는 믿음입니다.

그녀는 곧 생태마을이 인간적 규모로 지역공동체, 생태계, 경제 및 세계관을 통합할 수 있는 가장 적합한 모델임을 발견했어요. 그녀는 매월 행사를 열고 견학을 겸한 여행을 조직했죠. 이를 통해 사람들이 조금씩 시드니 근처에 생태마을을 세우는 일에 관심을 가지도록 만들었던 거죠. 곧 작은 규모지만 함께하길 원하는 열성적인 사람들이 모여 적당한 땅을 찾기 시작했어요. 그렇게 2008년 최종 부지를 발견하기 전까지 우리는 100여 곳 이상의 부지를 살펴봤습니다.

주 정부 소유로 100년 넘게 원예연구소로 사용되었던 이 부지에는 이미 많은 구조물들이 있었어요. 교외 주택 기준에 따라 120곳으로 구획되어 있었고요. 근대의 도시 계획은 '모든 것을 분리시키는' 모델로 발전했죠. 회사는 상업 구역에, 공장은 공업 단지에, 상점들은 쇼핑센터에 모아 놓고, 서로 근접하지 않도록 주택가와 산업지대를 분리하는 방식입니다.

하지만 생태마을에서는 자동차가 등장하기 이전의 전통마을이 그랬듯, 이 모든 것이 뒤섞이기를 바라죠. 주택, 상점, 회사, 사교 시설 등이 모두 걸어 다닐 수 있을 정도로 가까워야 한다고 생각합니다. 실용적이면서 또 다양한 방법으로 활용될 수 있으니까요. 예를 들어 마을 회관에서 어느 날은 회의를 열고, 또 다른 날에는 연극과 음악 행사를 하는 거예요. 평일에는 놀이방으로 사용하고, 주말에는 실내 마켓을 운영할 수도 있죠. 마을 광장은 낮 동안에는 마켓이 되고, 저녁에는 사교의 중심지가 됩니다. 사람들은 1층에 상점을 운영하며 2층에서 살거나, 마당 뒤뜰 별채에 작업장을 두기도 하죠.

이러한 생태마을과 교외 주택지의 근본적인 차이를 고려하면, 우리가 땅을 구입한다고 해도 그곳에 생태마을 건설에 필요한 허가가 날 수 있다고 마냥 기대할 수는 없었습니다. 우리는 허가가 안 날지도 모르는 위험 부담을 감수한 채, 입찰 가격을 제시하거나 이 기회를 그냥 떠나보내야 하는 선택의 기로에 섰던 것이죠. 그 결정도 3주 안에 이루어져야만 했고요.

그런데 첫 번째 문제로 예비 공동체 구성원들의 기금을 모아 가격을 제안할 대표 주체가 없었습니다. 두 번째 문제는 당시 우리 모임의 메일 목록에 있던 약 600명에 이르는 관심자들에게 기금을 지원할 의사가 있는지, 있다면 얼마를, 어떤 조건에서 낼 수 있는지 등등을 물어볼 사람도 없었어요. 세 번째는 결정적으로, 이런 일을 할 만한 사람이었던 린달이 노르웨이 피오르 해안 어딘가로 몇 달간 캠핑카 여행을 떠나 연락이 안 됐던 거예요!

생태마을이 가르쳐 준 것 No.1

당시에는 모든 일이 불가능해 보였어요. 그러나 여기서 생태마을의 첫 번째 가르침을 받습니다. 때에 이르면 기적이 일어난다는 거죠.

첫째 주에 몇 가지 일이 벌어졌어요. 당시 우리 모임이 취할 수 있는 유일한 법적 구조는 협동조합이었고, 이는 철학적으로도 잘 어울리는 형태였는데, 한 고마운 변호사가 착수금도 받지 않고 그 법률 업무를 제공해 주었습니다. 덕분에 우리는 2주라는 기록적인 시간 안에 나라라 생태마을 협동조합을 탄생시킬 수 있었죠. 첫 번째 기적도, 두 번째 기적도 전 과정을 보수 없이 도와준 변호사 덕분이었어요.

다음으로 우리에게 이 프로젝트를 실현할 수 있는 힘이 있는지 알

공동체를 이루는 일은 모든 생태마을 발전에 있어서 핵심이 됩니다.

아보기 위해 메일링 리스트를 활용했습니다. 우리에겐 500만 달러(약 53억 원)가 필요했고, 그중 최소 80퍼센트를 회원들로부터 모금하려는 목표를 세웠죠. 회원들에게 이메일을 발송하고 미팅을 소집하자, 약 40여 명이 참석하여 기금 서약에 동의했습니다. 열흘이 지나면서 기금 서약이 잇따랐고, 마감일인 2012년 8월 1일에는 목표했던 400만 달러(약 42억 원)를 모금할 수 있었답니다. 세 번째 기적이었죠.

이렇게 한 달여간의 괴로운 기다림 끝에 우리가 제안한 가격이 공식적으로 수락되어 부지 구입이 확정되면서 프로젝트는 드디어 현실로 다가왔습니다.

나라라

땅으로부터의 부름

저는 핀드혼에 그랬듯이 우연찮게 나라라 생태마을에 참여했습니다. 호주에 도착한 직후부터 린달과 데이브 그리고 모임 사람들을 만났지만, 그때는 '생태마을'로부터 거리를 두고 휴식을 취하던 중이라, 다른 생태마을 프로젝트를 시작하는 일은 아예 생각도 하지 않았었죠. 그러나 이후 몇 년에 걸쳐 연락을 주고받는 동안, 저는 그들에게 핀드혼과 젠GEN에 대한 강연을 하고 그들이 찾은 마을 후보지에도 몇 차례 방문하게 되었죠.

앞서 말한 것처럼, 중대한 시기에 린달은 해외에 있었고 말 그대로 불가능해 보이는 임무를 맡을 사람이 아무도 없었죠. 우리는 기회를 잃을 것만 같았어요. 페리를 타고 집으로 향하는 길에 시드니 항구 너머 석양을 바라보며, 저는 땅으로부터 오는 분명한 '부름'을 받았습니다. 나라라 계곡의 숲으로 뒤덮인 경사가 나타났고 강가 평지의 탁 트인 공간, 구릉 중턱에서 바라보는 전망 모두 너무나 아름다웠어요. 저는 지금 내가 하는 일이 잠재성 높은 이 멋진 프로젝트를 실현하는 것보다 더 중요한지 자문해 보았죠.

핀드혼에서 지낸 시간들은 제게 매우 소중합니다. 제가 1980년대 초반 생태마을 프로젝트에 참여했을 때 핀드혼은 스무 해를 맞이했고, 이미 공동체의 사회적·문화적·영적인 인프라가 잘 구축되어 있었습니다. 그래서 저는 오로지 생태와 경제 분야에만 집중할 수 있었어요.

반면 나라라에서는 경제와 건축 분야에서 종합적이고 실질적인 기본 계획을 세워야 했어요. 뿐만 아니라 미래 마을의 접착체가 될 고유의 문화와 사회적 응집성을 위한 계획도 세울 필요가 있었죠. 2년 반의 시간이 지난 뒤, 드디어 우리의 개발 신청이 승인되어 인프라 구축 공사까지 시행할 수 있게 되었습니다. 그동안 나라라는 140명의 구성원을 바탕으로 튼튼하게 잘 꽃피운 생태공동체로서 운영 중이었죠.

책임은 선진국에 더 크게 있다

나라라 생태마을이 특별한 의미를 갖는 건, 이곳이 주류를 위한 생태마을이라는 점이에요. 이는 젠GEN이 항상 가졌던 소망이기도 합니다. 인간 거주지를 변화시키는 일은 가장 큰 생태발자국을 남기는 일이기 때문에 그만큼 거대한 책임이 따릅니다. 그래서 매우 큰 변화가 필요한 서구 선진국에 가장 먼저 적용되어야 하죠. 또 생태마을 해법은 일반 사람들에게도 적용가능한 형태로 전파되어야 하고요.

처음부터 나라라는 주요 도심에서 접근하기 쉽고, 다목적으로 이용할 수 있는 지속가능한 개발 방식을 통합한 사례가 되려고 노력했어요. 우리는 지역 이웃과 적극적으로 관계를 맺어 정기적인 회의를 통해 사람들과 소통하고, 마을을 개방하고 우리가 수확한 여러 가지 농산물을 나누며, 우리의 목표가 무엇인지 알리기 위해 끊임없이 노력합니다. 이는 일찍이 우리가 핀드혼에서는 잘 하지 못했던 일입니다.

지역 이웃들과의 교류는 우리에게도 실질적인 도움이 되었어요. 그간의 노력으로 지역 주민들은 나라라가 하려는 일에 대한 충분한 정보를 사전에 얻을 수 있었고, 신문을 통해 소식을 듣는 것이 아니라 자신들의 의견을 표현할 기회를 가질 수 있었습니다. 덕분에 대부분의 지역 주민이 나라라의 개발 계획에 찬성했고, 지방 의회에서도 빠르게 승인을 내렸던 거죠.

지역 연대의 파급 효과는 우리 능력의 한계를 넘어서 나라라 생태 주거 네트워크로 나타났습니다. 하루 동안 치룬 '에코버비아Ecobur-bia'라는 이름의 지속가능성 축제에서 우리는 재생에너지를 사용하는 공동체 건물을 비롯해 각자의 삶의 터전에 생태마을을 만드는 법을 사람들에게 보여 주었어요. 그러면서 혹시 우리가 지역 사회와는 동떨어져 우리 만의 멋지고 아늑한 마을을 만들고 있는 것처럼 보일까 걱정되었죠.

하지만 우리가 진정으로 하고 싶은 일은 모든 곳에 지속가능한 삶을 확산시키는 것이었어요. 사람들이 나라라 생태마을을 통해 생태적 삶의 모습을 보고, 자신의 집과 이웃들의 삶의 터전에서 이 원리를 적용할 수 있기를 바랐습니다. 다행히 고스포드Gosford 시장市長의 개회사로 시작된 축제는 성공적이었어요. 우리의 예상을 훌쩍 넘는 2,500명이 참여했죠. 더 희망적이었던 지표는 사람들이 더 많은 것을 알고 싶어 했다는 점입니다.

생태마을이 가르쳐 준 것 No.2

지금이 바로 적절한 시기입니다.

전 세계 사람들은 이제 준비가 되었고 해결책을 알고 싶어 하죠. 사실 우리 구성원들은 생태마을 프로젝트의 놀라운 발전에 비해 '너무나 평범한' 사람들입니다. 그러나 이 지구라는 별에서 인류가 살아가는 방식을 변화시켜야만 한다는 믿음을 공유한답니다. 우리가 겪어 온 어려운 상황들을 돌이켜보면, 이 프로젝트를 실현시키기 위해 구성원들이 기울인 헌신은 실로 존경할 만한 것이었어요.

그들이 곧 마을의 개발자이고 자금 제공자이자 고객이며 미래의 주민입니다. 또 종종 그들은 공동체를 만들고 운영하기 위한 방법과 실질적인 도움도 제공하죠. 어떤 의미 있는 일을 하기 위해 다양한 모임이 함께 만든 에너지는 결코 과소평가 될 수 없습니다.

생태마을이 가르쳐 준 것 No.3

대부분의 경우 자원은 바로 당신 앞에 이미 존재합니다.

우리는 개개인으로 존재하는 것보다 함께할 때 더 큰 능력을 발휘하죠. 전문가와 지역 의회 모두 생태마을 비전으로 가득 차 있었고, 그들은 할 수 있는 최선을 다해 우리를 도왔어요. 뉴사우스웨일즈 주의 도시 계획법은 유난히 복잡했고, 우리가 하려는 일은 거의 모든 면에서 관련 법규의 기존 틀을 깨는 새로운 것이었기 때문에, 이러한 '특별한' 도움이 필수적이었죠.

생태마을이 가르쳐 준 것 No.4

행운은 용감한 자의 편을 듭니다. 담대하게 소리 높여 비전을 말하세요. 그러면 필요한 사람들이 여러분을 돕기 위해 나타날 겁니다.

주택 건축까지는 아직 1년이 더 남아 있고, 최종적으로 약 400명의 거주자를 모으려는 목표는 이제 3분의 1정도 달성했습니다. 아마도 목표를 이루기까지 우리에게는 몇 번의 기적이 더 필요하겠죠. 우리를 한자리에 모이게 하고, 나라라 생태마을 설립 초기 몇 년 동안 이 계획이 살아남을 수 있도록 도왔던 건 바로 공동체 힘입니다. 의심할 여지없이,

이 힘은 우리를 계속 앞으로 이끌어 나갈 것입니다.

nararaecovillage.com

공동체를 위한 제안들

솔루션 라이브러리Solution Library에서 찾아보세요.

- 세대 간 거주Intergenerational Living – 청년과 노인이 함께 살기 위한 공간 만들기.
- 부시 캐어Bush Care – 야생 동식물 되살리기.

기후 변화에 대응하기

63세의 보니페이스 수브라타가 살아온 삶은 조국, 방글라데시의 공동체성을 강화시키기 위해 헌신적으로 쏟았던 열정과 인내심으로 가득합니다. 그는 가난을 줄이고, 지역에서 기후 변화에 대한 회복탄력성과 적응력을 높이기 위해 노력했습니다. 또 끈기 있는 정신력으로 전 세계 곳곳의 생태마을에서 얻은 지식을 지역 상황에 알맞게 적용하는 일에 성공했습니다. 그 결과 방글라데시의 많은 마을들이 생태마을 디자인 방식으로 통합되고 있습니다.

보니페이스 수브라타

저는 방글라데시의 소수 종교인 기독교 집안에서 태어나 본래는 신부가 되고 싶었습니다. 하지만 학생 시절, 수많은 가난한 이들에 비해

보니페이스 수브라타Boniface Subrata.

신부들의 삶이 얼마나 호화로운지 깨닫고 그 마음을 거두었죠. 그 후 대학에 진학해 방글라데시 기독교 학생운동 조직을 꾸렸어요. 그때부터 저는 사람들에게 알려지기 시작했습니다. 사람들은 저에 대해 "보니페이스는 말이 적지만, 참 잘한다."고 해 주었고 저는 많은 친구를 사귈 수 있었어요.

대학 졸업 후에는 여러 국제단체에서 좋은 직책을 제안받기도 했어요. 하지만 다시 한번, 저는 신부가 되기를 포기했을 때와 같은 현상을 보았습니다. 그 단체들의 지도자 격인 사람들은 아주 큰 집에서 생활했지만 나머지 사람들은 무척 가난했어요. 저는 주변의 친구, 선생님 그리고 예전에 신부나 수녀였던 이들을 한데 모아 놓고 말했죠. "우리가 무엇이든 해야 합니다! 수백, 수천 명의 방글라데시 사람들이 굶주리고 있어요!"

1991년 7월 우리는 방글라데시 지속가능 개발위원회(Bangladesh Association for Sustainable Development, BASD)를 조직했습니다. 우리는 가장 가난한 몇몇 공동체와 함께 일하기 시작했죠. 20년이 지난 지금, 이들은 먹을 것도 충분하고 안전한 집에서 생활하고 있습니다. 우리가 한 일은 아주 간단해요.

사람들에게 한 주의 수입 가운데 아주 적은 1~2센트(약 13~26원) 정도만이라도 조금씩 저축하도록 가르친 거예요. 저축하는 법을 단 한 번도 배운 적 없던 사람들이지만, 적은 양이라도 쌓이다 보니 결국 중요한 변화가 가능했던 거죠. 어느 시점이 되자 사람들은 염소 한 마리나 혹은 조그마한 땅을 살 수 있었고, 그때부터 자신들의 삶을 실질적으로 개선시킬 수 있었습니다.

방글라데시에서 가장 안타까운 상황에 처한 이들 중 상당수가 차 농장 일꾼이에요. 그들은 가족과 함께 플랜테이션 농장에서 생활합니다. 하루에 50센트(약 650원) 이상도 벌지 못하고 땅도 없고 다른 선택지도 없죠. 아이들을 위한 학교 교육도 없고 의료서비스도 전혀 받지 못하며 사망률도 높습니다. 이들 가운데는 먹을 음식이 부족해 대나무나 과일을 훔치러 몰래 인도 국경을 넘는 사람도 많지요. 이 과정에서 많은 사람들이 두들겨 맞거나 총격을 당합니다.

지금 이곳 상황은 마치 현대판 노예제도를 보여 주듯이 처참합니다. 노동자들은 저항조차 할 수 없죠. 그들의 자리가 비워지기만을 기다리는 다른 실업자가 수없이 넘쳐나니까요. 매우 종교적인 그들에게 더 쉽고 분명하게 다가가고자 우리는 이렇게 말하곤 합니다. "알라께서 과연 당신들에게 음식을 주실까요? 아니요, 신은 머리를 쓰라고 말씀하실 겁니다." 다시 한 번, 우리는 그들에게 수입이 아주 적더라도 조금씩 저축하도록 독려합니다.

우리 자신의 두 발로 서는 것

1995년 독일의 한 NGO는 우리에게 당시 마을 사람을 대상으로 진행하던 직업 훈련을 확장할 수 있게 자금을 대출해 주었어요. 우리는 그 돈으로 작업장을 짓고, 대나무로 제작한 손베틀을 구비했죠. 하지만 3년 후인 1998년 심각한 홍수가 발생했습니다. 수위가 높아져 3개월 내내 작업장이 물에 잠겨 있었어요. 우린 무기력했습니다. 사업은 문을 닫았고 사람들은 대출금을 갚을 수가 없었어요. 후원자들에게 이해를 구하고 지원을 요청했지만 모든 후원이 끊겼습니다.

당시 저는 135명의 사람들과 함께 일하고 있었어요. 저는 그들에게 이렇게 말해야만 했습니다. "미안합니다 친구들. 만약 계속 저와 함께하고자 한다면 대환영입니다. 또 더 나은 직업을 찾기 위해 떠나고 싶다면 그것도 좋습니다. 하지만 저는 우리 일을 멈추지 않을 겁니다. 저는 여러분들에게 뭔가 먹을거리가 생길 때만 먹겠습니다. 우리 모두 함께 다른 방법을 꼭 찾아냅시다."

우리는 그때부터 외부 후원에 의존하지 않고 독자적으로 유지할 수 있는 개발 계획을 세웠어요. 가장 중요한 점은 방글라데시 지속가능 개발위원회(BASD)를 다시 시작하는 것과 저축 프로그램을 확장하는 일이었죠. 여러 마을에서 저축 모임을 시작했고, 약간의 이자만 관계자들의 임금으로 지불했습니다. 우리는 재단업, 밀납 염색, 전자기기 수리, 가구 제작 등등의 직업 훈련 과정을 개설했고, 더 나아가 의료서비스 과정과 초등교육, 노인들을 위한 여러 종류의 비정규교육 과정도 운영했어요.

10년간의 노력 끝에, 2012년 마침내 우리는 자급자족이 가능한 상태가 되었어요. 어떠한 외부의 도움 없이도 단체 운영비와 임금을 충당할 수 있게 되었죠. 그러자 후원자들도 다시 우리에게 관심을 보이며 찾아오기 시작했습니다.

퍼머컬처와 EDE를 도입하며

1999년 저는 인도에서 호주의 퍼머컬처 교사이자 세계 생태마을 네트워크(GEN)의 설립자 가운데 1명인 맥스 린데거를 만났습니다. 그후 2003년 맥스는 스리랑카에서 열린 퍼머컬처 교육에 저를 초대했어요. 저는 2005년에는 자발적으로 호주에서 열린 생태마을 디자인 교육(EDE)에 참가했답니다.

그 이후로 저의 여정은 계속해서 생태마을과 퍼머컬처 네트워크에 연결되었어요. 현재 저는 '오세아니아 아시아 생태마을 네트워크(GENOA)'의 주요 멤버이자, 젠 인터내셔널GEN International의 임원 가운데 1명입니다. 맥스 린데거, 메이 이스트, 코샤 쥬베르트 모두 저의 가까운 친구들이고요.

스리랑카와 호주에서의 경험에 고무된 저는 이웃들에게 제가 배운 걸 나누려 했어요. 하지만 그들은 "당신이 말해 주는 것은 우리 생활과 전혀 관련이 없어요."라고 말했습니다. 정말 슬펐죠. 새로운 관점을 전달하는 건 쉬운 일이 아니었어요. 맥스는 저에게 주저앉지 말고 다시 시도해 보라고 조언했습니다.

저는 언덕에 있는 부족마을을 방문해, 차 농장에서 일하는 사람들을 만났죠. 그들은 매우 가난했지만 크고 따뜻한 심장으로 저를 받아

퍼머컬처 디자인 교육과 함께 진행했던 초기의 많은 생태마을 디자인 교육(EDE)들은 방글라데시에 있는 많은 마을에서 생활의 변화를 가져왔습니다.

주었어요. 저는 그곳에서 2년 동안 참여적 생태마을 디자인 과정을 진행하며 그들을 지원했습니다. 그러나 안타깝게도 마지막에는 문화적 차이가 눈에 띄기 시작했어요. 분명 제가 그들의 문화와 세계관을 진심으로 이해하려는 노력이 부족했기 때문이겠죠. 아쉽게도 저는 그들과 함께 일하는 것을 멈춰야 했습니다.

이 경험으로 얻은 내면의 배움을 간직하고, 저는 2007년 안다르매닉Andharmanic이라는 한 마을에서 일을 시작했어요. 마을 사람들에게 퍼머컬처에 대해 소개하자 14가구가 저와 함께 다양한 종류의 퇴비화 과정과 오수 관리법을 보여 줄 수 있는 퍼머컬처 텃밭을 만들었습니다. 동시에 문화 모임을 만들어서 전통 노래를 나누기도 했죠. 참여가 점점 늘어나 매달 더 많은 마을 사람들이 자신들의 문제에 대해 토론하고 미래를 구상하기 위해 모여들었어요.

방글라데시의 삼각주 영역에 위치한 바니샨타Banishanta의 또 다른 마을 사람들이 퍼머컬처 텃밭에서 나온 결과를 보고 우리와 함께하길 원했어요. 저는 두 마을의 농부와 지도자 들을 위해 생태마을 디자인 교육 과정을 개설했죠. 만약 여러분이 이 마을들을 방문한다면, 생태마을 디자인의 네 차원에 해당하는 예시를 모두 목격할 수 있을 겁니다.

마을 사람들의 활동에서 볼 수 있는 협동과 참여의 진행 방식은 사회적 지속가능성의 풍부한 표현이고, 그들의 지역 경제는 계속 번창하고 있으며, 영적·문화적으로 충만한 프로그램과 지역 전통을 기념하는 일 그리고 아름다운 생태적 활동이 존재하기 때문입니다.

2008년에는 두 마을이 더 관심을 보였어요. 이번에는 제가 아니라, 첫 번째 마을인 안다르매닉과 바니샨타의 농부들이 생태마을과 퍼머컬처에 대해 새로 관심을 보인 이들과 이야기를 나누었죠.

다음으로, 저는 젠GEN과 가이아 에듀케이션에서 오랫동안 일해 온 메이 이스트를 만났습니다. 메이는 여러 가지 좋은 활동들이 진행되는 것을 보고 우리를 스코틀랜드 정부에 연결시켜 주었죠. 그들의 지원 덕분에, 현재 우리의 활동은 남부 방글라데시에서 바니샨타, 쿨나Kulna, 몽글라Mongla 지역 내 42개의 마을로 확장되었고, 3만 명 이상의 사람에게 영향을 미치고 있어요.

이 지역 마을들은 밀려드는 조수와 강의 침식으로 기후 변화에 매우 취약합니다. 많은 거주민들이 퍼머컬처와 EDE 과정에 참여하여 지금은 이 마을들 모두 생태마을 방식을 취하고 있죠. 적어도 각 마을마다 25가구 정도는 새로운 디자인과 기술을 적용하기 시작했어요. 이 가정들이 마치 증폭기 같은 역할을 해 관련 지식이 퍼져 나가는 것을 볼 수 있습니다.

또한 우리는 326명의 교사와 지방 공무원들을 교육했고, 그들은 다시 어장, 유기농 텃밭, 묘목장, 지렁이 퇴비장과 같은 소규모 프로젝트를 시작하거나 이를 지원하고 있죠. 이 프로젝트들은 매우 순조롭게 진행되어 마을이 풍요로워지는 데 큰 몫을 하고 있답니다.

지속가능 개발위원회

우리는 생태마을 프로그램이 방글라데시 마을들의 특수한 상황에 적합하도록 조정하는 작업을 했어요. 많은 마을이 있습니다. 자전거와 배를 타야만 닿는 곳도 있고, 커다랗고 파도가 일렁이는 강을 건너가야 하는 곳도 있죠. 문맹률과 성불평등 지수가 굉장히 높고, 대부분의 여성들은 집과 농장에 있는 작은 텃밭에서 일합니다. 남성들은 농부거나 어부며 주로 마을 근처 시장에서 생산품을 파는 일을 하지요.

우리는 방글라데시 지속가능 개발위원회(BASD)를 통해 모든 마을에 협동조합과 저축 모임을 조성하는 일을 돕고 있습니다. 그 후에는 어떤 이들이 '친환경적인' 사람인지 찾아내, 지속가능성을 이뤄나갈 혁신가(change-makers)가 될 준비가 된 그들에게 생태마을과 퍼머컬처 디자인을 가르치죠. 이 일에 여성들은 항상 앞장서 왔습니다. 현재 42개 모든 마을에서 여성들이 훨씬 더 강력한 역할을 하고 있죠. 지난 지역 선거에서는 몇몇 여성들이 전례 없이 지역 지도자로 당선되기도 했습니다.

자원봉사자로 구성된 우리 활동가들은 새로 구성된 마을과 모임

보니페이스 수브라타는 정치인, 사업가, 환경부 장관과 협업하고 있습니다.

을 지원하기 위해 초기에는 마을 회의에 참여했지만, 시간이 지남에 따라 그들 스스로 해 나갈 수 있도록 점차 참여하지 않았습니다. 마을 사람들도 집단 내에 갈등이 생겨날 경우에는 이따금씩 우리를 다시 찾곤 하지만 우리는 단지 그들과 함께 앉아 경청하고, 가능하다면 갈등 해결에 대한 몇 가지 조언을 전할 뿐, 그들이 알아서 갈등을 해결하도록 독려해요. 대략 2년 정도 지나면 그들은 완전히 독립적으로 활동합니다.

작은 실천들

방글라데시는 지구상에서 기후 변화가 미칠 위험한 영향에 가장 많이 노출된 곳 가운데 하나예요. 해가 지날수록 사이클론과 홍수는 더욱 빈번해지는데 42개 모든 마을이 바다와 인접해 있죠. 끊임없이 자연재해로 피해를 입는 마을 사람들의 삶을 향상시키는 건 정말 쉽지 않은 일입니다.

기나긴 토론을 마친 후, 2012년 우리는 기후 변화의 완화와 적응을 위한 네트워크(Climate Change Mitigation and Adaptation Network)를 방글라데시에 만들었습니다. 소규모 지원 프로그램을 시작했고, 퍼머컬처와 생태마을 프로그램들로부터 모범적인 실천 사례들을 통합해 적용하고 있죠. 특히 기후 변화 적응을 위해 아래의 실천을 마을에 도입했습니다.

- 높은 바닥과 낮은 지붕의 집 구조 만들기.
- 집이 쉽게 바람에 날아가지 않도록 밧줄로 꽉 묶기.
- 외양간과 화장실 바닥을 높이기.
- 모든 마을에 음식, 물, 문서 들을 저장할 수 있는 건식 저장고 만들기.
- 더 많은 덩쿨 작물 키우기.
- 접수 센터와 관리위원회를 통해 사회 취약 계층이 쉽게 지원받을 수 있도록 돕기.
- 모든 마을의 자연재해 경고 시스템 향상하기.

지금까지 360개 가구가 위의 내용에 따라 생태마을 프로그램을 신청했고, 다른 가구들도 기다리고 있습니다. 우리의 여정은 모험을 필요로 하는 현재진행형이에요. 방글라데시에 건강하고 탄탄한 공동체와 마을을 만들어 내는 꿈은 한 번에 한 걸음씩 나아가는 중입니다.

공동체를 위한 제안들

솔루션 라이브러리Solution Library에서 찾아보세요.

- 홍수 재난 적응 기술Flood Disaster Adaptation Techniques – 가장 취약한 공동체들에게 생존을 위한 변화를 확장시키기.
- 지붕 텃밭Houseroof Gardens – 안전한 작물 재배를 위한 공간 만들기.
- 자립과 역량 강화를 위한 도구Tools of Self-reliance and Empowerment – 공동체 안에서의 상호 지원 강화.

창조적 진보와 현실 유토피아

키부츠 로탄Kibbutz Lotan
이스라엘

키부츠 로탄은 1983년 이스라엘 아라바Arava 사막 남부에서 시작된 공동체입니다. 정부와 협업하여 세운 마지막 키부츠 가운데 하나이자, 젠GEN의 회원으로 가입한 첫 번째 키부츠이기도 합니다. 키부츠 로탄은 다양한 생태적 활동을 통해 이스라엘 내에서 환경 의식과 진보적인 유대주의를 확산시키는 역할을 하고 있습니다. 설립자 중 1명인 알렉스 시셀스키의 이야기를 나눕니다.

알렉스 시셀스키

18살, 대학교 1학년이었던 저는 예루살렘의 한 키부츠에서 개최한 리더십 프로그램에 참가했어요. 히브리어는 할 줄 몰랐지만 사람들이 진심으로 도와주고 보살펴 주어서 금세 집처럼 편안함을 느꼈죠. 그곳에서 만

알렉스 시셸스키Alex Cicelsky.

난 사람들은 대부분 평화와 공존, 사회 정의에 관련된 단체나 자선단체에서 일하는 자원봉사자들이었어요. 제가 머물렀던 키부츠는 유토피아적 사회 관념이 포괄적인 현대 공동체의 현실과 만난 장소여서 특히 흥미로웠죠.

저는 미국에서 자라면서 유대인으로 사는 것은 영적 경험이자, 정의로운 사회로 향하는 사명이라고 배웠습니다. 그런데 제가 자원봉사로 참여한 키부츠들에는 특정한 종교가 없었어요. 세속적인 유대 문화에 대한 개념은 제게 흥미롭고도 깜짝 놀랄 만한 것이었죠.

키부트 로탄은 아라바 사막에 있어요. 이 지역은 분쟁이 없고 사람도 많이 살지 않는 곳이에요. 로탄은 농업 계획공동체를 설립하려는 정부 정책의 일환으로 세워진 마지막 공동체 가운데 하나였죠. 하지만 또 한편으로는 창조적이고 진보적인 유대교와 평등한 사회라는 이상을 결합하고, 정부와 종교를 분리하는 것을 정치적인 의제로 삼는 선구적 공동체 실험의 일환이기도 했습니다.

이스라엘과 세계 각지에서 18~24살의 청년 60여 명이 모여 공동체를 시작했는데, 저는 미국에서 농업 공부를 마치고 21살이 되던 해에 이스라엘로 이주해 키부츠 로탄의 창립 멤버가 되었어요.

키부츠 로탄

에코 캠퍼스에 지오데식 돔 설치하기.

모래 농장

키부츠는 합법적으로 인정되고 관리되는 협동 기관이에요. 정부에서 주택을 지원하고, 우리는 모래에서 염수鹽水로 기른 멜론, 토마토, 양파, 옥수수 등을 겨울철에 수출해서 수익을 내죠. 오래된 키부츠에서 지원을 나온 농업 및 경영 자문단이 우리를 가르쳤습니다. 우리는 채소를 기르고 열매를 고르고 트랙터를 고치면서 목장을 짓는 꿈을 꾸었죠.

몇 년 후 우리는 융자와 우유 생산 할당량을 받아 목장을 지었어요. 지금은 1년에 300만 리터 이상의 우유를 생산하여 제철 채소만으로는 결코 벌 수 없는 수익을 지속적으로 벌어들입니다. 우리가 생산하는 대추야자 열매는 이스라엘에서 최상품으로 대접받지요. 이곳은 물이 중요한데, 우리는 에일랏Eilat(이스라엘 남부 지역의 항구도시로 홍해와 인접해 있다-옮긴이)에서 처리한 폐수로 농사를 지어요.

이처럼 '젖과 꿀'의 생산은 우리 공동체 경제의 핵심이죠. 하지만 우리는 늘 생존을 위해 무척 애를 써왔어요. 지난 32년 동안 소득을 공유하여 구성원에게 필요한 모든 걸 해결해 왔죠. 각 가정마다 다른 자녀의 나이, 인원 수, 특별한 사정을 고려해서 주택, 음식, 의료, 교통, 전기, 물, 교육, 문화적 활동을 제공했습니다.

그리고 주 수입원을 늘리기 위해 염소젖 생산, 치즈 제조, 채소 가공을 위한 기계 생산 등 여러 사업에도 도전했지만 어디서도 이윤을 얻진 못했어요. 결국 우리는 농업을 개발하고 공동체를 유지하기 위해 빚까지 냈습니다. 이것이 지속적인 부담으로 작용해 새로 공동체 구성원들을 모집하는 데 걸림돌이 되기도 했죠.

소박한 삶을 위한 높은 비용

공동체는 살아서 변화하는 유기체이기 때문에 내부적·외부적 힘에 창조적으로 반응해야 합니다. 로탄의 첫 번째 구성원들이 부모 세대가 되자 공동체에는 커다란 변화가 찾아왔어요. 역사적으로 몇몇 키부츠에서는 말라리아가 들끓는 습지대를 피하기 위해서 혹은 교육이나 철학 때문에 아이들을 부모와 떨어뜨려 키웠습니다.

하지만 우리는 오늘날의 모든 키부츠와 마찬가지로 핵가족 형태의 삶을 선택했어요. 작업 일정 조정과 아이의 보육 재정을 둘러싸고 의견 대립이 생기면 공동체 회의에서 길게 논의합니다. 생각과 감정을 자유롭게 이야기하는 키부츠의 오래된 전통은 자칫 공동체 운영에 도발적

도전으로 이어질 수도 있지만 동시에 필수적 요소이기도 하죠.

재정적 안정은 끊임없는 투쟁의 연속이었어요. 인근 지역의 키부츠들이 우리의 고금리 은행 빚을 갚아 주는 대신에, 우리는 그들에게 저금리로 돈을 빌려 이자와 함께 상환하고 있습니다. 우리는 시골에서 공동체를 꾸려 소박하게 살고자 합니다. 하지만 비가 거의 오지 않는 사막 지역의 기후 특성상, 기본적인 생활을 유지하는 데만도 많은 물과 전기가 필요하고 그에 따라 많은 비용이 발생하죠. '소박한 삶을 위한 높은 비용'이 바로 우리가 도전해야 할 과제입니다.

이스라엘의 280개 키부츠 가운데 60개가 여전히 소득을 공유합니다. 나머지 키부츠들은 수입을 차등 지불하고, 독립적인 수입 구조를 가지며, 주택의 개별적 소유를 허용하고 있죠. 2007년 우리는 기업가 정신을 장려하기 위해 수입을 공유 분배하지 않고, 개인 재산과 소득을 인정하는 사유제를 도입했어요. 이러한 변화로 젊은 부부들이 우리 공동체의 일원이 되어 집을 짓는 것에 관심을 갖기 시작했죠. 로탄의 예산은 공동체 서비스, 청년 교육, 저소득 구성원을 위한 추가 건강 기금과 노후 연금, 문화 행사 등에 쓰입니다. 공동체 구성원은 키부츠 내에서 일할 수 있지만 인원에 비해 일자리가 제한되어 있어 많은 사람이 지역에서 선생님이나 사회복지사로 일합니다.

세계와 마을을 이어 주는 생태교육

우리는 1996년에 창조적 생태센터(The Center for Creative Ecology, CfCE)를 열어 교육 사업을 발전시켰고, 2001년에는 젠GEN 유럽에 가입했어요. 가이아 에듀케이션의 생태마을 디자인 교육(EDE) 개발에 참여했고 이스라엘에 퍼머컬처를 널리 알렸습니다. 또한 공동체 내의 재활용률을 높이고, 스트로베일(압축 볏짚)과 폐품을 이용한 건축과 생태건축, 도시농업과 거름 만들기 등에도 앞장섰어요.

우리가 버려진 모래 채석장에 만든 자연 보호구역은 유럽과 아프리카를 오가는 수백만 마리의 새를 보호하는 모범 사례입니다. '티Tea 하우스'는 이스라엘에서 태양에너지를 활용한 첫 번째 식당이며, 유기농 정원은 교사, 활동가 들이 훈련하는 공간이죠. 훈련을 받은 이들은 이스라엘 뿐 아니라 세계로 나아가 여러 교육 기관을 세우고 도시 정원을 만들고 있답니다.

우리는 몇 가지 중요한 점을 발견했습니다. 자문단과 농부들은 이 지역에서는 비료와 농약, 제초제를 사용하더라도 몇몇 종류의 채소 밖에 자랄 수 없을 거라고 했죠. 하지만 우리는 퇴비와 공생 작물을 이용하여 화학 약품을 사용하지 않고 농사를 짓는 데 성공했어요.

그 결과 다양한 종류의 식물이 서식하는 오아시스가 만들어졌죠. 이곳은 아까 말한 대로 국제 조류 연구자들이 인정하는 이스라엘 최고의 조류 관찰지가 되었습니다. 이런 성과를 바탕으로 우리는 생태교육에 집중할지 아니면 대규모 유기농업에 더 집중할지 논의했고, 결국 교육에 집중하기로 결정했죠.

제 학구적 관심은 농업에서 건축으로 진화했습니다. 저는 에너지 효율이 높은 건물을 연구하고 계획하는 사람이 되었어요. 건축 화재 법규도 통과하여 이제 흙으로 미장된 스트로베일 하우스를 합법적으로 지을 수 있죠. 우리는 냉난방에 드는 에너지를 일반 건물에 비해 70퍼

에코 캠퍼스의 밤.

센트 절감할 수 있는 집을 지었어요. 온도가 매일 40도에 육박하는 여름철이면 더 큰 효과를 볼 수 있답니다.

땅의 보호, 조류 서식지 보호, 분리수거, 재활용과 퇴비화, 재생가능한 에너지 사용, 에너지 절약 건축 같은 환경을 위한 우리의 모든 노력은 이 지역에 직접적인 영향을 끼쳤어요. 재생가능 에너지에 대한 성과는 지역의 자부심이 되었지요. 에일랏에서는 50퍼센트 이상의 전기를 태양광 패널로 생산하며, 다른 지역에 비해 분리수거와 재활용 실천율이 높습니다. 우리가 지역 발전의 기폭제 역할을 한 것을 떠올리면 자랑스럽죠.

소형 태양광 시스템은 에코 캠퍼스에 전원을 공급하고 있으며, 학생들은 10여 채의 고효율 패시브 솔라 스트로베일 하우스에서 지냅니다. 우리는 필요량보다 5배 이상의 전기를 생산하고 있으며, 심지어 여름 내내 에어컨을 켤 수도 있어요. 에코 캠퍼스의 부엌에서는 바이오가스를 사용한답니다. 우리는 물을 사용하지 않는 화장실을 쓰고 있으며, 생활하수를 처리하는 생태 시스템은 매년 만여 명의 사람들이 방문해 영감을 받고 갈 정도죠.

논쟁을 풀어 가는 방법

공동체 의사 결정과 공개 토론 방식을 정하는 일은 계획공동체에 도전이자 힘이 되는 일입니다. 초기에는 모든 것이 공동체 총회에서 의논되었어요. 지금은 소위원회들에서 먼저 논의하여 어느 정도 합의된 사항을 두고 총회에서 가부를 결정하죠.

저는 1980년대 초에 우리가 직면한 도전을 기억합니다. 동성애자 커플을 공동체에 받을지 말지에 대한 논의였어요. 우리는 이스라엘에서 매우 진보적인 공동체였지만, 몇몇 구성원은 위협을 느꼈고 우리는 한 달 동안 이 주제에 대해 강도 높게 토의했습니다.

게이 커플은 우리 공동체에 합류하고 싶어 했지만, 자신들이 동성애자임을 자연스레 드러낼 수 있는 경우에만 합류하겠다고 했어요. 서로를 배려하는 아름다운 토론 과정을 통해 구성원 모두 많은 것을 느끼고 배웠습니다. 결과적으로 우리는 자신이 가진 편견을 볼 수 있었고, "모든 사람을 열린 마음으로 지지할 수 있는 공동체에서 살고 싶다."고 말하기에 이르렀어요. 이 과정은 지역의 모든 공동체에도 영향을 주었습니다. 10여 년 후, 우리 키부츠의 젊은이 하나가 게이임을 커밍아웃했습니다. 그는 가정과 학교와 동료들에게서 조롱당하지 않았고 구성원으로서 제대로 인정받았습니다.

오늘날 로탄의 구성원은 약 150명 정도로, 50여 명의 성인 및 공동체 지원자들 그리고 70여 명의 아이들과 은퇴한 몇몇 조부모들이 있습니다. 20여 년간 우리는 18살이 된 이스라엘 젊은이들을 대상으로 청년 교육과 공동체 삶에 초점을 둔 리더십 훈련을 진행해 왔어요.

키부츠 로탄에는 20개의 방이 있는 게스트 하우스와 왓추Watsu(신체 온도에 맞춰진 물 안에서 부력을 이용한 스트레칭과 지압을 해 주는 수중치료기법-옮긴이) 스파 시설이 있답니다. 퍼머컬처와 생태마을 교육 프로그램 참가자들이 꾸준히 방문하여 우리와 함께 지내고 있고요.

공동체에 머물렀던 손님, 학생 들은 세계 곳곳에서 멋진 프로젝트를 시작하며, 우리와 함께 사는 동안 배운 것에서 영감을 받았다고 말하곤 하죠. 저는 창세기 에덴동산에서 인간이 맡았던 역할은 파수꾼이라고 봅니다. 돌보고 인내하는 습성을 키우며 자연을 잘 가꾸라는 뜻이겠지요.

우리의 비전은 우리 공동체의 도전을 마주하는 것이고, 동시에 다른 이들도 자신만의 도전과 마주하는 법을 가르치는 거예요.

kibbutzlotan.com

공동체를 위한 제안들

솔루션 라이브러리Solution Library에서 찾아보세요.
- 해수 농사Saltwater Farming – 고온 건조한 환경에서 염수로 농사짓기.
- 스트로베일 건축Strawbale Buliding – 천연 벽돌과 단열재인 스트로베일을 조화시킨 건축 방법.
- 생태화장실Compost Toilets – 숲을 살리기 위한 천연 비료를 생산하면서 수질 오염을 줄이는 방법.

점령을 극복하며

하코리트나 농장
Hakoritna Farm
....
팔레스타인

팔레스타인인 농부 파예즈 타닙은 자신의 농장 대부분이 이스라엘 군대에 의해 파괴된 후 정치활동가가 되었습니다. 현재 파예즈의 농장 한쪽은 이스라엘 장벽이, 다른 한쪽은 화학공장이 둘러싸고 있었습니다. 하지만 그는 다시 농부가 되었고 아내 무나Muna와 함께 잔해만 남았던 농장을, 지속가능성을 시연하고 교육하는 작은 생태마을로 탈바꿈시켰습니다.

아이다 쉬블리는 이스라엘 출신 팔레스타인 평화활동가이자 글로벌 캠퍼스의 구성원입니다. 젠 인터내셔널의 임원이기도 한 그녀는 농업을 공부하는 학생들을 위해 지속가능한 기술 관련 워크숍을 진행해 왔습니다.

파예즈와 아이다는 함께 팔레스타인 서안 지구(West Bank)에 위치한 여러 대학에서 학생을 모으고, 팔레스타인을 비롯한 세계 곳곳에서

아이다 쉬블리Aida Shibli.

전문가를 초청해 태양열, 바이오가스, 생태화장실, 퍼머컬처 등 좋은 선례가 되는 기반 시설들을 만들었습니다. 더욱 중요한 점은 이들이 이스라엘의 팔레스타인 점령이 극복될 것이라는 강한 믿음과 지식을 기반으로 삼아 서안 지구에 희망을 심고 그것을 연결하고 있다는 것입니다.

아이다 쉬블리

아주 어린 시절에도 저는 "삶은 원래 그런 거야."라고 사람들이 말하는 걸 받아들일 수 없었어요. 변화는 가능하다고 믿었으니까요. 제가 16살 때 첫 번째 인티파다Intifada(이스라엘의 강압적 통치에 반발하여 일어난 팔레스타인 봉기로 1987년에 1차, 2000년에 2차 인티파다가 일어난다 - 옮긴이)가 일어났습니다. 그때 저는 '평화를 위한 땅'이라고 적힌 현수막을 만들어 집 발코니에 걸었죠. 현수막을 건지 한 시간이 지났을 때쯤 16명의 경찰이 집에 찾아와 저를 체포하여 꼬박 하룻밤을 조사했어요.

그 경험은 제 삶을 송두리째 바꿔 놓았어요. 저는 스스로 공부를 시작했고, 대량 학살이나 추방 같은 주위 사람들이 이야기하지 않던 것들을 알게 되었죠. 저는 평화 활동가가 되어 팔레스타인과 이스라엘 사람들 양쪽 모두와 함께 일했습니다.

2000년 두 번째 인티파다가 일어났을 때, 저는 간호사로서 부상당한 이스라엘 군인들과 자살폭탄공격을 감행한 팔레스타인 사람들을 모두 치료했어요. 어느 한쪽 편을 드는 것은 중요하지 않다는 사실을 깨달았죠. 비판받아야 할 것은 시스템 그 자체였습니다.

결혼한 지 5개월 만에 남편은 저를 버리고 떠났고, 저는 전쟁 중인 예루살렘 한가운데 임신한 몸으로 혼자 남겨졌어요. 그러면서 저는 제 활동이 정치적인 평화만이 아니라 남성과 여성 간의 평화에 대한 것이어야 함을 이해했어요.

아직 태어나지 않은 배 속의 아이에게 저는 '또 다른 삶은 분명히 가능할 거야, 내가 그 삶을 찾아볼게'라고 굳게 약속했어요. 제가 가진 비전은 풍족한 지구 행성에 관한 거예요. 팔레스타인의 자유를 위해 온 마음을 다해 일하면서도, 저의 비전과 내면의 영혼은 그 너머 더 먼 곳을 향하고 있습니다.

제가 10년 동안 간직한 비전은 팔레스타인 사람과 이스라엘 사람뿐만 아니라, 다른 모든 국가의 사람들이 함께 서로를 지지하고 관계를 회복할 수 있는 평화연구마을을 중동에 세우는 것입니다. 이 비전을 이루고자 아주 많은 노력을 해 왔죠. 또한 저는 다른 많은 팔레스타인 사람들과 이 비전을 공유하고 싶었어요.

하지만 팔레스타인 사람과 이스라엘 사람이 혼재한 집단 안에서는 확신을 가지고 무언가를 해 보려고 할 때마다, 우리가 신뢰에 관한 갈등과 부당함에 관한 과격한 생각을 가지고 있음을 새삼 발견했습니다. 우

하코리트나 농장

린 아직 근본적으로 이 문제를 다룰 수가 없다고 생각해요.

우리의 결론은 이스라엘 사람들은 이스라엘 사회에서 일을 하고, 팔레스타인 사람들은 팔레스타인에만 집중해서 각자 분리하여 활동하는 거였어요. 저는 서안 지구의 지역공동체 구성원들이 국제적으로 명성 있는 지역 전문가들을 만날 수 있는 장소를 만들고 싶었죠. 포르투갈 타메라 공동체의 글로벌 캠퍼스와 영국 회사 러쉬Lush의 도움을 받아, 2013년 툴카렘Tulkarem에 위치한 하코리트나 농장에서 이 작업을 시작했습니다.

함께하는 파예즈는 다시 농부로 돌아온 정치운동가이자 지도자예요. 그가 농장을 온전히 유지하는 건 그만의 저항운동 방식입니다.

자유를 위한 저항

지속가능성과 자치권의 모델을 만드는 일은 지구에 대한 저의 사랑을 표현할 뿐만 아니라, 저항의 한 도구이기도 해요. 제가 생각하기에 자유는 외부로부터 공급되는 음식, 에너지, 물로부터 우리 자신을 해방시키는 거예요.

점령이라는 현실을 비난하는 일은 아무런 변화도 가져오지 못하지만, 우리가 가진 지식을 이용해 집과 마을을 지속가능성 있는 모델로 변화시키는 일은 해방을 향한 발걸음이 될 것입니다. 우리가 진행하는 워크숍은 일방적인 가르침이 아니라 이미 존재하는 지식들을 기억해 내고 서로 나누는 작업이죠.

한 가지 예가 태양열 건조기입니다. 팔레스타인에서는 수확 철이

심지어 이스라엘 군인들조차 이 새로운 프로젝트가 무엇인지 관심을 보입니다. 우린 이곳에서 우호적인 대접을 받고 있습니다.

되면 아주 저렴한 토마토나 오이, 귤이 과도하게 출하됩니다. 이런 현상은 팔레스타인 농부들이 검문소와 장벽 때문에 농산품을 수출할 수 없어 생기죠. 작은 나라 안에서 동일한 시기에 같은 품목이 쏟아져 나오기 때문에 어쩔 수가 없어요.

결국 농부들은 자기 노력에 부합하는 가격을 요구할 수 없게 됩니다. 문제는 유기농 과일을 재배할 때 더욱 두드러져요. 그래서 우리는 태양열 건조기로 과일과 야채를 말려 보관함으로써, 겨울에도 판매할 수 있게 만들었고 우리의 식량 주권을 강화시켰습니다.

우리가 이 건조기 기술을 대중 앞에 시연했을 때 사람들은 이런 반응을 보였어요. "우리도 예전에는 지붕 위에서 과일이나 야채를 말리곤 했지만, 저녁에는 다시 가지고 내려오고 다음날 아침에 다시 내다 놓는

하코리트나 농장

과정을 반복해야만 했습니다. 또 가끔 비라도 오면 다 헛수고가 되어 버렸죠." 하지만 우리의 태양열 건조기는 그 일을 훨씬 수월하게 만들어 줍니다. 플라스틱판으로 만든 터널과 태양열 선풍기가 구조적으로 적정 습도를 유지시켜, 과일이 하루 안에 모두 건조될 정도예요.

또 다른 예로 수세식 화장실도 있습니다. 원래 우리 문화권에 존재하지 않던 수세식 화장실은 현재 귀중한 수자원 낭비를 초래하죠. 우리는 대안적 기술을 보여 주고자 생태화장실을 설치했고, 그 과정에서 분리 장벽을 보호하던 철조망 일부를 사용했답니다.

몇몇 청년에게는 이런 워크숍 참가가 처음으로 부모님 집을 벗어나 하룻밤을 보내고, 마음을 열어 타인과 이야기를 나누는 시간이 됩니다. 우리는 여성들만의 모임도 만들어 인생의 모든 주제에 관해 함께 이야기하죠. '점령지가 반환되면 이후에는 어떤 일들이 펼쳐질까?'라는 주제 또한 우리가 묻고자 하는 질문 가운데 하나입니다.

이스라엘 군인들도 호기심에 총으로 무장한 채 방문하곤 해요. 전에는 국제 활동가들이 주변에 보이지 않으면 군인들이 난폭한 행동을 보이곤 했지만, 이제는 달라졌어요. 이따금 그들이 방문하면 우리는 두 손 가득 신선한 딸기를 나눠 줍니다.

이 농장을 가꾸는 일은 시작일 뿐이에요. 오늘날 팔레스타인 사람들은 하루하루 생필품을 구하는 일만으로도 여념이 없어요. 이 나라의 한쪽에서 다른 쪽으로 여행하는 일에도 돈이 많이 들고요. 우리는 더이상 예전처럼 서로서로 연결되어 있지 않아요. 그리고 팔레스타인 지구에서는 극소수의 일거리만 찾을 수 있기 때문에, 수천 명의 사람들이 매일 아침, 조금이라도 돈을 벌려는 희망을 안고 이스라엘로 가기 위해 국경 앞에 줄을 서죠.

이렇게 검문소와 국경에서 시간을 낭비하는 대신 우리는 우리가 살고 있는 나라 안에서 꼭 필요하고 귀중한 일들을 분명히 할 수 있습니다. 우리에게 방법을 알려 줄 훌륭한 사례만 가질 수 있다면 말이에요.

우리는 자신이 사는 마을 안에서 활발하게 활동하는 많은 사람들을 알고 있어요. 우리는 그들을 찾아가 회의를 기획하며 서로 연대할 수 있도록 초대합니다. 또한 교육 프로그램을 진행하며, 문제를 해결하고자 우리가 가진 지식과 내적 경험을 나누려고 노력하죠.

그러는 동안 서안 지구 전역의 거주자들은 텔레비전과 신문을 통해 우리를 알게 되었어요. 다양한 공동체들이 우리가 하는 일의 의미를 이해하고 있습니다. 덕분에 우리 중 어떤 이들은 장벽을 양쪽 모두에서 볼 수 있는 특권을 누리게 되었어요. 때문에 장벽의 다른 편에서 어떤 일들이 벌어지고 있는지 정보를 나누는 건 우리의 임무이기도 합니다.

상황이 얼마만큼 심각하고 힘이 들던 간에 상관없이 우리는 고통을 희망으로 변화시키는 일들을 계속해 나갈 거예요. 우리는 푸르고 자유로운 팔레스타인을 보고 싶습니다.

파예즈 타닙

이스라엘 당국은 분리 장벽과 화학 공장을 짓기 위해 우리 농장의 80퍼센트에 달하는 땅을 압수했어요. 그래서 지금은 2헥타르(약 6,050평) 밖에 남아 있지 않죠. 저는 그들의 파괴 행위를 막기 위해 노력했지만 성공하지 못했습니다. 하지만 이 모든 파괴에도 불구하고 농장의 핵

파예즈 타닙Fayez Taneeb.

심 부분은 살아남았어요.

저에게는 이 사실이 기적입니다. 이 땅이 농장을 되살리고, 희망이 살아 있는 곳으로 만들고자 하는 우리 프로젝트의 동기가 되었으니까요. 시작한 이래로 수많은 대학생, 기자, 여성단체 들 외에 팔레스타인 내외의 많은 지지자가 저항의 본보기로서 우리 프로젝트를 경험하고 자극을 받았지요.

거리는 물론 도시 전체에 퍼져 있는 숲은 툴카렘을 아주 특별한 장소로 만들어 줍니다. 우리는 나무를 많이 심고 있어요. 툴카렘 사람들은 따뜻한 마음으로 방문객을 맞이하는 자상함과 열린 마음을 지닌 사람들로 잘 알려져 있죠. 또한 우리는 '세상에서 가장 맛있는 아이스크림' 같은 유명한 지역 특산품도 가지고 있습니다!

매일 아침 아내 무나와 저는 10킬로미터 정도 거리의 농장으로 걸어가 그곳에서 하루의 대부분을 보내요. 농장에 있을 때면 저는 지구와의 깊은 연결감과 소속감을 느끼고, 자연이나 우리의 생산품과도 연결되어 있음을 느낍니다.

우리는 많은 사람들과 함께 일해요. 농장을 통해 이룬 새로운 생태적·환경적 성과와 전체적인 대안 기반 시설은 아내와 저 그리고 아들 오데이Oday가 관리 감독합니다. 오데이는 폭넓은 지식을 가지고 있어, 어쩌면 희망의 불꽃을 넘겨받아 비전을 계속 품는 다음 사람이 될지도 모르겠어요.

우리는 매일 태양열 건조기를 사용하는데, 각 계절마다 실험할 수 있는 과일이 달라지죠. 지난해에는 비파나무 열매(Loquat), 감귤류(Citrus)의 과일들, 포도를 건조시켰어요. 여기서 한 차원 더 나아가서 우리는 농장에 씨앗 은행, 바이오가스 시스템, 생태화장실과 같은 퍼머컬처 기반을 구축해 왔습니다.

우리가 늘 지켜온 삶의 방식은 사람들에게 친절하고, 만나는 이들과 무언가를 나누며, 삶의 다른 측면에서 타인을 돕는 것이었어요. 우리는 계속해서 매 호흡마다 협동의 정신을 유지하는 걸 목표로 합니다. 타인에게 귀중한 메시지를 나누는 것이야말로 인간다운 것이라고 생각하니까요.

지금 우리가 가진 메시지는 깨끗한 음식과 생활에 대한 것입니다. 그것은 농약이 들어 있지 않은 음식 그리고 주변의 자연생태계를 파괴하는 것이 아니라 되살리는 데 도움을 주는 삶의 방식을 말해요.

새벽을 기다리는 마음

나라가 점령당했다는 사실은 개인적 차원이든 공동체적 차원이든 간에 우리 삶의 매순간마다 존재하며 영향을 미칩니다. 점령으로 심각한 수준의 환경 문제도 발생하죠. 땅에는 많은 공업 쓰레기가 버려지고,

하코리트나 농장

하코리트나 농장은 분리 장벽과 화학 공장 사이에서 비좁게 자리하고 있습니다.

언덕 위에 새롭게 자리 잡은 이스라엘 정착민들이 사용한 폐수가 언덕 아래 마을과 농장으로 흘러듭니다.

툴카렘 주변에 위치한 11개의 화학 공장들은 환경에 심각한 피해를 입힌다고 알려져, 이스라엘에서는 가동이 금지된 곳들이에요. 그 공장들을 이곳에 세워 놓아 결과적으로 이 지역은 지금 팔레스타인 전체에서 가장 높은 암 발병률을 기록하고 있습니다.

경제적인 부분 또한 쉽지 않은 문제죠. 우리가 일하는 데 필요한 모든 도구와 장비는 점령 기구의 승인을 받아야만 구할 수 있습니다. 이것은 그 과정에 매우 많은 돈을 지불해야 함을 의미해요. 하지만 그에 반해 우리의 생산품은 지역 시장 내에서만 그것도 아주 낮은 가격으로 팔리죠. 우리는 점령이란 현실을 지속적으로 체감하기 때문에 그것을 끝내기 위해 더욱 노력하는 겁니다.

점령을 극복하며

비폭력과 건강한 먹거리

일부 중동 지역에서는 우리 무슬림들이 부당함에 맞서는 방법으로 폭력을 사용하기도 합니다. 그러나 저는 비폭력에 대한 믿음의 끈을 놓지 않을 것이고, 이 메시지를 계속해서 지니고 나아갈 거예요. 저에게 희망을 주는 건 청년들이 우리와 같은 비전을 가지기 시작했다는 사실입니다. 저는 그들을 통해 미래를 봅니다.

또한 제가 계속해서 이 일을 해 나가는 힘은 훌륭한 아내 무나와 함께하기 때문입니다. 아내는 진심으로 놀라운 사람이에요. 그녀는 나누고 창조하고 포용하고 변함없는 관대한 정신을 가지고 있어요. 제가 기운이 떨어지거나 희망을 잃은 모습을 발견하면 그때마다 제 아내는 다시 한번 저를 일으켜 주고, 더 많은 믿음을 가지고 계속 이 일을 해 나갈 수 있도록 도와줍니다.

제가 보기에 인류는 모두 한 배에 올라타 있어요. 누구에게도 자신이 선 자리라고 해서 배를 망가뜨릴 권리는 없습니다. 그런 행위는 결국 우리 모두를 죽음의 길로 몰아넣을 것이기 때문이죠. 농장에서 공유하는 새로운 시도들은 우리를 찾아오는 모든 이를 위한 등대와도 같아요. 앞으로도 저는 계속해서 더 나은 세상을 위해 일할 것이고, 건강한 먹거리 생산에 관련한 간단하지만 강력한 메시지들을 널리 알릴 것을 굳게 약속합니다.

우리는 농장을 서안 지구에서 진행되는 다른 많은 프로젝트들의 좋은 선례가 되도록 만들 겁니다. 그러다 보면 머지않아 팔레스타인 전역에 비슷한 프로젝트가 수없이 퍼져 나가는 걸 볼 수 있을 거라고 믿기 때문이죠. 마지막으로 저는 글로벌 캠퍼스와 젠 팔레스타인GEN-Pales-

　　　　　　　　　　　　　　　하코리트나 농장

tine이 국내외 많은 사람들을 연결하는 커다란 사회운동이 되기를 희망합니다.

공동체를 위한 제안들

솔루션 라이브러리Solution Library에서 찾아보세요.

- 바이오가스Biogas – 유기 폐기물을 에너지 자원으로 사용하기.
- 태양열 건조기Solar Dryer – 과일과 채소를 지속가능한 방식으로 보존하기.

점령을 극복하며

Global
Ecovillage
Network

유럽

Europe

GEN EUROPE
GLOBAL
ECOVILLAGE
NETWORK

고요한 중심

핀드혼Findhorn
스코틀랜드

가장 오래된 생태마을 가운데 하나인 핀드혼은 1962년 스코틀랜드에 세워졌습니다. 1995년부터 공동체 안에서 주도적인 활동을 한 로빈 알프레드가 핀드혼 재단과 함께해 온 자신의 이야기를 전합니다.

로빈 알프레드

핀드혼의 마을에서 체험 주간(Experience Week) 프로그램이 진행되던 수요일 저녁이었습니다. 저는 핀드혼 재단의 주요한 두 캠퍼스 중 하나인 클루니 힐Cluny Hill에 있는 너도밤나무 방에서 남성 3명과 여성 12명, 이렇게 총 15명의 사람들과 둥글게 모여 앉아 있었죠. 저는 사람들을 둘러보며 그곳에 모인 모든 이들에게 사랑하는 마음이 벅차오르는 걸 느꼈습니다. 전에는 한 번도 느껴보지 못한 감정이었어요.

로빈 알프레드Robin Alfred.

런던에서 형사 사법 분야 사회복지사로서 평범한 삶을 살던 저는 자기주장이 강한 성격으로 정치에도 적극적으로 참여하는 사람이었어요. 또한 노동당의 열성당원이었으며 런던의 자전거타기 캠페인부터 국제인권단체인 앰네스티와 그린피스까지, 많은 사회단체의 회원이었습니다.

저에게 세상은 저와 같은 생각을 가진 사람들과 그렇지 않은 사람들로 분명하게 나눠져 있었죠. 이런 정치적 특성, 개인적 성향, 외부로 드러나는 모습으로 인해 저는 어느새 세상 사람들 대부분과 분리되어 있다고 느꼈어요. 그런데 너도밤나무 방에 앉아 있던 그 순간, 저는 개인성을 넘어선 무언가와 연결되었습니다.

그것은 때로는 가려 있거나 멀리 떨어진 것처럼 보이지만 모든 이들의 마음과 영혼 안에 살고 있는 부드러운 어떤 것이었죠. 그날 저녁 저는 일기장에 이렇게 적었습니다. '앞으로의 내 삶은 이전과는 다를 것이다. 나는 이런 조건 없는 사랑을 계속 경험할 수 있는 곳에서, 그러한 방식으로 살고 싶다.'

당시 저는 런던에서 동종요법(호메오파티Homeopathy, 자연에서 추출한 약물을 극소량 사용하여 인체에 질병과 비슷한 증상을 유발시킴으로써 치료하는 대체 의학 중 한 방법-옮긴이) 의사에게 상담을 받고 있었는데, 그가 건네준 핀드혼 리플릿을 보고 처음 방문하게 되었어요. 사실 저는 핀드혼을 잘 모르는 상태에서 '한번 가보지 뭐' 하는 즉흥적인 마음으로 왔습니다. 하지만 공동체 체험 주간에 참여한 대부분의 사람들은 이 공동체의 놀라운 꿈과 설립 계기를 이미 알고 있더군요.

핀드혼 재단

1962년 11월 17일, 아일린 캐디Eileen Caddy와 세 자녀, 피터 캐디 Peter Caddy, 도로시 매클린Dorothy Maclean은 카라반(숙식이 가능한 자동차 또는 그 행렬-옮긴이)을 끌고 불길한 기운이 감도는 핀드혼 해안의 '카라 반 파크'에 도달했습니다. 그들은 살 곳과 삶을 유지할 수단이 필요했고, 그래서 모래로 가득한 척박한 땅과 불리한 기후에도 불구하고 농장을 일구기 시작하죠. 이 농장은 일반적인 농장이 아니었습니다. 3명의 핀드혼 설립자들은 한 사람 한 사람이 이미 영적으로 충분히 깨어 있는 상태였어요.

아일린은 명상가이면서 1950년대 도덕재무장운동의 일원이었습니다. 피터는 장미십자회원Rosicrucian이었으며 영감이 가득하고 긍정적인 사고를 실천하는 수행자였어요. 도로시는 수피교도 였던 적이 있었으며 여러 경험을 통해 신을 최우선으로 여기는 법을 배운 사람이었죠. 그들은 영적 원칙들을 농장과 자신들의 삶 전체에 적용하면서 인간성, 신성, 자연의 지성이 함께 협력하는 '공동 창조'의 삶을 경험하기 시작했습니다.

이들을 기반으로 공동체는 그 후 50여 년 동안 유기적으로 성장했습니다. 핀드혼 농장은 40파운드(약 18킬로그램)의 전설적인 양배추를 길러 냈는데, 이 소식을 들은 의심 많은 과학자들과 구도자들이 모여들었죠. 뭔가 흥미로운 일이 벌어지는 게 분명했으니까요. 방문객 수가 계속 증가하자 체계적인 프로그램과 숙박 시설이 필요했습니다. 이후로 공동체를 소개하는 공동체 체험 주간, 삼나무 방갈로 일곱 채, 아트 스튜디오, 커뮤니티 센터, 성소(sanctuary)가 잇따라 생겨났죠.

현재 핀드혼은 600명이 넘는 사람이 함께하는 마을공동체입니다. 120여 명의 핵심 인력이 숙식과 약간의 활동비를 받으며 핀드혼 재단에서 일하고, 1962년 뿌려진 열정에 매료된 약 500명의 사람이 근처에 살고 있지요. 핀드혼은 영국에서 사회적기업이 가장 밀집된 곳이며(최근 집계에 따르면 45개 이상), 활력 넘치는 조직인 '뉴 핀드혼 어소시에이션New Findhorn Association'은 마을의 다양한 활동을 조정하죠. 공동체의 핵심인 핀드혼 재단은 500만 파운드(약 73억 원) 이상의 자산을 가지고 있고, 연간 약 200만 파운드(약 28억 원)의 수입을 냅니다.

재단은 개인의 성장을 위한 워크숍이나 지속가능한 삶을 위한 교육 프로그램을 진행합니다. 며칠에서 몇 달에 이르는 다양한 프로그램이 있고 한 해 2,000명이 넘는 방문자가 다녀갑니다. 재단의 우수한 워크숍 센터 및 다른 건물들은 환경과 조화를 이루는 건축으로 많은 상을 받았지요. 이곳의 생태발자국은 영국 평균의 절반 수준으로 서구에서 가장 낮은 곳 가운데 하나랍니다.

핀드혼은 유엔이 인정한 NGO이며, 아일린 캐디는 2006년 사망하

핀드혼 정원은 마을 사람과 자연의 존재가 함께 어우러져 만든 공간으로 많은 방문객을
불러들이고 있습니다.

기 전에 영적 탐구를 향한 수년간의 공헌을 인정받아 영국 왕실로부터
훈작사(Member of the British Empire, MBE)를 받았죠. 지난 50~60년간
많은 일들이 벌어졌습니다. 1990년대 중반 무렵에는 주류 사회의 '대
안'에서 '상호 보완'적인 존재가 되려는 의식의 전환도 이루었어요. 또한
파트너십이 풍부해져 주기적으로 지방 정부, 도시 계획자들, 시장, 학생
들과 함께 지속가능성과 회복력에 관한 문제를 논의하게 되었죠.

리더십의 세 차원

공동체 체험 주간을 마치고 난 뒤, 저는 4년 동안 몇 번 더 핀드혼
을 방문했어요. 그러다 1995년, 3개월 과정의 예술 프로그램에 참여

했다가 지금까지 머물고 있습니다. 8개월 동안 '파크 홈케어 부서(Park Homecare Department)'에서 화장실을 청소하고 시트를 접을 때마다 그 순간에 머무르며 사랑의 마음으로 일하는 법을 배웠어요.

그리고 놀랍게도 공동체의 기본 구조와 토대를 점검하는 재단 혁신 작업을 맡아 달라는 제안을 받았죠. 그 후로 저는 경영 책임자, 이사장 등 공동체 안에서 리더십이 요구되는 다양한 자리에서 활동했고, 그 과정에서 엄청나게 많은 걸 배웠습니다. 이 글에서는 사회, 경제 분야에서 직면했던 어려움과 대응을 집중해서 이야기하려고 합니다.

피터, 도로시, 아일린은 리더십의 세 전형을 보여 줍니다. 피터는 활동가로서의 의지와 목적에 집중하는 남성적 리더십의 전형을 보여 주었고, 아일린은 '고요히 있으라, 그러면 자신이 신이라는 걸 알게 될 것이다'라는 내면의 소리 듣기, 수용과 같은 여성적 원칙으로 살았죠. 한편 도로시는 그녀가 데바Devas라고 부르는, 자연과 인간의 다양한 측면을 밝게 비추는 지적 존재와 조율하며 살았고요.

세 원칙의 조화는 핀드혼의 핵심일 뿐 아니라 성공적인 기업 조직을 위해서도 매우 중요한 요소예요. 남성성과 여성성 그리고 공동 창조라는 원칙들을 활용할 수 있을 때 리더십이 더 효과적으로 나타나기 때문입니다.

이러한 원칙들이 있고 없음에 따라 공동체는 번영하기도 하고 그렇지 않기도 하죠. 1970년대 피터와 도로시가 공동체를 떠나고 아일린이 남으면서 '작고 고요한 내면의 목소리'에 귀 기울이는 여성적 원칙이 핀드혼 공동체 운영에 지배적 역할을 한 사실은 틀림없습니다. 2009년 도로시가 돌아오면서 자연과 함께 공동 창조한다는 원칙을 공동체에 적용하려는 열정이 새롭게 일어났어요.

옳건 그르건, 많은 사람들이 남성적 에너지의 결핍을 아쉬워했지요. 하지만 당시 리더가 된 저는 제 능력껏 여성적 우아함과 섬세함을 최대한 발휘하면서도 남성적 추진력은 살짝 감출 필요가 있다는 사실을 분명히 알게 되었습니다. 때로 우리는 주어진 일을 성취하는 것보다 그에 적합한 과정을 발전시키고 건강한 관계를 만들어 나가는 일에 더 재능을 발휘해야 하니까요.

의사 결정 과정에서 둥글게 모여 앉아 합의를 이루려는 바람에서도 여성적 원칙이 잘 드러납니다. 클루니 다이닝 룸Cluny Dining Room에 깔 새 카펫의 색상을 두고 300명이 합의해야 했던 과거에 비해 우리는 많이 발전했어요. 하지만 의사 결정은 여전히 길고 복잡한 과정입니다. 우리는 소규모 모임 별로 자신들이 책임지는 영역에서 의사 결정 권한을 가지고 일을 진행시키는 것이 이롭다는 사실을 알게 되었답니다.

또한 습관적인 반대론자의 횡포에 대해서도 배울 수 있었고, 만장일치 이상으로 의사 결정 과정을 발전시키고 있습니다. 제시된 안에 반대하는 사람들에게는 그들이 '로열 마이너리티loyal minority'가 될 의향이 있는지 묻습니다. 이는 결정에 동의하지 않지만 결정된 사항의 실행을 방해하지 않는 사람을 뜻합니다.

이러한 방식은 만장일치가 이루어지기 힘들 때 합의를 이끌어 내는 유용한 방식이죠. 최근에는 '합의'보다 '동의'를 구하는 '소시오크라시Sociocracy' 의사 결정 방식도 적용하기 시작했습니다.

나타남의 법칙

재정적인 면에서 우리도 다른 생태마을과 스코틀랜드 지역에 살고 있는 많은 사람들처럼 계속 어려움을 겪었습니다. 핀드혼 재단은 구성원들이 사실상 자원 활동가처럼 기꺼이 일한 덕에 사회 전반적으로 힘든 상황에서도 살아남을 수 있었죠. 경제적 어려움에 대한 우리의 대응은 다음과 같습니다.

- 2001년 우리는 공동체에 윤리적 투자를 할 수 있도록 산업 공제조합(an Industrial Provident Society)인 '에코피아Ekopia'를 만들었습니다. 이 글을 쓴 시점에는 모레이 슈타이너 학교, 핀드혼 윈드 파크, 피닉스 커뮤니티 숍 등 다양한 커뮤니티 프로젝트에 약 100만 파운드(약 14억 5000만 원)를 투자했습니다.

- 2002년 우리는 공동체 화폐 '에코Eko'를 만들었습니다. 에코피아에서 발행하는 화폐로 1에코는 1파운드(약 1,400원)와 같은 가치로 통용됩니다. 현재 약 2만 에코(약 2900만 원)가 순환되고 있어 규모는 작지만, 지역 거래를 촉진하고 윤리적 소비를 통해 변화를 만들어 내자는 의식을 높이는 데 도움을 주고 있습니다. 지역 거래는 다양하면서도 경제적으로 지속가능한 공동체를 형성하는 데 좀 더 기여할 수 있습니다.

- 마지막으로 가장 중요한 것인데, 핀드혼은 공동체 초기부터 1970년대 데이비드 스팽글러David Spangler가 정리한 '나타남의 법칙(Laws of Manifestation)'을 실천해 왔습니다. 이 법칙의 핵심은 만일 우리가 우주가 원하는 바에 맞게 조율하고 우주의 의도

핀드혼 재단의 '유니버설 홀'은 핀드혼의 이상을 공유하고 함께하기를 약속한 전 세계 사람들을 위한 장소입니다.

에 맞추어서 내적인 작업에 집중한다면, 그것을 실현할 수 있는 자원들이 나타난다는 겁니다.

1970년대 아트 스튜디오, 커뮤니티 센터, 유니버설 홀의 건축에서부터 1983년 카라반 파크 매입, 최근 널리 인정받고 있는 모레이 아트센터의 설립까지 이 법칙이 적용된 사례는 무궁무진합니다. '당신이 사랑하는 일을 하라. 그러면 돈은 따라올 것이다' 혹은 '두려움을 있는 그대로 느껴라, 그래도 하고자 하는 일을 계속 해라'와 같은 글귀는 같은 법칙을 나타내는 친근한 표현들입니다.

이 핵심 원칙의 적용을 빼놓고 핀드혼의 역사를 생각할 수 없습니다. 하지만 이 법칙은 '당신이 바라면 무엇이든 얻게 될 것이다'라고 단순하게 말하는 것과는 전혀 다른 이야기입니다. 당신의 바람과 소망은 신 혹은 정령이 바라는 바와 조율되어야 합니다.

저는 소나무 숲 파인리지Pineridge에 있는 낭만적이고 펑키funky하고 곰팡이가 무성한 카라반에서 생활하며 공동체 중심에서 5년간 일한 후, 핀드혼 근처에 집을 얻어 이사를 했습니다. 소중한 친구이자 멘토인 아일린은 제게 이제 '숨을 내쉴 때'라고 말했고 저도 그렇게 생각했죠.

현재는 공동체에 거주하지 않지만 재단에서 일하는 10여 명의 사람들 가운데 1명이 된 거죠. 최저임금 정도 되는 월급으로 집 임대료, 전기세, 식비를 스스로 해결하면서 재단에서 풀타임으로 일하고 있습니다. 공동체에 오래 거주한 구성원들은 대체로 이런 추세를 따르고 있어요.

내쉬는 숨

생태마을의 4가지 차원이 핀드혼에서 처음 만들어진 개념인지는 확실하지 않지만, 존 탤벗을 비롯한 여러 사람들이 발전시켰다는 점은 분명합니다. 이와 관련해서 저에게 가장 흥미로웠던 부분은 지속가능성의 사회적·경제적·생태적·문화적 차원에 대해 많이 파악하는 것보다 이 모든 것의 근원인 우리 중심의 고요함에 집중하는 일이었어요.

아일린의 말을 빌려 보겠습니다. "당신은 이 세상을 이롭게 만들기 위해 무언가를 하고 싶나요? 그렇다면 자신의 내면을 들여다보세요. 당신의 의식을 사랑, 평화, 조화, 하나됨으로 바꾸어 나가면, 온 세상의 의식도 변할 테니까요."

공동체를 위한 제안들

솔루션 라이브러리Solution Library에서 찾아보세요.

- 리빙머신Living Machine – 도심 시설을 위한 지속가능한 폐수 처리 시스템.
- 조율하기Tuning in – 공동체와 모임의 명확한 목적을 모아 하나로 만드는 과정.
- 나타남의 법칙The Laws of Manifestation – 필요한 자원을 얻기 위해 내면의 생각을 명확히 하는 일에 집중하기.

위탁 가정들의 공동체

키테쉬Kitezh
....
러시아

키테쉬는 위탁 아동을 돌보는 데 헌신하는 공동체이자 생태마을입니다. 앤드류 에크먼은 1994년 키테쉬를 처음 접했고, 2006년 공동체를 방문하여 지금까지 살고 있습니다. 앤드류는 영어를 가르치거나 작업장의 목수로 일하면서 서구에서 온 자원봉사자들을 지도합니다.

앤드류 에크먼

키테쉬는 모스크바에서 약 360킬로미터가량 남쪽에 위치한 아주 작은 마을입니다. 숲으로 둘러싸여 있고, 추마조보Chumazovo라는 작은 마을과 가까워요. 키테쉬와 추마조보 사이에는 호수가 있어서, 봄에는 밝은 초록빛 풀로 둘러싸이고 겨울이면 50센티미터 두께의 얼음으로 덮이죠. 키테쉬는 16채의 집과 학교, 작업장, 외양간을 포함한 여러 별채

앤드류 에크먼Andrew Aikman.

들로 이루어진 마을입니다. 물론 이곳의 '생태발자국'은 매우 작지만, 사실 생태적 지속가능성은 키테쉬의 최우선 순위가 아닙니다.

구소련 말기 러시아의 유명한 마야크 라디오Mayak Radio의 기자 드미트리 모로조프Dmitry Morozov는 자기 나라에서 부모 없이 살아가는 거리의 아이들을 마주합니다. 소련은 붕괴되었고 공산주의 이상도 무너졌지요. 모로조프는 좋은 교육을 받았고 여행도 많이 했지만 서구 주류 사회에서는 가치 있는 대안을 보지 못했어요. 그래서 그는 인간의 가치를 최고로 두고, 구소련이 붕괴되던 혼돈의 몇 년간 다른 삶의 방식을 제시하는 공동체를 만들기 시작합니다.

모로조프는 방송 진행자인 점을 활용하여 방송으로 자신의 생각을 표현하고 청취자에게 도움을 요청했죠. 사람들의 반응은 매우 고무적이었습니다. 많은 사람이 이 지역을 방문했고, 칼루가Kaluga 주 지방 정부도 이것을 지역 이미지를 쇄신할 기회로 삼았습니다. "모로조프에게 약간의 토지를 제공해 봅시다. 우리에게도 좋을 겁니다. 그의 계획이 실패할 것 같으면, 우리는 다시 토지를 되찾으면 됩니다."

그때가 1992년이었고 키테쉬는 여전히 여기 존재합니다. 새로운 지

자체장으로부터 많은 지원을 받고 있고요. 초기에는 물론 의심과 불신이 있었습니다. 그러나 교육과 사회 복지 분야의 지역, 국가 공무원과 관계자들이 키테쉬를 방문할 때, 이곳에서 어떤 일들이 일어나는지 잘 설명하고 그들을 지속적으로 초대한 키테쉬의 열린 자세로 인해 곧 좋은 관계가 만들어졌습니다.

처음에는 실내 화장실이 없었고, 겨울 기온은 섭씨 영하 30도까지 떨어졌어요. 그런 상황에서도 각계각층의 거의 모든 시민들이 여름과 겨울 동안 손으로 직접 키테쉬의 집과 학교를 지었습니다. 이 모든 과정은 모로조프의 급여와 지지자들의 후원으로 유지되었습니다. 낙관주의와 이상주의, 아주 힘든 노동과 유머로 가득한 시간들이었죠.

의사이자 세련된 모스크바 사람이었던 마리나는 이렇게 회상합니다. "난 우아한 흰색 장갑을 착용하고, 긴 코트를 입고 여기 왔어요. 모로조프는 나를 위아래로 훑어보고는 속으로 '겨울을 넘기지 못하겠구만' 하고 생각했다죠. 글쎄요. 제가 키테쉬에서 지낸 게 올해로 17년이 되었네요."

사회적 실천을 위한 가정

아이들을 돌보고 양육하는 것이 키테쉬가 추구하는 삶의 목적입니다. 공식적으로 러시아에는 약 70만 명의 '사회적 고아'가 있습니다. 생물학적 부모가 살아 있는 경우에도 대개 알코올 중독으로 인해 자녀를 양육하기 부적합하다는 판정을 받는 경우죠.

한 아이는 이렇게 말합니다. "우리 엄마는 때때로 며칠씩 집에 들어

키테쉬

생태마을 키테쉬는 부모가 없는 아이들에게 집과 위탁 가족을 제공했습니다.

오지 않았어요. 집에는 먹을 게 아무것도 없어서 할머니 댁에 가서 밥을 먹었어요. 엄마가 집에 돌아오면 할머니는 엄마한테 소리를 쳤어요. 그래도 달라지는 건 없었어요." 모든 나라에 이런 사회적 피해자들이 존재합니다.

현재 막심 아니키브Maxim Aneekiev가 이끄는 우리 공동체는 아이들이 일상생활에 적응하고, 트라우마와 고통을 극복할 수 있도록 돕고 있어요. 아이는 어른의 말이 아닌, 사랑과 돌봄을 받으며 도전할 수 있는 치유적인 환경 안에서 탐험하며 배웁니다. 어른의 자질과 내면세계는 이러한 환경을 형성하는 데 영향을 미치죠.

모로조프는 "아이를 대하기 전에 어른이 먼저 발전하는 것이 아마도 최상일 것입니다. 실제로 어른은 아이와 함께 발전합니다. 이것이 자연스러운 길입니다. 일상적인 활동을 통해 현실을 성찰하면서, 어른은

위탁 가정들의 공동체

삶에 대한 자신의 태도를 변화시킬 필요성을 이해하게 됩니다. 다른 사람을 도우면서 스스로를 돕는 것입니다." 하고 말했어요.

놀면서 배우기

키테쉬에는 아이들이 소그룹으로 모여, 지난 며칠간의 삶에 대해 배우고 이해한 것을 이야기하는 '알아차리기(awareness)' 정기 모임이 있습니다. 이 자리에서 달밤의 아름다움에 대해 이야기 나눌 수도 있고, 아이가 과거의 사건을 떠올렸을 때 느낀 고통이나 기쁨을 전할 수도 있죠. 이런 방식으로 아이들은 스스로의 감정에 귀를 기울이고 자신을 이해하는 방법을 배우게 됩니다. 특히 키테쉬에는 훌륭한 연극 감독이 있습니다. 연기를 통해 다른 누군가가 된 '척'을 해 보면서 아이들은 자신에 관해 알게 되고, 자신의 캐릭터를 '연기'하는 방법에 대해 배우죠.

또한 키테쉬에 들어온 아이들은 첫 달에는 내내 그리고 1년 동안 '카프첵Kafchek의 밤'을 보냅니다. 카프첵은 노아의 방주에서 안전한 장소를 의미하는 '방주'를 가리킵니다. 이 시간에 아이들은 위탁 부모가 아닌 자신이 만나고 싶은 어른을 선택해, 한 시간 동안 함께 시간을 보내거나 차를 마십니다. 진정한 인간으로서 서로를 알아 가는 자리인 셈이죠.

이러한 치유적 환경에서는 세상이 학교, 가정, 의료, 개인의 삶과 사회적 삶 등등 각각 고립된 조각으로 분리되지 않습니다. 공동체 자체가 사회복지사이자 교사이며, 부모이자 심리학자로서 필요한 모든 역할을 하니까요. 아니키브는 말합니다.

"우리는 아이들의 관심을 바탕으로 교육 시스템을 만들고 있습니다. 교사는 아이의 욕구에 유연하게 대응하고 공감할 수 있어야 합니다. 우리의 아이들을 가르치고 양육하는 것은 버스 기사와 요리사를 포함한 마을에 사는 모든 어른들의 몫입니다. 수업을 언제 어떻게 운영할지, 숙제를 조별로 할지 개인으로 할지, 어떻게 아이들의 강점을 끌어내고 아이들이 가진 지식의 차이를 메울지. 이 모든 것은 성공과 실패에 대한 적절한 평가로 내면의 '상처'를 대체하는 것과 연결되어 있습니다."

유아기에 사랑과 보살핌을 경험하지 못한 아이의 애정 결핍은 채워지지 않는 블랙홀이기 쉽습니다. 이 부분에서 위탁 부모들의 공동체인 키테쉬가 가진 강점이 드러납니다. 아이가 우리 가족(공동체) 안에 들어오면 '포기'란 없습니다. 부담을 함께 나누고 기쁨도 마찬가지죠.

많은 위탁 아동이 도둑질 같은 사회적으로 용납되지 않는 행동으로 어려움을 겪습니다. 그런데 고아원에서는 챙길 수 있을 때 챙기는 것이 어찌 보면 생존 방법이지요. 그곳은 모든 게 충분치 않기 때문에 비축해야 안도감이 드는 거죠. 훔치는 것과 비축하는 것, 이 2가지는 고아원에서 효과적으로 생존하기 위한 행동이에요. 한 소년의 말을 따르자면 이렇습니다. "구걸하는 것은 정말로 수치스러워요!"

저는 교사가 되려고 교육을 받다가 이런 말을 들었습니다. "아이들에게 마음을 주지 마라. 아이들은 당신의 마음을 가져가 망가뜨린다." 하지만 여기 키테쉬에서 우리는 공동체의 힘을 모아 아이들에게 우리의 마음을 쏟아붓습니다. 부모를 '증오'하는 십대 청소년의 경우 보통 몇 달이 걸리는 폭풍우가 지나갈 때까지 마을 안에서 다른 가족과 함께 지낼 수 있어요. 위탁 부모들은 이 청소년을 위해 매우 적극적으로 애

키테쉬에서는 아이들과 청소년들이 자신들의 진실한 이야기를 나누고 귀 기울임으로써, 다시 신뢰하는 방법을 배웁니다.

정을 표현하는 데 집중하죠.

학교를 마친 뒤에도 한동안 공동체의 안전함 속에 머무는 청년들도 있습니다. 이들이 자원봉사자로 공동체 부엌이나 정원, 농장에서 일하는 동안, 우리는 그들이 감정적으로 충분히 성숙해지고 떠날 준비가 될 때까지 기다리는 거죠. 키테쉬에는 '게임(The Game)'으로 불리는 치료적 과정도 있습니다. 극적이고 도전적인 단계들이 연속적으로 짜여 있어서, 아이가 스스로 책임질 수 있는 어른으로 자라도록 인도하죠.

처벌이 아닌 해결

주간 회의는 공동체를 결속하는 데 도움을 줍니다. 서로에게 인사를 건네는 것으로 시작하기 때문에 회의에 누가 참석했는지 알 수 있죠. 그다음 한 주간의 일정을 나눕니다. 위탁 아동들에게 불확실성은 곧 두려움이에요. 앞으로 어떤 일이 일어나고 누구를 만나는지 미리 알아야 하죠. 그리고 본론으로 들어갑니다. 가장 나이 어린 친구부터 많은 친구까지 누구든 사람들이 경청해 주기를 원하는 것, 진지하게 받아들였으면 하는 이야기를 꺼낼 수 있어요.

예를 들어 아이들은 이렇게 말합니다. "식기 세척기가 제대로 작동하지 않아요." "누가 닭을 돌보고 있나요?" "우리 '비밀 친구' 게임을 해볼 수 있을까요?" 이런 모든 질문은 소수의 어른들이 아니라 공동체 회의를 통해 해결됩니다. 그리고 나서 우리는 '게임'에서 누가 어떤 단계까지 밟았는지, 다음으로 무엇을 해야 할지 이야기하죠. 주간 회의는 서로 공유한 것과 침묵의 순간에 대해 고마움을 표현하며 감사의 말을 나누는 것으로 끝을 맺습니다.

정의 역시 많은 사람의 관심사입니다. 누구든 공동체 재판을 신청할 수 있으며, 재판관은 '처벌'이 아닌 '해결책'을 찾습니다. 죄를 지은 사람은 '범죄'를 인정한다면, 공동체 작업을 통해 행동을 바로잡거나 되갚아야 합니다. 이것도 스스로의 동의와 수용 안에서 이루어지죠. 공동체 재판의 공공성은 많은 사람이 자신의 행동이 초래한 결과를 이해하도록 돕습니다.

그러나 한 가정의 형제자매를 함께 양육할 때 나타나는 문제들도 있어요. 키테쉬의 가치와 가족의 가치가 충돌하면, 아이는 거의 항상 원래 가족 편에 섭니다. 한 사례로 소냐는 여러 형제자매와 함께 키테쉬에 온 작은 아이였어요. 소냐는 성장하면서 이곳 방식을 계속해서 거부했는데, 우리는 그것이 오직 자신의 형제자매와 함께하기 위한 선택임을 알게 되었죠.

그래서 소냐가 자신의 상황을 돌아보고 키테쉬에서 살아갈지 떠날지, 스스로 결정할 수 있도록 고아원에 2주 동안 머물도록 부탁했습니다. 그녀는 키테쉬로 돌아왔고 특히 언니 오빠들이 모두 떠난 이후에, 우리는 진정한 변화를 보았답니다.

확장되어 가는 키테쉬

키테쉬는 휴일마다 하는 역할극으로 여러 지역, 특히 모스크바에 잘 알려져 있습니다. 최대 2주간 진행되는 이 역할극은 아이가 용기를 가지고, 친구들의 지지를 받으며, 자신의 문제를 직면하도록 돕기 위하여 설계되었죠. 키테쉬는 이러한 대중 행사를 통해 이른바 '좋은 가정'에서 자란 아이도 참여할 수 있도록 확장되고 있습니다. 하지만 아직 도시의 일반 학교까지는 활성화되지 않았어요.

키테쉬는 초기부터 핀드혼 공동체의 리자 홀링쉐드Liza Hollingshead와 에콜로지아 청소년단체(Ecologia Youth Trust)를 시작으로 의미 있는 국제 연대를 맺고 있습니다. 1995년에는 처음으로 해외에서 청년들이 러시아를 경험하고 키테쉬의 생활 방식을 경험하기 위해 방문했죠.

키테쉬는 에콜로지아 청소년단체의 지속적인 도움을 받아 3개월간 이곳에서 여러 경험을 쌓을 수 있는 국제 자원봉사자 프로그램을 운영합니다. 러시아어와 문화를 배우는 학생들을 비롯해 미국, 캐나다, 영국의 청소년단체들과 우리의 활동에 관심 있는 중장년 개인 봉사자들을 받고 있죠.

키테쉬는 수많은 언론과 텔레비전에서 단편 기획이나 주요 주제로 다뤄졌어요. 드미트리 모로조프는 국가적으로 그 공로를 인정받았고, 막심 아니키브는 수많은 논문을 발표하며 불우한 아이들의 양육에 대해 강연하고 있습니다.

kitezh.org

공동체를 위한 제안들

솔루션 라이브러리Solution Library에서 찾아보세요.

- 안심할 수 있는 학교 교육Schooling without Fear – 자비로운 방식으로 아이들을 교육하기.
- 자기 역량 강화 게임The Self-Empowerment Game – 청소년들이 자존감을 키울 수 있도록 도전을 주는 게임.

개인과 공동체의 조화

다마눌Damanhur
이탈리아

다마눌은 이탈리아 북부 피에몽 지역에 있는 생태마을로 다양한 활동을 하는 26개 공동체의 연합입니다. 이곳은 지역 화폐와 깊은 문화적 정체성을 지니고 있습니다. 유머, 예술과 창조의 기쁨, 투명한 조직 구조 등 풍부한 활동들이 다마눌의 중요한 특징입니다.

마카코 타메리스

저는 일본에서 비교적 잘나가는 재즈 가수였어요. 가수로서 성공하고 경력도 쌓였지만 스스로 더 이상 허구의 세상에서 살고 싶지 않음을 깨닫고, 22년 전 다마눌로 이주할 결심을 했지요. 저는 항상 저처럼 개성이 강한 사람이 공동체에 사는 건 불가능하다고 생각했어요. 하지만 머지않아 제가 공동체 안에서 어느 때보다 행복하다는 것을 깨달았어요.

포미카 코리안돌로Formica Coriandolo(좌),
마카코 타메리스Macaco Tamerice(우).

포미카 코리안돌로

31년 전, 저는 친구들과 함께 플로렌스의 유서 깊은 지역에 살고 있었어요. 오토바이도 있었고 근사한 직업도 있었지만 저는 어떤 허전함을 느꼈죠. 그러다 텔레비전에서 다마눌을 다룬 프로그램을 보여 주었는데, 거기서 설립자인 팔코의 인터뷰를 보았어요. 거기서 팔코는 연대, 서로 돕기, 영성적인 인간의 가치, 자연과의 깊은 연결 등과 같은 이탈리아의 주류 사회생활과는 전혀 다른 주제에 대해 이야기했죠. 저는 바로 차를 타고 다마눌로 향했습니다.

다마눌의 창립자

오베르토 아라우디, 또는 '팔코Falco'는 투린 지방의 발란제로 출신입니다. 그는 어렸을 때부터 초자연적인 경험을 했고, 친구들과 함께 공동체를 시작하기로 마음먹었어요. 12명의 사람들이 집과 직장을 포기하고 적당한 장소를 찾아 2년간 세계 각지를 돌아다니며 조사했죠.

그들은 투린Turin 외곽으로 40킬로미터 떨어진 곳에 4개의 '동시축(Synchronic Lines, 고대 과학의 주장 가운데 하나로 지구 전체에 걸쳐 선의 형태로 어떤 힘이 흐르고 있다는 것-옮긴이)'이 교차하는 지역을 찾아 다마눌을 세웠습니다. 땅 주인은 일행을 환영하며 "왜 이리 오래 걸렸습니까. 저는 당신들을 오랫동안 기다려왔습니다."라고 말했답니다. 그는 수년 전 세상을 바꾸고 싶은 희망을 가진 젊은 청년들이 찾아와 이 땅을 살 것이라는 꿈을 꾸었다고 했어요. 다마눌은 이렇게 시작되었습니다.

뉴클레오, 공동체의 다양한 기능

현재 다마눌에는 아이들을 포함해 약 1,000명의 사람들이 함께 살고 있어요. 다마눌은 뉴클레오nucleos라고 불리는 26개의 공동체로 나뉘어져 있고, 한 공동체 당 15~25명의 사람들이 모여 있죠. 각 뉴클레오는 고유 영역과 땅, 특정 기능을 독자적으로 가집니다. 이를테면 우리가 있는 뉴클레오 덴데라Dendera는 젠GEN을 비롯한 세계의 여러 공동체와 연대하는 역할을 맡고 있죠.

물, 에너지, 지속가능성에 대한 실험을 하는 뉴클레오, 농업적 자급에 초점을 둔 뉴클레오, 마을 사원을 돌보는 뉴클레오, 손님과 방문객을 담당하는 뉴클레오도 있어요. 각 공동체는 자신의 영역에서 연구를 수행하고 그 결과를 전체 마을 사람들과 공유합니다. 거의 모든 공동체들에서 노인, 어른, 아이 들이 함께 살고 있죠. 각각의 뉴클레오마다 정원이 있고, 대안에너지원, 온실, 동물이 있습니다.

뉴클레오는 다마눌을 이루는 인간적 기초 단위이자 토대예요. 이곳에서 우리는 친밀하게 서로를 알아 가며, 함께 먹고 함께 살아가지만 대다수의 갈등도 여기에서 비롯되죠. 역설적이게도 갈등은 중요한 문제보다는 샤워나 빨래 등의 사소한 부분에서 더 쉽게 일어납니다. 하지만 우리는 갈등을 두려워하지 않아요. 각 개인의 성격과 문화적 배경에 따라 경험하는 현실이 다르다는 점을 알고 있으니까요. 우리는 갈등이 생기면 누가 옳은지 그른지 따지지 않고, 관련된 모든 당사자에게 좋은 해결책을 찾으려 하죠.

다마눌을 운영하기 위해서 우리는 6개월마다 '가이드 왕과 여왕'이라는 호칭으로 남녀 대표 2명을 뽑습니다. 물론 그들에게 '왕족'적인 의미를 부여하는 건 아니에요. 이 호칭은 다마눌이 특히 즐거움을 추구하던 무렵에 붙여져 그 뒤로 쭉 이어져 왔을 뿐입니다. 우리는 장난을 좋아하니까요!

4개의 기둥

다마눌에는 우리 삶의 다양한 면을 주관하고 영감을 주는 4개의 기둥이 있어요. 궁극적으로 각각의 기둥은 동일한 목표를 위한 다양한 해결책과 전략을 가지고 있죠.

- '명상 학교(School of Meditation)'는 첫 번째 기둥으로 영성의 진화라는 분명한 목표를 가지고 있습니다. 명상은 다마눌에서 매우 고유한 역할을 합니다.
- '사회적 삶(Social Life)'은 다마눌의 사회적·정치적 구조로서 의사 결정 방법, 규칙, 역할, 주거 방식 등 다마눌에서의 공동생활

과 일상생활의 전반적인 운영을 포함합니다.

- 세 번째 기둥인 '인생 발견하기 게임(The Game of Life)'은 진정한 변화의 힘을 뜻합니다. 진정한 변화는 다마눌 철학의 한 부분입니다. 변화에 대한 두려움은 우리가 충만하고 행복한 삶을 누리는 것을 가로막습니다. 문제가 일어날 때까지 아무 일도 하지 않고 기다리기만 하는 건 삶을 낭비하는 일입니다.

우리는 문제가 일어나기 전에 바뀌어야 합니다. 누구든지 문제를 해결할 방법을 제시하고 변화를 제안할 수 있습니다. '인생 발견하기 게임'은 독창적이고 특이한 방법을 통해 사람들이 일상의 습관을 바꿀 수 있도록 이끕니다. 실제로 몇 년 전 '예술의 전투(Battle of the Arts)'라는 공동 예술 작업은 다마눌을 변화시켰습니다.

- 네 번째 기둥인 '테크나르카토Tecnarcato'는 개인 차원의 변화를 위한 도구로, 스스로 성장하고 재능을 발휘할 수 있도록 다양한 방법을 제공합니다. 가령 공격적인 성향이거나 부끄러움이 많은 성향을 가진 사람이 내적 변화를 원한다면, 테크나르카토를 통해 도움이 될 만한 방법을 찾을 수 있습니다.

먼저 믿을 만한 파트너를 선택하고, 스스로 습관과 한계를 뛰어넘을 수 있는 자기 변화 프로그램을 만들기 위해 그와 함께 노력합니다. 우리는 모두가 최상의 잠재력을 개발하고 발휘할 수 있기를 원합니다.

예술과 영성적 비전

다마눌에서는 인간이 신성을 타고난다고 믿습니다. 우리들 한 사람 한 사람은 신성의 불꽃을 가지고 있고, 그 불꽃은 다시 타오를 수 있다는 말이에요. 이것이 다마눌의 목표이며 우리는 함께라면 그 과정을 더 빨리 할 수 있다고 생각합니다. 우리는 어릴 때부터 "난 할 수 없어"라고 말하고 생각하도록 배우죠. 하지만 우리 모두에게는 독특한 무언가를 만들 수 있는 창조적 에너지가 있습니다. 이것이 우리 안의 독특함을 끄집어내는 예술의 원천적 힘이죠.

예술은 인간의 신성한 창조적 잠재력을 표현하는 필수 도구라고 할 수 있어요. 또한 예술은 소통의 다리이며 언어이기도 해요. 우리는 언어가 단어로만 존재한다고 생각하지만, 예술은 다른 감각과 통로를 통해서 훨씬 더 완전하고 분명한 방법으로 정보와 감정을 전달할 수 있는 언어의 역할을 합니다. 게다가 집단적 예술은 개인의 다양성을 표현하면서도 강한 합일감을 만들어 내죠. 원주민 문화에서 그렇듯이 예술은 우리의 공동 정체성을 창조하는 언어입니다.

인류의 사원

다른 많은 공동체처럼 다마눌 설립자들은 신성한 장소를 원했죠. 특히 팔코는 어린 시절부터 신성한 창조성의 표현으로서의 지하 사원에 매료되어 있었어요. 우리는 어느 날 밤부터 삽으로 땅을 파기 시작했습니다. 정부의 허가 없이 16년 동안 비밀스럽게 산속을 80미터 아래까지 파 내려갔죠. 우리는 이 공간을 '인류의 사원(Temple for Humankind)'

오랜 시간 비밀스럽게 숨겨져 있던 '인류의 사원'은 오늘날 전 세계 방문객에게 인기 있는 명소가 되었습니다.

이라 불렀고 완성한 다음 외부 사람들에게 공개할 생각이었어요.

그러나 사원은 다른 방식으로 공개되었습니다. 다마눌을 떠난 한 구성원이 사원에 대한 비밀 유지 명목으로 돈을 요구하며 우리를 협박하는 일이 생겼죠. 그는 요구가 받아들여지지 않자 비밀을 폭로했고, 40여 명의 경찰들은 다마눌로 찾아와 "만약 당신들이 지하 사원을 보여 주지 않겠다면 산 전체를 폭파하겠다."고 말했습니다.

치안 판사는 마약과 무기를 찾을 것으로 기대했지만 우리는 예술적으로 장식된 아름다운 사원을 구경시켜 주었어요. 그는 감격에 가득 차 눈물을 글썽이며, 자신이 개인적으로 사원을 돌보겠다고 말했답니다. 하지만 여전히 지방 공무원들은 사원을 흙으로 메울 계획을 세웠어요. 우리는 사원을 보호하기 위해 사람들에게 공개하고 10만 명의 서명

다마눌

을 모아 합법화를 제안했죠. 1년 뒤 로마의 문화유산부는 우리 사원을 예술 작품으로 선포합니다.

이는 우리에게 믿을 수 없을 만큼 큰 기쁨이었어요. 다마눌 사람들은 최악으로 여겨지는 상황도 더 좋게 변화될 수 있음을 압니다. '불가능은 없다!'라는 정신은 제가 다마눌에서 가장 좋아하는 점이에요. 만약 당신에게 꿈이 있다면, 당신은 그 꿈을 이룰 수 있습니다. 당신에게 언제나 다른 사람들의 도움과 연대와 지지가 함께할 겁니다.

일과 생활의 조화

다마눌의 복합성은 우리의 강점이지만 동시에 약점이라고도 할 수 있어요. 우리의 철학은 실천을 통해서 드러납니다. 우리는 세상 속에서 창조성을 충분히 표현하길 바랍니다. 다만 우리 역시 풍요롭지만 바쁜 삶을 영위합니다. 이는 생계에 대한 현실적인 염려를 포함하고 있죠. 다마눌 사람들은 대부분 다마눌 회사와 조직 안에서 일하지만, 어떤 사람들은 공동체 밖에서 일합니다. 저(마카코)도 투린에서 노래를 가르치고 있고요. 하지만 단지 돈을 벌기 위해서만이 아니라 노래 부르는 걸 좋아해서 그 일을 하죠.

저는 또한 젠GEN에서 다마눌 대표로 일합니다. 이외에도 다마눌 사람들은 각자의 뉴클레오 안에서 봉사 활동, 농사, 아이 돌보기 등 다른 많은 책임을 맡고 있습니다. 때로는 이 모든 것을 하기 위해 더 많은 시간이 있었으면 하고 바랄 정도죠. 우리도 아직, 많은 책임을 맡으면서 동시에 삶을 단순화하는 방법을 찾고 있답니다.

예술과 영성은 다마눌 사람들에게 깊은 의미를 가지고 있습니다.

팔코의 죽음과 새로운 시작

다마눌에는 아주 분명한 비전을 가진 설립자가 있었습니다. 이런 유형의 공동체는 설립자가 죽으면 모든 것이 붕괴될 위험이 있는 게 사실이죠. 하지만 다마눌은 그렇지 않았어요. 2012년 겨울, 암을 선고받은 팔코는 방사선 치료를 거부하고 자연 요법을 사용하기로 결정했습니다.

팔코는 3개월 조금 더 남은 시간 동안, 매 순간 자신이 떠난 뒤에도 사람들이 침착하게 공동체를 지속해 나갈 수 있도록 준비하고, 마을 사람들과 대화하며 죽음을 준비했죠. 팔코는 그 무렵 어느 때보다 더 현재에 충실했고, 마지막 날까지 사람들을 가르치며 이야기를 건넸습니다.

그가 세상을 떠났을 때 모든 다마눌 사람들은 깊은 상실감을 느꼈습니다. 우리는 한 사람 한 사람이 얼마나 많은 책임을 안고 있는지 새

다마눌

삼 깨달았고, 공동체로서 더 완전한 하나가 되었죠. 지금도 우리는 가끔 팔코가 떠나기 바로 전에 남긴 메시지를 읽으며 그의 사랑을 느끼고 우리의 비전과 의도를 계속해서 떠올립니다.

　최근 몇 년간 다마눌은 새롭게 조직되었고, 함께 나눈 꿈을 이루기 위해 각자의 자리에서 최선을 다하고 있어요. 우리는 지금 그 어느 때보다 다마눌을 더 깊은 차원의 살아 있는 예술 작품으로 변화시키는 과정 안에 있습니다!

damanhur.org

◆ 다마눌 시민들은 성에는 동물, 이름에는 식물의 명칭을 넣은 새로운 호칭을 만들어 사용합니다.

공동체를 위한 제안들

솔루션 라이브러리Solution Library에서 찾아보세요.
- 인생 게임Game of Life - 공동체를 창조적이고 생기 있게 유지하는 방법.
- 개인의 성장을 위한 피드백Feedback and Personal Growth - 자신의 성격을 개선하기 위해 타인의 피드백을 활용하는 방법.
- 공동체 화폐Community Currency - 지역 사회의 부를 강화하는 방법.

개인과 공동체의 조화

자유와 힘,
지속가능성을 되찾는 일

라카베Lakabe
스페인

라카베 공동체는 독재자 프랑코의 오랜 통치가 끝나고 시작되었습니다. 사회운동가들은 버려진 마을 나바라Navarra에서 비폭력적인 삶을 꾸리고자 했습니다. 이후 35년 동안 여러 가지 국면과 위기를 지나온 라카베는 현재 53명의 구성원이 함께 살며 지속가능한 삶에 관한 다양한 대안을 제시하고 있습니다. 마우헤 카냐다는 삶의 여러 시기를 라카베와 함께 지나왔습니다.

마우헤 카냐다

1979년 저는 19살이었고 빌바오Bilbao에서 친구들과 함께 살고 있었어요. 나눔과 연대는 언제나 제 삶의 토대였죠. 저는 한 번도 공동체로부터 떨어진 삶을 상상해 본 적이 없었어요. 당시 저는 스페인의 첫 번

마우헤 카냐다Mauge Cañada.

째 평화운동가 그룹에서 반전운동을 하는 활동가였습니다. 우리의 운동은 성공적이었고, 스페인의 병역 의무 복무제를 폐지시킬 수 있었죠. 이어서 우리는 비폭력적인 삶을 살아가기로 했고, 그러한 동기를 안고 함께 시골에 있는 집 한 채를 빌렸습니다.

　　그때 우리는 염소를 키우고 있었는데, 어느 날 염소들이 사라져 찾아다니던 중 숲 속에 버려진 마을을 발견했어요. 이곳이 지금의 라카베입니다. 마을로 들어가는 도로가 없어 버려진 곳이었죠. 우리는 그곳에 완전히 마음을 빼앗겼어요. 그래서 안달루시아, 카탈루냐, 마드리드 각지에서 온 활동가 그룹과 여러 번의 회의를 거듭한 끝에 이 마을을 점거해 살기로 결정했습니다. 1980년 3월 21일, 비폭력적인 삶을 실험해 보고 싶은 모든 이들을 라카베로 초대했죠. 당시 두 딸을 출산한 지 얼마 안 되었던 저는 이듬해 라카베에 합류했습니다.

　　처음 2년간 많은 사람이 들어오고 또 나갔어요. 경제적으로 부유한 사람은 없었기에, 우리는 모든 걸 스스로 찾아내며 만들어 나갔죠. 무거운 시멘트를 직접 나르며 몇 시간이고 숲 속을 걷기도 했지만 한때는 말과 당나귀가 생겨 훨씬 쉽게 마을을 오가기도 했어요. 라카베를

공동체의 젊은 개척자들은 버려진 마을 라카베를 발견하고, 그곳에 새로운 삶의 터전을 마련했습니다.

찾아 준 많은 이들의 도움이 함께했고 우리의 마음은 희망으로 가득 차 있었습니다. 늘 다양한 공연과 노래가 넘치는 즐거움이 가득한 나날을 보냈어요.

누군가 그 시절에 찍은 라카베 사진을 본다면 아마 우리가 매일 파티만 했다고 생각할 거예요. 저는 그때 "와, 우리가 꿈꿔 왔던 모든 것이 이렇게 가능하구나!"라고 느꼈습니다. 우리는 아주 젊었고, 우릴 무겁게 짓누르던 독재 정치의 탄압적인 무게에서 막 벗어난 참이었으니까요. 라카베를 통해 우리는 급진적으로 우리 자신의 힘을 되찾는 과정을 즐겼던 거죠.

풍요와 금욕 사이에서

하지만 꿈을 현실로 이루는 일이 쉽지만은 않았어요. 장밋빛 날이 있었는가 하면 가시밭길 같은 시간도 있었습니다. 점점 커지는 공동체를 관리하는 일은 매우 어려웠어요. 이상적인 아이디어는 많았지만 막상 현실적인 조정 방법과 의사 결정 과정을 만드는 일은 아주 어려웠죠. 셀 수 없이 많은 회의와 모임이 열렸습니다. 발언권은 공동체에 머무는 누구에게나 있었지만, 어쩌다 보니 가장 말을 많이 한 사람에게 가장 큰 힘이 돌아가기도 했습니다.

1981년 당시 저는 21살이었고 두 아이의 엄마였어요. 그해, 한 회의에서 몇몇 사람이 사실은 공동체 안에 아이나 강아지가 있는 걸 원치 않는다고 이야기했죠. 현실과 매우 동떨어진 이야기를 하는 그들을 보며 저는 마음이 아팠습니다. 공동체 안에는 풍요로운 삶을 누리고 싶은 이들과 금욕적인 삶을 살려는 이들 사이의 갈등이 있었어요.

기계를 멀리하며 나무를 자를 때 도끼를 쓰려는 이들과, 전기톱을 쓰려는 이들 사이의 싸움은 몇 달 동안 이어지기도 했죠. 누군가는 "우리는 촛불만 사용하며 살겠어."라고 말하는 반면 다른 이는 "아니, 손전등은 사용해도 돼."라고 말했고 결국에는 원칙적으로 모든 것에 반대하는 사람도 생겼습니다. 지금은 웃으며 얘기할 수 있지만 그 당시에는 매우 어려운 문제였고, 저 역시 많은 걱정을 했습니다.

변화는 우리가 자연과 더 깊이 연결되면서 찾아왔어요. 모두 도시에서 살다 왔지만 라카베에서의 삶을 통해 자연과 다시 만났고 자연의 아름다움을 발견할 수 있었죠. 시골에서 산다는 건 자연을 돌보는 일이 수반된다는 걸 배웠고, 우리는 점차 생태적인 의식을 일깨우며 생각을

라카베에서의 생활은 삶의 모든 영역을 함께 나누는 강렬한 공동체 경험이었습니다.

실천으로 옮기기 시작했습니다.

그 일환으로 우리는 10미터 길이의 강철 풍력 터빈을 직접 짓기로 결정하고, 35명이 거대한 강철 받침대를 들고 숲과 오르막길을 거쳐 라카베까지 옮겨 왔죠. 마침내 터빈을 완성했을 때 우리는 불가능해 보이는 일을 함께 해냈다는 성취감을 느낄 수 있었어요.

열정이 가져온 위기

처음 10년 동안 우리는 오래된 마을을 새롭게 다시 짓고 공동체를 꾸리는 법을 배웠습니다. 그동안 우리가 경험하고 탐험한 것들은 더 큰 발전의 토대가 되었죠. 첫 10여 년간 우리가 합의에 이른 모든 약속들이 35년이 흐른 지금도 그대로 이어지고 있으니까요.

라카베

함께 일하는 공동체인 라카베에서의 삶은 아주 치열합니다. 우리가 노동과 돈을 비롯해 모든 결정 사항을 공유하기 때문이죠. 라카베 공동체의 시간을 돌이켜 보면 위기는 언제나 사람들이 개인적인 논쟁 거리나 흥미에 더욱 힘과 에너지를 싣고 싶어 할 때 찾아왔어요. 가장 컸던 '91년 위기' 때는 많은 사람이 공동체를 떠났죠. 당시 50명에 가깝던 구성원이 20명으로 급격하게 줄었습니다.

그리고 우리가 공동체에 쏟아부었던 모든 에너지는 역설적으로 우리를 지치게 만들었어요. 점점 더 많은 이들이 공동체보다는 자신의 삶과 개인적인 동기를 우선시하기 시작했고, 결국은 공동체를 떠난 이와 남은 이들 모두 아주 어려운 시간을 보내야만 했죠. 저는 떠난 사람 가운데 하나였습니다. 당시 저는 삶에서 진정 원하는 게 무엇인지 마주하는 시간이 필요했어요. 그래서 치료사가 되는 훈련을 밟는 동시에 스스로에 대한 치유 작업을 시작하여, 공동체에 사는 동안 어떤 일들이 내 안에 일어났었는지 돌아보았죠.

사실 그때 라카베를 떠난 것은 자라면서 다른 여러 가지를 필요로 했던 두 아이에 대한 책임감 때문이기도 했습니다. 그리고 시간이 흘러 저는 다시 라카베로 돌아왔어요. 라카베를 떠났던 동안에도 저는 인연의 끈을 놓지 않았습니다. 우리가 맺은 약속들은 공동체를 지속시켰죠. 다행히 우리는 모든 합의와 약속을 기록으로 남겨 두었고, 덕분에 많은 일이 더 명료해질 수 있었습니다. 결국 1991년 겪은 공동체의 위기는 우리 스스로 라카베의 정체성을 더욱 분명히 하는 긍정적인 발전의 씨앗이 되었답니다.

1990년대를 보내며 라카베 구성원들은 공동체의 내면을 더욱 깊이 탐험하기 시작했어요. 또한 자라나는 아이들에게 필요한 것을 더욱 세심하게 살피게 되었죠.

지역을 위협한 댐 건설

이때, 또 하나의 사건이 일어납니다. 한 스페인 회사가 전력 생산을 위해 댐을 건설한다는 계획을 발표했고, 라카베 주변 마을들은 홍수에 대한 두려움에 시달리게 되었죠. 라카베는 댐 건설을 반대하는 운동에 적극적으로 참여했고, 이를 계기로 이웃 마을들과 새롭게 관계를 맺을 수 있었습니다. 우리는 공동체의 많은 힘을 쏟아 비폭력적 반대운동을 전개하며 댐 건설을 막으려 했어요. 많은 활동가들이 감옥까지 가게 됐지만 그럼에도 반대운동은 성공하지 못했습니다.

라카베는 고지대에 자리하여 수몰되지 않았지만, 골짜기에 자리한 마을들이 홍수로 무너지는 모습을 지켜보는 일은 너무나, 너무나도 고통스러웠습니다. 15년이 지난 지금도 저는 그때의 참극을 떠올리면 마음이 아파옵니다. 이웃 마을로 불도저가 난입했던 때는 제 삶에서 가장 슬픈 순간들 중 하나예요.

그날 경찰은 그곳에서 무슨 일이 일어나는지 볼 수 있도록 우릴 들여보내 주었어요. 그 마을에는 아름다운 꽃과 테라스가 있는 100년 넘은 오래된 집 한 채가 있었는데, 집에서 두 노인이 빠져나오자 불도저가 집을 무너뜨려 버렸죠. 너무나 끔찍한 기억이었고 지금도 저는 그 근처에 가지 못합니다.

댐 건설의 부작용 중 하나는 라카베에 새 도로가 연결되었다는 겁

라카베

니다. 우리는 전혀 원하지 않았던 일이죠. 우리를 찾는 몇몇 방문객은 좋아했지만 도로는 산 속의 고요를 앗아 가 버렸으니까요.

댐 건설 반대운동을 이어 가면서, 우리는 모든 지역 사람들을 직접 만나러 다녔습니다. 이주 초기에는 히피라고 오해받기도 했지만, 댐 반대운동에서 중요한 역할을 하면서 라카베는 지역의 일원으로 인정받았어요. 지역 사람들이 라카베의 기여를 인지하게 되면서 라카베 구성원이 지역 의회 의원으로 당선되기도 했습니다.

또한 라카베 구성원 가운데 하나인 마벨 카냐다Mabel Cañada는 지역의 폐기물 관리소장으로 뽑혀, 자신이 가진 재활용과 재사용에 관련한 지식을 지역에서 적극적으로 공유하였죠. 마벨은 큰 영향력을 보였고, 비슷한 고민을 가진 사람들에게 좋은 선례가 되었답니다. 지금 마벨은 지역에서 폐기물 혁명을 일으키고 있다고 봐도 과언이 아닙니다.

내일을 위한 기록의 소중함

이베리아 생태마을 네트워크(RIE)와 젠GEN의 일원이 된 것은 라카베의 역사에서 매우 뜻깊은 일입니다. 이를 계기로 우리가 큰 흐름의 일부였다는 것을 이해할 수 있었으니까요. 자신의 위치를 하나의 커다란 움직임 속에서 보면 많은 것이 더욱 명료해집니다. 공감하며 더 성장할 수 있는 장이 열리는 것이죠.

현재 라카베에서는 3대가 함께 살고 있어요. 우리는 에너지를 100퍼센트 자급자족하며 80퍼센트의 지역 식량 주권을 갖고 있습니다. 각종 훈련과 워크숍을 통해 우리가 살아가는 방식을 배우려는 사람들도 찾아옵니다. 라카베는 학교를 직접 운영하는데, 우리 아이들은 라카베가 어떤 곳인지를 말해 주는 존재예요. 아이들은 지구에서 일어나는 일에 대해 깊은 관심과 감수성을 지니고 있고, 사회 활동에도 적극 참여합니다.

우리는 조정과 의사 결정 과정에 관해 오랫동안 연구했고 스페인 전역에 걸쳐 건강한 조정 방식을 세우려는 사람들과 공동체를 돕기 위해 워크숍 과정을 제공하고 있어요. 우선 자체 의사 결정권을 갖는 작고 다양한 실무 그룹을 만들어, 전체 회의에서 결정할 안건을 줄이고 효율성을 높이는 것을 권합니다. 그리고 모든 의사 결정을 정식 문서로 기록하여 남기는 것도 바람직하죠. 이때 모든 과정이 포용적이고 명백하고 투명하게 이루어져 긍정적인 결과가 나오도록 이끄는 것이 중요합니다.

라카베는 공동체 안에서 성숙하게 감정을 공유하는 과정도 발전시켜 왔어요. 우리는 서로 만날 때나 회의를 시작할 때, 설혹 가끔은 그것이 쉽지 않을 지라도, 먼저 '마음 나누기(sharing)'로 자리를 엽니다. 그리고 나눔이 더욱 깊은 관심과 배려를 필요로 하는 상황에서는 지원 팀을 꾸려 나눔의 자리를 지탱하죠. 우리는 공동체 안에서 그때그때 필요에 따라 다양하게 적용할 수 있는 풍부한 방법론과 접근법을 갖고 있습니다.

새로운 공동체와 프로젝트가 라카베로부터 성장하며 뻗어 나가는 중입니다. 2014년부터 라카베에서 30분 거리에 '아르테라 비지모두 Arterra Bizimodu'라는 이름의 새로운 공동체를 일구는 프로젝트가 시작되었습니다. 저 역시 이 일을 함께하고 있죠. 아르테라는 라카베의 도움을 받아 무럭무럭 자라나 현재는 젠GEN의 '유럽 및 중동' 지역 기구의

　　　　　　　　　　　　　　　　　　　　라카베

사무국도 말을 정도가 되었죠. 한편 라카베의 몇몇 청년들은 또 다른 버려진 마을에서 그들의 고유한 경험을 토대로 새로운 공동체운동을 이어 가고 있습니다.

제가 생각하기에 라카베에서 가장 중요한 건 "그래, 우리는 할 수 있어!"라는 말을 실제로 보여 주었다는 겁니다. 그렇습니다. 우리는 맹목적으로 주류의 삶을 좇아가는 대신, 우리가 원하는 새로운 삶의 양식을 창조했습니다. 맞습니다. 우리는 우리의 꿈이 무엇인지 깨닫고 찾아갈 수 있습니다. 우리는 공동체 안에서 더불어 살아갑니다. 그럴 수 있습니다!

constructedutopias.wordpress.com

공동체를 위한 제안들

솔루션 라이브러리Solution Library에서 찾아보세요.
- 재생 오일Recycling Oil – 쓰레기를 줄일 수 있는 방법.
- 적절한 조정Good Governance – 성공적인 의사 결정 과정을 구현하는 방법.

도시와 농촌 사이의 유대 형성

귀이네스코이 Güneşköy

터키

터키 사회는 빠르게 발전하고 있습니다. 수도 앙카라에서 65킬로미터 떨어진 귀이네스코이 생태마을 프로젝트는 시골과 도시 사이의 문화적·경제적 차이를 극복하려는 목표로 출발했습니다. 이 프로젝트는 소농들이 도시의 시장에서 생산물을 직접 판매할 수 있는 기회를 제공하여, 소농에게 유기농의 지속가능한 솔루션을 보여 주고 여성에게도 힘을 실어 주었습니다.

이렇게 모두에게 유리한 상황이 자연과 마을의 삶을 보전시킵니다. 알리 고이크멘과 잉치 고이크멘은 앙카라 소재 대학의 화학 교수로서 수년간 자연과 공동체에 대해서 이야기해 왔습니다.

알리 고이크멘Ali Gökmen.

알리 고이크멘

저는 3살부터 자연과 연결되었습니다. 저희 가족은 앙카라 변두리에 포도 농장을 갖고 있었어요. 당시 농장에는 과일나무가 가득했고, 꽃이 만발할 때면 지역 전체가 하얗게 물들었죠. 할머니는 기도하기 전에 저를 깨워서 과일과 포도를 골라 주시곤 했습니다.

오늘날 그 지역은 아파트로 가득 차 있고 나무들은 베어졌습니다. 대학을 졸업하고 여행했던 산에서 저는 자연과 다시 연결됨을 느꼈죠. 제 인생에서 가장 행복한 점은 저의 파트너인 잉치가 저와 같은 것을 좋아한다는 사실입니다. 우리의 협력 관계야말로 가장 작은 공동체이고 우리는 이곳에서 성장하고 있습니다.

잉치 고이크멘

우리는 네 딸과 아들 하나를 두었지만, 저녁에는 항상 10~15명의 사람들이 식탁에 둘러앉았어요. 그럴 때면 우리 집은 모든 친구들을 환영하는 공동체가 되죠. 저는 늘 사람들과 함께하며 나누는 것을 좋아합니

도시와 농촌 사이의 유대 형성

잉치 고이크멘Inci Gökmen.

다. 현재 알리와 저는 앙카라의 대학에서 화학을 가르치지만 책에 없는 가치도 중요하게 생각합니다.

친구 사이에 전달되거나 한 세대에서 다음 세대로 공유된 경험들은 공동체를 창조하고, 최악의 상황에서도 언제나 해결책을 찾아내죠. 저는 사람들이 공동체 그리고 자연과 단절되면서 많은 문제점이 나타났다고 봅니다.

개발로 파괴되는 마을과 자연

터키 역시 '개발과 근대화'라는 세계적 흐름에 타격을 받았습니다. 터키의 국가총생산량(GDP)은 지난 몇 년간 눈에 띄게 증가했지만, 동시에 빠르게 사라진 것도 있습니다. 도시 공원과 신선한 음식, 마을 생활과 지역공동체 문화가 있던 터키의 문화가 그것이죠. 앙카라 중심의 고층 건물들은 대부분 지난 5~10년 사이에 지어졌어요. 자동차 산업은 급속히 발전하고, 수백만 그루의 나무가 베어집니다.

그런데 우리는 생태적인 결과에 대해서는 전혀 생각하지 않고 있

귀이네스코이

우리에겐 남은 날들이 많지 않습니다. 곧 고속 기차 선로가 건설되고 계곡은 파괴될 것입니다.

죠. 물, 흙, 나무, 공기에는 금전적 가치가 없지만, 나라 곳곳에 수천 개의 댐이 지어지고 강은 투자자에게 팔려 나갑니다. 과거에 농부들은 관개 작업을 통해 자유롭게 물을 사용했지만 지금은 대가를 지불해야 하죠.

터키에서 이루어지는 '개발'은 마을의 삶을 파괴합니다. 많은 농부들에겐 광산업에 합류하는 단 하나의 선택만 남았습니다. 심지어 2014년에는 마을을 더 이상 마을이 아니라고 선언하며, 도시로 편입시키는 새로운 법까지 통과되었습니다.

결국 2013년 이스탄불 게지 공원(Gezi Park)에 쇼핑몰을 건설하기 위한 계획이 발표되자 파국이 벌어졌습니다. 몇몇 청년들이 나무를 보호하기 위해 농성을 시작했고 이 시위가 폭발적으로 증가했죠. 터키 전역에서 수백만 명의 사람이 거리로 나왔지만 정부의 대응은 매우 폭력적이었습니다. 최루 가스와 고무탄이 사용되어 여러 명이 목숨을 잃었고 수백 명이 부상당했습니다.

　그러나 우리는 여전히 희망을 가지고 있어요. 우리는 나무를 자르는 것이 아닌 나무를 심는 방법으로 모든 사람이 직업을 갖는 세상을 만들 수 있다고 믿습니다. 말만으로는 사람들에게 확신을 줄 수 없고, 우리에겐 영감을 불러일으킬 수 있는 구체적 사례와 잘 운영되는 모델이 필요합니다. 우리 문화를 사랑하는 마음과 미래를 향한 마음을 모으는 일에 집중한다면 현재의 부조리는 사라지고 세상은 변화할 것입니다.

농촌과 도시를 연결하는 협동조합

　터키 초대 대통령 아타튀르크Atatürk는 "마을 주민들이 나라의 진짜 주인입니다."라고 말했죠. 그러나 지난 50년간 마을에서의 삶은 하찮게 여겨졌습니다. 이제 바뀌어야 합니다. 농부는 식량을 생산하고 자연을 돌봅니다. 그들이 포기하면 도시는 굶주리게 되죠. 우리는 사람들이 농촌에 머물도록 돕고, 도시와 농촌이 경제적으로 직접 이어지도록 해, 그 둘을 다시 연결하는 프로젝트를 시작했습니다. 도시와 마을 사이에 다리를 놓으면 모든 사람들의 인식이 바뀌니까요.

　우리는 앙카라에서 65킬로미터 떨어진 전통마을 히사르쾨이His-arköy 인근에 땅을 발견했습니다. 그리고 협동조합을 만들어 그곳에 '귀이네스쾨이 선빌리지Güneşköy Sunvillage'라는 이름을 붙였죠. 이곳 땅은 정부 소유였지만 주민들도 동물을 방목하는 용도로 사용할 수 있었습니다. 우리는 주민들의 동의를 얻기 위해 여러 번 모임을 가졌어요. 터키의 마을 생활은 매우 전통적이에요. 앙카라에서 단지 한 시간가량 떨어진 곳이었지만 마을 사람들은 우리를 마치 외국인처럼 대했어요.

우리는 이 야생의 땅에서 2년간 준비했습니다. 대학생, 일반인 그리고 그 아이들까지 우리를 도왔죠. 하지만 얼마 지나지 않아, 우리는 주민들과 함께 쓰던 마을 우물이 망가진 걸 발견했습니다. 지역 주민들이 그런 것이 확실했죠. 우리는 그들이 이방인을 달가워하지 않고 우리가 자신들의 물을 함부로 사용한다는 생각에서 그렇게 행동했다고 이해했습니다.

터키에서 물은 매우 중대한 문제이며, 어떤 지역에서든 주민들 사이에서 조심스럽게 공유되어 온 존재입니다. 새로운 이주자가 온다는 말은 기존의 주민들에게 이 귀한 자원이 줄어든다는 걸 의미이기도 하죠. 그래서 우리는 다투지 않고 이웃의 땅 한편에 새로운 우물을 파서 문제를 해결했습니다.

유기농업의 연대

우리는 지역 농부들에게 유기농업을 도입하도록 설득하고 다녔어요. 화학 약품 사용에 반대하며 마을 카페에서 사람들과 정보 공유를 위한 회의도 진행했습니다. 그들은 경청했지만 섣불리 시도하진 않았죠. 2005년에 유기농업을 시작했을 때 우리는 많은 양의 브로콜리를 생산했습니다. 그리고 지역 시장에 생산한 브로콜리를 내다 팔려고 했지만 시장 가격이 너무 낮았어요. 결국 우리는 브로콜리를 주변 사람들에게 선물로 나누어 주었죠. 농사로 생계를 유지하는 지역 농부들을 생각하면 결코 좋은 사례가 아니었습니다.

2006년 우리는 앙카라에서 생산자와 소비자를 직접 연결하는 공동체 지원 농업(Community Supported Agriculture, CSA)을 시작했고, 첫해에만 90명 이상이 참여했습니다. 우리는 마을에서 농부를 고용하기 위해 기금을 모았고, 그에게 상자 텃밭(Raised beds)과 점적 관개(Drip irrigation, 저압의 관개수를 배출구를 통하여 낮은 강도로 작물의 뿌리 근처에 연속적으로 관개하는 방법으로 관개 효율이 가장 높다 – 옮긴이) 등의 새로운 기술을 소개했죠. 그때 마을 주민들은 많은 물을 사용해 밭을 가득 채우는 전통적인 관개 방식의 농사를 짓고 있었습니다.

우리는 앙카라 전역으로 밴을 타고 다니며 채소를 분배했죠. 사람들의 관심이 높아졌고 우리도 뿌듯했습니다. 이때의 경제적인 성공은 마을 주민들이 유기농업을 시도하는 큰 계기가 되었어요. 그들의 마음이 변하기 시작했죠. 오늘날 마을의 많은 가족들이 생산물을 앙카라의 유기농 시장에 가져오고, 도시 사람들은 이를 공정한 가격에 구매하고 있습니다. 덕분에 모두 행복합니다.

여성의 자존감 높이기

우리는 인근 마을의 두 여성에게 함께 일하자고 제안했어요. 50살의 파트마Fatma와 35살의 세다Seda는 그렇게 일을 시작한 첫 번째 여성들입니다. 마을 남성들은 이를 비난했지만 여성들은 귀를 기울이지 않았죠. 터키의 전통적인 마을에서 여성은 농사를 짓고 아이를 키우고 동물을 돌보며 음식을 준비하고 보관하는 등 매우 많은 일을 합니다. 반면

귀이네스코이

친절함과 너그러움 그리고 마을 사람과 도시 사람 사이의 신뢰가 우리의 핵심입니다.

대부분의 남성이 하루 종일 카페에 앉아 있어요. 젊은 여성들이 더 이상 시골 남성과 결혼하고 싶어 하지 않는 이유입니다.

세다는 남편을 여의었고, 파트마의 남편은 그녀의 결정을 지지했습니다. 돈을 버는 일은 그들에게 혁명 같았죠. 세대를 거쳐 자신들이 해왔던 일로 인정받게 되었으니까요. 그들에게 자유는 일에 대한 대가에서 시작되었습니다. 이제 그들은 함께 시장에 가고 직접 생산물을 팔아 돈을 버는 새로운 삶을 살고 있습니다. 단지 돈의 문제를 넘어 마을 여성들이 도시 사람들과 접촉한다는 사실부터가 새로운 일이었죠. 그들은 이제 자존감을 찾았고, 고객과 신뢰를 쌓는 일이 얼마나 중요한지도 압니다.

파트마 "도시 여성들은 때때로 제가 실제 나이보다 늙어 보이는지 저에게 자신을 더 보살피라고 말해요. 그러면 전 그들에게 되묻죠. 당신이 원하는 게 무엇인가요? 나는 자신을 어떻게 써야 하는지 충분히 알아요. 나는 장롱에 걸려 있기 위해 만들어진 드레스가 아니니까요."

세다 "우리는 도시 사람을 먹입니다. 그들은 우리의 가치를 알아야 해요. 이곳에 와보면 우리가 그들을 위해 무엇을 하는지 알 수 있을 거예요."

파트마 "우리는 유기농 시장에서 절대 속임수를 쓰지 않아요. 고객이 그것을 알면 다시는 사지 않을 테니까요."

우리가 방문할 때마다 그들은 직접 만든 빵과 치즈, 신선한 허브를 내오고 바구니 가득 제철 음식과 씨앗을 손에 들려 줍니다.

배우고 체험하기

마을에서 우리는 진흙 벽돌로 첫 건물을 지었습니다. 이웃 사람들에게 흙을 사용하는 지역의 전통적인 건축법을 배웠죠. 다음으로 우리는 스트로베일 하우스를 지었어요. 주말이면 50~60명의 자원 활동가들과 함께 많은 배움의 경험을 가졌습니다.

처음에는 집을 짓는 데 한 달 정도면 될 거라고 생각했지만, 문제점을 발견하고 해결하는 과정을 반복하면서 결국 여섯 달이 걸렸답니다. 또 우리는 농무부와 협력하여 커다란 온실도 지었어요. 그곳에서 태양에너지를 사용하여 이른 봄부터 늦은 가을까지 식물이 자랄 수 있게 성장 기간을 연장할 수 있었죠.

여러 사람들이 우리를 방문해 배워 갔고, 그들은 또 다른 지역에서 생태마을 프로젝트를 주도하고 있습니다. 그렇게 마침내 터키에서도 유기농업이 확산되었죠. 이스탄불에 8개, 앙카라에 2개의 유기농 시장이 생겼습니다.

우리는 대학에서 3회에 걸쳐 생태마을 디자인 교육(EDE) 과정을 제공했고, 과정을 마친 몇몇 참가자가 지속가능성과 관련된 분야에서 일을 하게 되었죠. 그 가운데 한 모임은 '지속가능한 삶 영화제'를 시작해 7년간 영화, 토론 그리고 다른 활동을 묶어 3일간의 축제를 열었습니다. 그러다 2015년에는 지속가능한 삶이라는 텔레비전 채널도 시작했지요.

희망의 에너지

슬프게도 곧 귀이네스코이 선빌리지는 사라집니다. 앙카라와 터키 북동부를 연결하는 고속 열차가 이 땅을 가로지를 예정이랍니다. 법적인 측면에서 보면 우리가 할 수 있는 일은 아무것도 없습니다. 약간의 보상금은 받겠지만 그동안 우리가 해 온 모든 일, 마을 주민들과 쌓아 온 사랑과 신뢰는 무엇으로도 보상이 안 되겠지요. 우리 이웃의 노부부도 같은 일을 겪을 것이고, 그들은 일생을 바쳐 일군 모든 걸 잃을 겁니다.

그래도 우리는 희망을 잃지 않았습니다. 이제는 지속가능한 삶을 위해 활동하는 사람들을 전국 각지에서 만나려고 합니다. 앙카라는 아름답고 활발한 모임으로 가득하고, 이스탄불 역시 그렇습니다. 함께 모이고 함께 토론하는 '지역 의회'도 성장했답니다. 이렇게 여러 곳에서 많은 일이 일어나는 것처럼, 우리는 계속해서 긍정의 사례를 만들려고 합니다.

잉치는 대학교에서 지속가능한 삶과 녹색 화학에 관한 과목을 개설했습니다. 우리 이웃들과 학생들 가운데 몇몇 사람은 지방 정부에 속한 두 곳의 땅을 점거해서, 그 앞에 도시 농장을 시작했죠. 지방 정부 당국조차 울타리를 만들고 물을 공급하는 걸 도와주었습니다!

사람들은 묻습니다. "지역에서 앙카라에 식재료를 공급하는 게 가능한가요?" 이에 앙카라의 야당 대표 중 한 사람은 대도시의 식량 안보를 위해서는 도시 주변을 마을들이 크게 둘러싸야 한다고 주장합니다. 그는 앙카라 중심부에 거대한 시장을 만드는 도농 계획을 추진했죠. 이 계획으로 종자와 유기농업에 대한 정보를 교환할 수 있는 시장이 생기면서 앙카라에 시골마을의 삶이 들어왔습니다.

우리의 다음 프로젝트는 무엇일까요? 우리는 토종 씨앗을 관리하기 위한 새로운 거점을 고려하는 중이에요. 우리 목표는 기업이 아닌 마을 사람들이 사용하고 운영하는 연구소를 세우는 겁니다. 우린 이 프로젝트가 젊은 세대와 여성 그리고 우리 모두에게 희망과 에너지를 가져올 거라고 믿습니다.

공동체를 위한 제안들

솔루션 라이브러리Solution Library에서 찾아보세요.
- 공동체 지원 농업CSA Farming - 농산물 생산자와 소비자를 직접 연결해 주는 시스템.

귀이네스코이

힐링 비오톱 만들기

타메라Tamera
포르투갈

타메라의 '힐링 비오톱Healing Biotope'은 150명이 핵심적인 구성원으로 활동하는 공동체입니다. 이곳은 태양에너지마을(Solar village), 저류지 조경 설계(water retention landscape), 평화 교육 센터(educational peace centre), 사랑 학교(love school), 정치 아쉬람(Political ashram)을 비롯해 많은 단위의 모임으로 구성되어 있습니다.

이곳의 목표는 평화 문화의 전일적(holistic)인 모델을 만드는 것입니다. 타메라는 1978년 독일에 세워진 제그ZEGG 공동체에서 파생한 곳으로, 1995년 디터 둠Dieter Duhm과 사비나 리히텐펠스Sabine Lichtenfels에 의해 설립되었습니다. 두 설립자의 딸인 베라 클라인하메스는 마을 운영 팀으로 활동 중입니다.

베라 클라인하메스Vera Kleinhammes.

베라 클라인하메스

타메라는 연민에서 시작되었어요. 저의 부모님은 베트남 전쟁 반대를 비롯한 대중적인 평화운동에 참여해 왔습니다. 두 분은 전쟁을 '인류 내면의 풍경 속 고통이 외부로 표출된 것'이라고 결론 내렸죠. 그래서 지속가능한 평화적 문화를 만들기 위해서는 생태적·기술적 구조뿐만 아니라 내적 치유 과정 또한 필요하다고 보았어요.

타메라 공동체의 발전은 폭력에 대한 전략적인 대응이었습니다. 설립자로서 두 분은 인간과 모든 존재가 서로 신뢰하고 협력하는, 공존을 위한 공간을 창조하고 싶어 했어요.

공동체에서의 성장

어린 시절 저는 건전하고 안전한 세상에서 성장했어요. 주변 어른들은 제 모든 질문을 존중하며 친절히 대답해 주었죠. 저를 포함해 아이들은 공동체 생활의 중심에 있었습니다. 우리는 마을의 모든 일을 가까이 보며 도울 수 있었고 모든 사람들과 관계를 맺었으며, 숲과 정원에

타메라

서 나무와 친구가 되었어요. 부모님 외에 주변의 어른들 중에 멘토나 보호자 역할을 해 줄 사람을 선택할 수도 있었죠. 매일 밤이면 마을 어른들이 도서관에 모여 오늘날의 세상에 대해 깊은 대화를 나누는 동안, 우리들은 옆에서 더없이 행복한 기분으로 잠이 들곤 했습니다.

세상에 전쟁이 존재한다는 사실을 의식했을 때 저는 고작 4살이었어요. 지금도 여전히 이해할 수 없는 부분이 있지만, 그때 저는 전쟁이 왜 일어나는지 이해할 수 없었죠. 어린 시절의 천국에서 어른들의 미친 세상 속으로 내던져진 기분이었어요. 필사적으로 답을 찾았고, 어머니에게 우리가 개입된 모든 사람들에게 전쟁을 멈춰 달라고 하면 그들이 전쟁을 멈출 거라고 말했습니다.

하지만 곧바로 그러기에는 너무나 많은 사람이 연관되어 있음을 깨달았어요. 그래서 대신 우리가 신에게 기도하면 그분은 사람들에게 전쟁을 멈추라고 동시에 말할 수 있지 않을까 하는 생각도 했답니다. 어른이 된 지금도 저는 아들과 비슷한 대화를 나눠요. 아이들의 논리는 문제 해결을 위한 영감의 중요한 원천이기도 해요.

세상은 보이지 않는 힘의 영향을 받습니다. 예를 들면 저는 그것이 우리가 공동으로 창조하는 형태형성장(morphogenetic field, 생물학자 루퍼트 셸드레이크Rupert Sheldrake의 이론으로 생물 개체들은 보이지 않게 연결되어 있고 감정, 생각, 의식을 비롯해 마음의 에너지 또한 연결되어 있어서 서로 비슷한 방식으로 생각하고 행동하게 된다고 본다–옮긴이)과 같다고 믿어요. 이러한 힘은 인류의 전면적인 치유를 위한 엄청난 잠재력을 가집니다. 저의 아버지가 초기에 구상한 정치 이론도 이러한 믿음 위에 세워졌고, 어떻게 작은 공동체들이 정말 위대한 변화를 일으킬 수 있는지를 증명해 주죠.

14살이 되었을 때, 저는 타메라에 가기로 결정했습니다. 부모님은 제가 학교를 다니기 시작할 무렵, 이미 독일의 제그 공동체에서 타메라로 이주한 상태였어요. 그때까지 저는 그저 공동체에서 태어났기 때문에 그곳에 살고 있었죠. 하지만 그 무렵부터는 부모님과 많은 사람들이 깨닫기 위해 노력한 것들에 관심이 가기 시작했어요. 이것이 제가 가야 할 길이라는 걸 깨달았던 겁니다.

연민을 희망으로

"고통받는 세계에서 행복의 섬이란 존재할 수 없다." 독일 가수 콘스탄틴 베커Konstantin Wecker의 말입니다. 우리가 개인적인 차원의 해결책만이 아니라 위기 지역의 사람들을 위한 해결책을 찾는 이유이기도 하죠. 우리는 전 세계 전문가들의 지혜를 모아 그 통찰을 평화 문화의 전일적인 모델로 통합하려고 합니다.

타메라의 저류지 조경 설계와 퍼머컬처는 사막화로 위기에 처한 지역의 조경을 회복시키고, 지속가능한 먹거리를 생산할 수 있는 해결 방법을 제시하죠. 태양에너지마을 실험장은 현대적인 상하수도와 전기 시설 없이 자급자족하는 곳으로, 쉐플러 거울(Scheffler mirror, 개발자의 이름을 딴 큰 접시 모양의 설비로, 거울 반사판을 이용하여 태양열을 한 곳에 모아 음식을 조리하거나 물을 끓이는 친환경 조리 기구 – 옮긴이)과 바이오가스 설비, 태양열 에너지 수집기를 사용해 일상생활에 필요한 전력을 충당합니다.

희망의 학교(Escola de Esperanza)는 현재 설립 인가 절차를 밟고 있는 국제학교로 지역의 어린이들에게도 똑같이 교육의 기회를 제공할 예

타메라의 저류지 조경 설계는 사막화로 위험에 처했던 토양을 비옥한 퍼머컬처 토양으로 변화시켰습니다.

정이에요. 타메라의 중앙에 위치한 '스톤 서클Stone Circle'과 순례 길은 지구와 교감할 수 있는 신성한 장소이기도 합니다. 평화 교육의 장인 글로벌 캠퍼스와 테라 노바 학교는 전 세계의 다양한 평화 연구 프로젝트와 연결되어 있어요. 또한 젠GEN의 일원이 되고 협력 관계를 맺는 일은 생태마을이라는 같은 영역에서, 다른 공동체와 서로를 인정하고 지지하고 싶어 하는 우리에게 큰 힘과 영감을 줍니다.

타메라는 포르투갈 남부 지역에도 생기를 불어넣었어요. 농촌 이탈과 사막화로 큰 타격을 입은 이 지역에서 우리의 노력은 마을과 지역사회를 되살리는 데 중요한 역할을 하고 있죠. 저는 '자립적으로 선순환하는 생태마을'이라는 타메라의 비전을 사랑합니다. 청년들은 합리적인 교육과 직업을 찾을 수 있고, 주민들은 깨끗한 물과 좋은 음식 그리고 활기찬 이웃을 가질 수 있으니까요. 이렇게 이곳에선 모두 함께 기뻐할 수 있습니다.

공동체의 내면과 외면을 꾸려가기

우리에게 가장 중요한 건 공동체 안에서 깊은 신뢰를 쌓는 거예요. 타메라의 '힐링 비오톱'은 그 모범 사례죠. 이는 모든 존재가 주변 다른 존재와 상호 작용하며 각자의 자리를 찾고, 그것을 통해 자기 치유 능력을 키우는 시스템입니다. 타메라는 자치 활동 그룹, 정치 아쉬람 그룹, 학교 그룹, 방문객과 교육 활동을 위한 그룹 등 다양한 소그룹으로 이루어져 있어요. 일주일에도 여러 그룹별 모임과 전체 모임이 있어 함께 공부하고 깊이 대화하는 시간을 갖죠. 우리는 진실, 상호 협력, 책임 있는 참여라는 3가지 기본적인 마을 규약을 지키려 노력합니다.

서로가 끈끈하게 연결되어 규약을 따라 살아가며, 서로가 진심으로 다시 연결되는 공간에서 진실한 공존을 만들기 위해서는 일상의 실천이 필요하죠. 사실 분노라는 감정은 근본적으로 사악하거나 파괴적인 감정이 아니에요. 억압이나 판단과 함께 작용할 때 위험해지는 거죠. 신뢰할 수 있는 모임 안에서 마음껏 표현할 수 있다는 건 엄청난 치유의 가능성을 가집니다. 깨어 있는 의식이 있는 곳에서 전쟁은 오래갈 수 없어요.

폭력은 마치 물과 같습니다. 흐르는 물을 흐르지 못하게 막는다면 처음엔 멈추겠지만 어느 순간에 도달했을 때 결국 터져버리고 말죠. 문

포럼은 대규모 모임이 투명성과 신뢰를 쌓으며 의사소통을 하기 위한 방법입니다.

제는 물이 난폭해서가 아니라 물을 다루는 방식에 있습니다. 마찬가지로 인간의 마음도 오랜 세월 동안 버려지고 무시된다면, 거짓으로 가득차게 되고 사악해질 거예요. 자신의 모습을 감추는 가면을 쓰지 않고 있는 그대로의 모습으로 사랑받았던 경험을 가진 사람들은 스스로에 대해 전혀 다른 측면을 발견할 수 있습니다.

사랑 학교

타메라의 평화 교육은 파트너십, 사랑, 성 등 대인 관계 영역에서 발생하는 문제를 포함합니다. 남성과 여성 사이의 화해는 아주 오래된 근원적인 욕구죠. 인생에서 행복은 대부분 사랑을 보는 관점에 달려 있어요. 많은 사람이 마음 깊은 곳에서 자신이 사랑받지 못한다고 느끼죠. 그 두려움으로 상대에게 집착하다 보면 두 사람의 사랑도 손가락 사이로 사라지는 모래와 같은 상태에 이르게 됩니다. 결국 다수의 커플은 이별합니다. 그들이 원하던 바와 정반대로 말이죠!

타메라에서 말하는 '프리 러브Free love'란 사랑에 책임을 지는 거예요. 상처를 받아 고통스러운 때조차 사랑하는 사람과 사랑하는 마음에 충실하려 노력하는 방법을 개발해 나가는 것이 우리의 목표입니다. 모든 사람이 스스로의 모습을 받아들이고 사랑하게 되면, 자신을 다른 모습으로 감추고 속이는 걸 멈출 수 있습니다. 그렇게 될 때 비로소 남성과 여성은 다시 서로를 신뢰할 수 있어요.

아직도 세계 많은 나라에서 성적으로 학대받거나 처벌받고, 배척당하는 여성들이 있습니다. 깊은 차원의 진정한 평화운동은 여성들이 두려움 없이 자신을 표현하도록 해야 합니다. 노년의 성 또한 치유와 교육이 필요한 주제죠. 타메라의 사랑 학교는 이런 문제를 비롯한 다양한 질문들을 들여다봅니다. 상대방에게 신뢰를 줄 수 있다면 성적 취향이나 성생활은 자유로울 것입니다. 또 서로 진실을 표현할 만큼 충분히 안전하다면 사랑은 인내할 수 있습니다.

부모 학교는 사랑 학교 과정의 일부로 만들어졌고, 부모로서의 삶을 살아가려는 사람에게 맞춤형 교육을 합니다. 임신, 출산, 육아에 관련된 실질적인 질문들을 함께 고민하고 수정, 임신, 출산에 이르는 과정을 의식적이고 준비된 상태로 맞이하도록 교육하죠. 타메라에는 2명의 조산사가 있는데, 이들은 포르투갈 전역에서 활동하며 산모들이 가정 출산을 할 수 있도록 돕습니다.

실수와 어려움을 넘어서기

운영 구조 역시 타메라가 도전해야 할 문제입니다. 진정한 민주주의는 신뢰와 성숙된 의식을 바탕으로 하며 이는 곧 참여적 기량, 팀을 이끄는 통솔력, 전체를 보는 능력 등 리더로서의 자질을 갖춘 사람을 필요로 하죠. 리더는 다른 사람의 피드백을 들을 준비가 되어 있어야 하고, 오래된 관습이 의미 없이 반복되지 않도록 과감하게 새로운 것을 받아들이는 용기를 낼 수 있어야 합니다.

우리는 리더십에 대해 다음과 같은 여러 가지 질문을 깊이 고민하죠. 지도자 역할을 배제한 리더십이란 무엇인가. 구성원들이 공동체를 번영시키기 위해 열정과 책임감 있는 진정한 실력을 가지도록 어떻게 도울 것인가(책임을 떠넘기는 경향은 운영 팀에 막중한 부담으로 이어집니다). 어떻게 하면 새로운 세대만의 자질과 강점을 강화시키면서도 기존의 깊이를 상실하지 않고 운영 팀을 세대교체할 수 있는가?

제 생각에, 타메라가 직면한 가장 큰 어려움은 할 일이 넘쳐나는 가운데서도 어떻게 하면 일중독자가 되지 않고 평화적 일꾼 역할을 하느냐 입니다. 이는 개인의 문제이면서 공동체와도 관련이 있습니다. 어떻게 하면 삶을 만끽하고 향유할 충분한 시간을 가지면서도 해야 할 일들을 잘 해낼 수 있을까요?

설립자들은 처음에 3년 정도 사회적 실험 기간이 지나면 함께 사는 새로운 방식을 위한 기반을 이루고, 그 이후엔 대외적 평화 활동에 전념할 수 있을 거라고 생각했습니다. 하지만 계속해서 새로운 국면과 다른 방식으로 문제가 드러났죠. 치유, 신뢰, 연대의 경험에도 불구하고 세상의 광기가 우리보다 더 큰 힘을 가지고 있다는 사실은 때로 받아들이기 힘든 부분입니다.

　사실 더 큰 어려움은 타메라의 주택 및 설비 개발과 관련된 문제입니다. 몇 년 전 포르투갈 정부는 자연 보존 정책 규정에 의거, 타메라의 땅이 이미 그 허용치를 넘었다며 개발 금지 명령을 내렸어요. 저희는 타메라 내에 더 이상 건물을 지을 수 없게 되었죠. 이 말은 많은 사람들이 이동식 주택인 카라반에서 살아야 한다는 뜻으로, 우리가 생각하는 생태공동체의 이상과는 거리가 있었어요.

　우리는 자연을 해치는 것이 아니라 가꾸고 보존하는 방식으로도 마을을 만들 수 있음을 보여 주고 싶습니다. 이미 타메라의 프로젝트로 거칠던 땅이 비옥해지고 숲이 우거졌으며 다양한 생물이 숲에 살기 시작했어요. 결국 관계 당국의 협조로 타메라는 생태마을을 위한 15년 장기 계획을 세워 적절한 법적 절차를 밟고 있습니다. 이는 다른 생태마을을 위한 모범 사례가 될 것입니다.

　지난 시간을 돌아보면 이제는 다 지나갔다고 믿고 싶은 너무나 고통스러운 경험도 있었어요. 타메라가 이단 종파이고, 설립자 디터 둠이 그 지도자라며 교회와 언론에서 비난하고 공격한 적이 있습니다. 그들의 계속된 주장과 달리 현실에서 그런 일은 결코 일어나지 않았어요. 당시의 오해로 타메라는 매우 큰 타격을 받았죠. 하지만 이 또한 모든 새로운 공동체들이 겪을 수 있는 마찰이라 여기고, 소중한 경험으로 생각하려 합니다.

　저는 우리가 해 나가고 있는 다양한 활동들이 즐거울 뿐만 아니라 타메라가 추구하는 다양성, 깊은 인류애, 연대감을 자랑스럽게 생각해요. 모든 변화는 세상을 향한 우리의 보살핌과 삶에 대한 애정으로부터 일어납니다.

tamera.org

공동체를 위한 제안들

....

솔루션 라이브러리Solution Library에서 찾아보세요.

- 포럼Forum – 그룹 내의 신뢰와 투명성을 향상시킬 수 있는 자리.
- 저류지 조경 설계Water Retention Landscape – 자연 재료와 주변 지형을 활용해 사막화를 방지하기 위한 빗물 저장 시스템.
- 부모 학교Parents' School – 어린이들의 행복을 위한 기반을 마련하기.

힐링 비오톱 만들기

주류에 대한 대안

지벤 린덴 Sieben Linden
독일

지벤 린덴 생태마을은 구 동유럽에 속했던 작센 안할트 Sachsen An-halt 주 지역에서 140여 명의 사람들이 참여해 만든 공동체 프로젝트입니다. 지벤 린덴은 1997년부터 사회, 문화, 경제, 생태 차원에서 지속가능한 삶의 방식을 실현해 왔습니다. 디터 할바흐는 설립자 가운데 1명입니다.

디터 할바흐

저는 홀어머니 밑에서 자랐습니다. 1950년대 초 서베를린은 자연을 전혀 느낄 수 없는 고층 건물만이 가득한 곳이었어요. 만약 초인종이 울리면 그 자체가 크게 놀랄 만한 일이었죠. 공동체를 향한 제 열망은 이런 고립에서 비롯되어 점차 커졌습니다. 그리고 반핵운동이 한창이던

지벤 린덴 주민들은 다양한 공동체를 이루고 있습니다.

무렵, 저는 반핵 활동가들이 거주할 수 있도록 '리퍼블릭 프라이에스 벤트란트Republik Freies Wendtland' 캠프를 세우는 일에 참여했죠. 그때부터 공권력의 침해에서 자유로운 공동체를 만들고 싶다는 생각을 하게 된 것 같습니다.

저는 이탈리아의 외진 곳에 위치한 작고 아름다운 공동체에서 10년 동안 지내며 공동체의 어두운 면도 많이 겪었습니다. 아내와 헤어지고 첫째 딸도 떠나보내야 했던 고통스러운 경험이었죠. 하지만 이런 경험을 통해, 아이들이 부모의 영향에서 벗어나 안전한 안식처를 발견할 수 있는, 더 큰 공동체를 만들고 싶은 저의 바람은 더욱 분명해졌습니다.

그 이후 두 번째 부인과도 헤어졌지만 저는 지금 행복합니다. 왜냐하면 둘째 딸은 보호받을 수 있는 생태마을에서 잘 자라고 있고, 아이 엄마와 저의 관계도 시간이 지나면서 회복되고 있기 때문입니다.

주류에 대한 대안

디터 할바흐Diter Halbach.

축제로 시작하기

지벤 린덴 생태마을은 1990년부터 1997년까지 7년에 걸쳐 설립되었어요. 이 기간 동안 우리 프로젝트를 뒷받침해 준 3가지 배경이 있습니다. 첫 번째는 독일어권 내에는 공동체 프로젝트를 진행하는 그룹들의 네트워크가 이미 형성되어 있었다는 점이에요. 우리는 서로 경험을 공유하고 있죠. 두 번째는 1992년 브라질 리오에서 개최된 유엔 회의에서 사회적·생태적 지속가능성을 인류의 목표로 설정한 점이고요. 세 번째는 구동독의 사회적 분위기입니다. 사회주의는 1989년 베를린 장벽과 함께 무너졌지만 공동체에 대한 열망은 사라지지 않았거든요.

우리는 1990년 1,000명이 참여하는 공동체 축제를 조직했어요. 진정한 공동체를 만드는 데 관심 있는 동독 사람들이 서독의 여러 공동체들을 답사했죠. 지벤 린덴 생태마을의 건설 계획도 그때 처음 공개되었습니다. 건설 초창기에 우리는 300여 명의 주민으로 구성된 100퍼센트 자급자족 생태마을을 꿈꾸었죠.

그러나 시간이 지나면서 목표를 공동체 내부만이 아닌 지역과 함께하는 자급자족, 글로벌 네트워킹, 인간의 내면 작업과 영성 등을 포함

지벤 린덴

하는 것으로 유연하게 수정했습니다. 처음부터 저는 인간이라는 주제가 공동체의 핵심이 되어야 한다고 확신했어요. 자기 성찰과 투명한 소통은 공동체를 위한 특효약입니다. 모임이 유지되기 위해서는 사람이 중심이 되는 신뢰 관계가 중요하니까요.

우리는 협동조합을 설립하고 땅을 알아보았습니다. 우리를 받아 주고 함께 건축 계획을 세울 기존 마을을 찾아다닌 거죠. 이런 계획은 유럽에서도 전례가 없던 일이었어요. 1993년까지 마을과 땅을 찾아다니다 그로스 취덴Gross Chueden 마을에 자리 잡을 수 있었습니다. 그곳에 학교, 작업장, 세미나실 그리고 작은 공동체를 포함하는 첫 번째 프로젝트 센터를 세우기 시작했죠. 센터 설립 과정은 도전 그 자체였고 많은 에너지가 들어가는 작업이었습니다. 아이들과 어른들 모두 많은 노력을 들였지만 3년이 지나면서 사람들은 지쳤습니다. 생태마을이라는 큰 이상에 열정을 잃어 갔던 거죠.

불확실한 시점에 우리가 꿈을 실현할 수 있도록 기적이 일어났습니다. 정부 기관인 독일 환경 재단에서 '타트오르트TATorte(Action Hubs)' 대회를 연 것입니다. 공식 기록에 따르면 그때는 콜 수상이 동독의 황무지를 개척하기 위해 약속한 '지역 활성화' 계획은 실행되기는커녕 구체화되지도 않은 상태였습니다. 타트오르트 대회는 지역의 번성과 발전을 지원하기 위해 만들어진 정책이었죠. 매년 생태, 경제, 문화 차원에서 모범이 되는 실천과 해결책을 보여 주는 5개 프로젝트를 선정하는데, 그중 하나가 우리 마을이 된 것입니다.

두 번째 마을 만들기

1996년 상을 수상하자 지벤 린덴에 관한 영화, 전시회, 책이 뒤따라 나왔습니다. 대중 언론의 유명세를 타면서 우리는 활기를 되찾았고, 프로젝트를 계속할 힘도 얻을 수 있었죠. 지역 관공서에서도 한 달간 전시회를 열어 지벤 린덴을 알렸고, 다른 지역의 시장들도 방문해 우리를 응원했습니다. 우리는 희망을 품고 더 이상 포기하지 않았죠. 지역 행정 담당자는 꿈을 실현하기 위해 계속 나아가는 것이 중요하다며 설득력 있는 연설을 해 주었습니다.

바늘귀를 통과하듯 어려운 시간을 보내고 다시 새롭게 시작하게 되었습니다. 우리는 1997년 파파우Pappau 지역에서 마을과 가까운 곳에 위치한 황폐한 농장을 발견했습니다. 파파우 주민들은 관공서에 우리가 이곳에 두 번째 지벤 린덴 마을을 세울 수 있도록 허가해 달라며 계획 승인을 요청했답니다.

저는 위험을 무릅쓰고 300명의 낯선 이웃을 받아 준 파파우 주민들에게 진심으로 감사하며 존경을 표합니다. 파파우 주민들과 지벤 린덴 사람들 간의 관계는 처음부터 흥미로웠습니다. 두 집단이 서로 밀접한 관계를 유지하면서도, 독립적인 존재로서 서로 간섭하지 않고 각자의 삶의 방식을 유지하며 조화롭게 살 수 있도록 하는 일이 매우 중요했지요.

우리는 다 허물어져 가는 농장을 구입해 공동체 프로젝트를 밀고 나가는 모험을 감행했습니다. 그때 개발 계획이 허가되지 않았다면 생태마을을 건설할 수 없었을 겁니다. 우리의 건축 계획은 일반적인 방법과 매우 달랐어요. 보통의 추세가 시골 지역에 좀 더 큰 중심가를 건설하는 것이라면, 우리는 지벤 린덴이 생태계를 되살리고 지역으로 사람들을 끌어들이는 모델이라는 근거를 제시해야 했죠.

잘 갖춰진 인프라, 에너지 공급, 물 순환 등 모든 것이 고려되어야 했습니다. 다행히도 우리의 좋은 지지자인 하이드룬 하이데케Heidrun Heidecke 환경부 장관 덕분에 주 정부가 적극적으로 지원해 주었지만, 아직 해당 관할 부서의 승인이 필요한 시점이었어요.

비난에 대처하는 법

이런 민감한 상황에 한 지역 신문이 우리를 종교 집단의 분파로 몰며 비난했고, 어떤 목사는 우리가 아이들을 학대한다고 주장했습니다. 이런 종류의 비난을 받아 본 분이라면, 그런 뜬소문을 반박하고 상황을 개선하는 일이 얼마나 어려운지 짐작하실 겁니다. 근거 없는 비난은 어떤 공동체에나 사형 선고만큼 큰 사건입니다.

우리는 공동체 네트워크인 '컴 투게더 네트워크Come Together Network'를 통해 우리와 비슷하게 사실무근의 비난에 시달리던 제그 공동체와 협력했습니다. 녹색당 리더인 요헨 취헤Jochen Tschiche 목사와 연결된 덕분에 교회 지도자들을 만났고, 우리는 지벤 린덴과 제그를 향한 모든 비난을 공식적으로 철회하도록 그들을 설득했습니다.

어느 날 저는 복음 교회의 대표를 태우고 마을 모임에 참석하러 갔습니다. 그는 모임에서 지벤 린덴이 결백하다는 선언을 하기로 약속한 상태였죠. 그런데 차 안에서 갑자기 결백 선언을 해 주는 대신 컴 투게더 네트워크에서 제그를 제명해 달라고 말을 바꿨습니다.

지벤 린덴이 공식적으로 인정받기까지의 긴 여정에는 그만한 가치가 있었습니다.

저는 그에게 제그에 관한 어떤 증거를 가지고 있는지 물었고, 그는 없다고 답했습니다. 그래서 저는 그의 요구에 따라 행동하는 건 '내 이웃을 사랑하라'는 그리스도의 가치에 부합하지 않으며, 보트가 해안에 더 쉽게 다다를 수 있다고 아무 잘못이 없는 형제자매를 보트 밖으로 내던질 수는 없는 일이라고 대답했습니다. 저의 노력에도 불구하고, 그 대표는 마을 모임에서 또다시 지벤 린덴을 비난했고 우리는 절망했습니다.

그런데 갑자기 파파우 마을에서 온 젊은 임산부가 일어나 그에게 곧바로 물었습니다. "그래서 당신 생각에 이 생태마을 주민들이 아이들에게 위협이 된다는 겁니까, 안 된다는 겁니까?" 그는 답했죠. "안 됩니다." 그리하여 새로운 국면을 맞았습니다. 우리는 파파우 주민들에게 돌

지벤 린덴

아오는 일요일 2시에 커피와 케이크를 함께 먹으며 배구 게임을 하자고 초대했죠.

오래 지속된 유대

파파우 주민들을 초대한 당일, 우리는 부푼 기대감을 안고 모든 준비를 마쳤습니다. 2시가 되었고 우리는 계속 기다렸죠. 지벤 린덴 생태마을과 파파우 마을은 기다란 곧은길로 이어져 있습니다. 마침내 약 100명의 사람들이 우리를 향해 걸어오는 것을 보았습니다. 할아버지, 할머니, 어린이, 모든 마을 주민이 함께 손을 잡고 걸어오고 있었죠. 지금도 그 순간을 떠올리면 전율이 느껴집니다.

파파우와 지벤 린덴 사람들은 그날을 함께 기념하고 있습니다. 파파우 사람들에게 "우리에 대해 뭐라고 비난하던가요?"라고 묻자, 그들은 "당신은 우리가 신문에 인쇄된 모든 걸 믿는다고 생각해요?"라고 답했습니다. 이것이 커다란 전환점이 되어 지금까지 두 마을 사이에는 상호 신뢰 관계가 이어지고 있습니다. 예를 들어 갈등이 발생하면 우리는 그것을 해결하기 위해 함께 모이죠.

한번은 지벤 린덴과 가까운 곳에서 누군가가 사냥꾼 차의 타이어를 그어 놓은 일이 있었습니다. 그때 파파우 주민들은 경찰을 부르기보다 먼저 우리에게 이것에 대해 아는 바가 있는지 물었고, 우리는 내부 구성원들에게 물어보겠다고 답했습니다. 이후 사냥꾼들과 동물보호운동가들이 회의를 열어 문제를 해결했지요. 매년 5월 1일, 우리는 파파우 마을에서 배구를 하거나 케이크를 먹으며 두 마을의 우정을 함께 축하

합니다. 제게 이것은 평화 축제입니다.

희망의 원칙

건축 계획을 실현하기 위해 우리는 주 정부까지 포함하는 대화를 시작했습니다. 그들은 결국 지벤 린덴 생태마을이 생태적·사회적 지속 가능성을 실험하는 시범 사업임을 승인해 주었죠. 1998년 아직 건축 계획은 승인받지 못했지만, 우리는 그 시작을 축하하고 기념하는 자리를 마련했습니다. 파파우 시장이 물었습니다. "여러분은 무엇을 축하하고 있습니까?" 저는 대답했죠. "우리는 희망의 원칙을 축하하고 있습니다!" 바로 이 행사 도중에 계획이 승인되었다는 연락이 왔고, 진짜 축제가 시작되었습니다.

우리는 많은 장애물을 극복했고 불확실성 그 자체를 받아들였습니다. 또한 파파우 주민들, 해당 관청, 주 정부, 타트오르트 대회의 지원을 받을 수 있었기에 성공할 수 있었지요. 이 마법과 같은 도움들 덕분에 우리는 하나의 공동체가 할 수 있는 일 이상의 것을 성취할 수 있었습니다.

현재 우리는 주류 사회에 조금 더 가까워졌습니다. 지벤 린덴은 널리 알려졌고 이제 더 많은 사람들이 찾아오고 있지요. 좌파에서 우파에 이르기까지 모든 정당의 정치인들이 각자의 질문을 가지고 찾아옵니다. 이를 테면, 보수 정당의 인구통계학 실무진은 왜 지벤 린덴이 지역에서 유일하게 성장하고 있는지 알아보기 위해 옵니다. 좀 더 좌파적인 정당에서는 평화적인 의사소통 방식에 관심을 가지고 찾아오죠.

　　　　　　　　　　　　　　　　　　　　　지벤 린덴

숲 유치원에서 노인 돌봄까지, 분산형 에너지 시스템과 하수 시스템에서부터 혁신적인 의사 결정 과정에 이르기까지 우리가 포괄하는 다양성과 복합성 등이 바로 우리 생태마을의 장점입니다. 우리는 모든 부문에서 현대사회가 관심을 기울이는 주제들과 연결되어 있으니까요. 지벤 린덴이 설립된 다음부터는 언론들도 우리에 관해 긍정적으로 기사를 씁니다.

당연히 어두운 측면도 존재합니다. 많은 생태마을이 구조적으로 취약한 지역에 자리 잡고 있는데, 우리 주변에도 번화한 문화 중심지가 없습니다. 또한 스스로 선택하고 행동한 결과를 온전히 감내해야 하죠. 이는 적합한 결정을 하기 위해서 많은 힘이 필요하다는 말입니다. 긍정적인 시각으로 봐도 전문성을 갖추는 일도 아직 먼 얘기입니다.

이런 측면들은 다른 공동체에서도 마찬가지입니다. 우리들 모두 어떻게 하면 구성원의 잠재력이 너무 소진되지 않을지, 어떻게 하면 그들이 개성, 혁신, 기업가 정신이 잘 발현될 수 있게 더 넓은 포용력을 가질 수 있을지 고민합니다.

공상가인 저에게 공동체의 프로세스는 많은 인내심을 필요로 합니다. 때로는 개인적인 감수성이 너무 많이 개입되죠. 이것이 제가 25년 후에 생태마을을 떠나기로 결심한 이유 중 하나예요. 하지만 떠난다는 말이 꼭 비극을 의미하진 않습니다. 세상을 선명하게 바라보기 위해선 우리의 관점을 주기적으로 점검해야 합니다.

생태마을을 만들고 건설한 일은 타당했고 지금도 타당합니다. 그 과정에서 저는 지원받을 수 있을 거라 예상치 못했던 분야와 기관의 사람들을 포함해 많은 동반자를 만났어요. 이들이 우리를 지지하는 의견을 밝히기 위해서는 큰 용기가 필요했을 겁니다. 위험을 감수해 준 것이죠. 우리가 생태마을을 만들며 걸어온 길에는 사회 모든 분야의 동반자들이 있었고, 그들이 차츰 늘어나고 있음을 잊지 마시길 바랍니다.

siebenlinden.org

공동체를 위한 제안들

솔루션 라이브러리Solution Library에서 찾아보세요.

- 스트로베일 건축Strawbale Building – 천연 벽돌과 단열재인 스트로베일을 조화시킨 건축 방법.
- 샐러드 사업Wild Salad Business – 생태계를 풍요롭게 하는 사회적기업.
- 생태화장실Compost Toilets – 숲을 살리기 위한 천연 비료를 생산하면서 수질 오염을 줄이는 방법.

아프리카

Africa

사막에서 일어난 기적

세켐Sekem

이집트

개인과 사회, 전 지구적 차원의 지속가능한 발전을 촉진하려는 비전에 이끌린 이브라힘 아볼리쉬 박사는 이집트의 뜨겁고 건조한 모래땅을 일구었습니다. 그는 이곳에서 경제적·과학적·문화적·사회적 삶에 대한 새로운 접근 방법을 탐구하는 새로운 공동체를 시작했습니다.

아볼리쉬 박사는 이 프로젝트 이름을 '세켐'이라고 붙였습니다. 고대 이집트 상형 문자에서 '생명력'을 뜻하는 단어입니다. 오늘날에는 2,000명에 가까운 사람들이 세켐 공동체 안에 참여하고 있습니다. 아볼리쉬 박사는 자신이 이뤄낸 성과로 '바른생활상'과 그라즈Graz 대학 명예박사 학위를 포함해 많은 상을 받았습니다.

이브라힘 아볼리쉬Ibrahim Abouleish 박사.

이브라힘 아볼리쉬 박사

제 안에는 깊은 차원의 비전이 있습니다. 모래사막의 한가운데 서서 우물로부터 물을 길어 내는 저 자신의 모습을 발견하는 거죠. 조심스럽게 나무, 허브, 꽃을 심고 아주 귀중한 물 한 방울 한 방울로 식물의 뿌리를 적십니다. 우물 안 시원한 물은 인간뿐만 아니라 동물들도 생기를 되찾아 다시 활발하게 살아나게 합니다. 나무는 그림자를 드리우고 땅은 초록으로 물들며 향기로운 꽃들이 만개하죠. 곤충, 새, 나비 들은 마치 코란Koran의 첫째 장을 살아 내려는 듯이 창조주인 신께 바치는 헌신을 보여 줍니다.

이 일은 1997년 시작되었어요. 전혀 가꿔지지 않은 채 공허하게 지평선을 향해 뻗은 사막은 부드러운 언덕을 이루고 있었습니다. 저는 이 땅이 삼각주처럼 평평하지 않다는 사실이 마음에 들었죠. 뜨거운 볕 아래 몇 걸음 걷자 저의 깊은 마음속에 비전 하나가 떠올랐습니다. 그곳에는 우물, 식물과 동물, 퇴비 더미, 많은 집이 있었고 함께 일하는 사람들도 보였어요.

물론 현실적으로 주변 환경을 일구고 이 버려진 땅을 텃밭으로 변

세켐

화시키는 일은 어렵고 불가능해 보였습니다. 우리는 엄청난 에너지를 소모해야 할지도 몰랐죠. 하지만 그 과정에서 수많은 일자리가 발생하고, 많은 사람이 지역을 되살리는 동시에 스스로 배울 수 있는 기회를 얻을 것이라는 생각이 들었어요.

깊은 차원의 비전

저는 카이로Cairo 북쪽에 위치한 사막 땅을 사들여 집중적으로 계획에 돌입했습니다. 처음부터 세켐은 지속가능한 발전의 모델이 되고자 기획했어요. 농사, 제품 생산과 서비스, 사업, 교육, 문화와 사회의 발달이 모두 전일적(holistic)인 접근을 통해 운영됩니다. 또한 우리는 생명역동농법(Bio-dynamic agriculture, 1928년 독일의 슈타이너에 의해 시작된 유기농법-옮긴이)을 적용해 건강한 토양과 자연 속의 생태다양성을 회복하고 보존함으로써, 사막을 풍족한 토지로 탈바꿈하는 일에도 힘쓰고 있습니다.

사막에서 물은 핵심적인 요소입니다. 처음부터 우리는 농장에 100~110미터 정도 깊이로 우물을 팠어요. 그리고 첫 물을 퍼 올리기 훨씬 전부터, 저는 관개망을 통해 물을 어떤 방식으로 흐르게 할지 고민했습니다. 어떻게 연결해야 퍼 올린 물이 낭비되지 않고 동식물에게 고루 잘 도달할 수 있을지 하는 고민이었죠. 효과적인 관개를 위해서는 아주 현명한 계획이 필요했어요. 운하를 조성해야 하고 배관도 놓아야 했죠. 오늘날 세켐에는 아주 거대한 지하 관개 시설이 이곳저곳에 세밀하게 설치되어 있습니다.

유기농업의 적용은 사막을 푸르게 변화시켰습니다.

유기농업은 우리가 성공적으로 농작물을 경작할 수 있는 기반입니다. 세켐의 농장을 비롯해, 우리의 식량 공급처가 되는 농장은 모두 생명 역동농법 원칙에 따라 경작되고, 유기 물질로 만든 퇴비로 토양의 질을 지속적으로 향상시키고 있어요. 또 농작물의 질과 순도를 유지하기 위해 세켐의 중심 농장 한 곳에서 건강한 유기농 씨앗과 묘목을 직접 생산합니다. 덕분에 현대식 접목 기술로 묘목의 생산성과 토양 질병에 대한 저항력이 높아지고 극한 기후에 대한 적응력도 향상되었죠.

최근 또 다른 혁신 사례로 자연적인 해충 조절을 위해 포식 동물을 배양하는 기술과 폐수 정화 과정에 유용미생물(Effective Microorganism, EM)을 적용하는 기술 등도 도입했습니다. 현재 연구소들은 토양과 퇴비, 수확 농산물의 질과 순도를 지속적으로 관찰하고 있어요.

세켐

사랑의 경제

이집트는 현대 제약 산업이 시장에 진입한 이후로 전통 의학 지식의 많은 부분을 상실했습니다. 세켐은 25년 전 허브차를 들여오고, 사람들의 인식을 개선하는 큰 규모의 캠페인을 시작해서 오늘날 허브차 시장과 약용 식물 생산 분야의 선두 주자가 되었습니다.

특히 1992년 개발한 목화 재배용 생명역동농법은 아주 혁명적인 결과를 가져왔죠. 이 효과를 증명하는 현장 실험 사례는 정부의 정책 변화를 이끌었고, 그 결과 매해 공중에서 살포되던 농약 3만 5,000톤을 막을 수 있었어요.

최근 몇 년간 세켐은 사막의 새로운 지역들을 매입해 메마른 땅을 유기경작법으로 비옥하게 바꾸고 있어요. 옥토의 증가와 지속가능한 방식의 경작은 이집트를 비롯해 세계 어느 곳에서나 미래 식량 안보에 결정적인 역할을 할 겁니다.

현재 이집트 전역에 사는 약850명가량의 농부가 세켐이 세운 이집트 생명역동협회(Egypt Biodynamic Association)에 소속되어 있어요. 협회는 농부들을 지도하고 자문을 제공하며, 과학적 방식에 기반한 생명역동농법을 이집트 내에 전파하려고 노력하죠.

특히 협업하는 농부들과 매달 한 번씩 만남의 장을 가지는데, 키가 2미터에 가깝고 강해 보이는 남성들이 덥수룩한 수염에 기다란 이집트 전통 의상인 '갈라베야Galabeyas'를 입은 채, 세켐의 전폭적인 지지를 받는 느낌에 대해 이야길 나누며 자주 눈물 흘리는 모습은 아주 인상적입니다. 농부들의 마음 깊은 곳에서 나오는 단순한 언어는 그들이 경쟁과 이기주의보다 동료애에 기반한 경제적 삶을 이상향으로 여기고 있음을 알려 주죠.

오늘날 세켐은 여러 분야에서 성공적으로 기업을 운영하고 있습니다. 생산품으로는 지역 시장과 국제 시장 양쪽에서 판매되는 유기농 식품, 향료, 차, 유기농 면직물, 생약 등이 있어요. 세켐의 생산공급망은 농부에서 최종 소비자까지 신뢰와 투명성, 공정한 가격 책정과 계약을 기반으로 꽤나 잘 조직되어 있습니다.

'사랑의 경제(Economy of Love)'가 이를 대표적으로 잘 나타내는 말이에요. 사랑의 경제는 생산공급망에 속한 모두가 부가가치를 공정하게 누리도록 보장합니다. 이를 통해 스스로를 개발하고, 자기 욕구뿐만 아니라 가족과 공동체 구성원들의 필요를 충족시키고, 주변 자연환경을 되살리게 하죠. 이런 관점에서 사랑의 경제는 '공정 무역'과도 상당히 유사합니다.

둥근 원은 평등의 상징

세켐 공동체는 개인의 존엄성과 평등에 대한 존중을 기반으로 세워졌어요. 세켐의 기업과 단체에서 일하는 농부부터 관리자까지, 모든 직원이 원을 이루어 만나는 것으로 하루 일을 시작합니다. 둥근 원은 평등과 우리가 공유하는 비전의 일치를 상징하죠.

살아 있는 유기체와 마찬가지로, 세켐의 활기 넘치는 네트워크를 위해서는 제대로 기능하는 유기적인 내부 기관들이 필요합니다. 권리를 보호하고 책임을 지는 사회적 기관, 평등을 보장하고 공동체 구성원 개인의 존엄과 잠재력을 향상시키는 목표를 위해 규칙을 정하는 기관이

매일 아침마다 모든 사람들은 큰 원으로 다 함께 모여 하루를 시작합니다.

필요한 거죠.

세켐의 경제적 성장과 문화적 자극의 촉진은 서로 맞물려 있어요. 공정 무역에서 생긴 경제적 이익은 사회 기관과 문화 기관에 투자됩니다. 계속되는 훈련과 예술 수업은 직원들의 기술을 향상시키고, 그들이 내면의 잠재력을 펼칠 수 있도록 합니다.

세켐 학교는 1989년부터 지역공동체에 사는 수백 명의 아이들을 위해 문을 열었어요. 세켐 유치원은 아이들이 창의적으로 놀 수 있는 기회를 제공하고, 초등학교는 학습과 실용적인 기술을 함께 장려합니다. 이러한 추세는 중학교 혹은 직업훈련 센터까지 이어지죠. 2012년에는 전문성 심화를 위해 헬리오폴리스Heliopolis 대학도 세웠습니다.

세켐의 전일적 발달을 위한 활동에는 특수 아동과 성인을 위한 특별 돌봄과 그들이 적합한 근무 환경에서 자연스레 녹아들게 하는 일도 포함됩니다. 사회적 환경으로 자퇴를 한 아이의 경우에는 카모마일 아동 프로그램(Chamomile Children's Programme)에서 기본 교육에 더해서 직업훈련 교육을 제공하는 식이죠. 이 아이들은 농장에서 카모마일 꽃을 수확하는 등의 가벼운 일을 아르바이트로 삼아 어느 정도 가족을 부양할 수도 있습니다.

헬리오폴리스 대학은 국내외 파트너 조직과 협동하여 예술, 의학, 약학, 유기농업, 경제학, 사회과학, 기술 같은 여러 분야의 연구를 진행합니다. 이곳에서 각 분야의 전문가로 구성된 연구 팀은 농경 방식을 개선하거나, 세켐 기업의 새로운 제품을 개발하기도 하고, 녹색 기술을 지역 상황에 맞게 적용시키려는 노력을 하고 있어요.

어떤 공동체가 생태적으로 지속가능하려면 건강한 환경과 더불어 건강한 구성원이 필요합니다. 세켐 의료 센터는 인근에 거주하는 약 4만 명 이상의 사람들에게 의료 서비스를 제공하죠. 의학 전문가들이 현대 기술을 사용하여 진단하고 천연 성분의 의약품을 처방합니다.

이집트 혁명

우리는 2011년 갑작스레 이집트 혁명에 휩싸였습니다. 그때 제 아들인 헬미 아볼리쉬Helmy Abouleish는 거짓 혐의로 구속될 처지에 이르렀어요. 헬미는 그 소식을 듣고 마음이 아주 고요해졌다고 회상합니다. 그는 100일 동안 어떤 전화나 일정 없이 지낸 이 기간을 개인적으로 새로운 시작을 할 큰 기회라고 여겼습니다.

결국 헬미는 무죄 선고를 받았고, 다시 세켐 업무에 집중했죠. 이렇

세켐

게 국가적 위기 상황 속에서 개인적 어려움도 있었지만, 이번 일은 개인적 차원에서도 세켐 전체로서도 발전을 위한 아주 큰 자극제가 되었어요. 이집트 혁명이 일어나고 3년간 기업의 3분의 2가량이 무너졌어요. 그러나 세켐은 이겨냈습니다. 이것이야말로 우리 시대의 기적입니다.

동시에 제가 애초에 가졌던 지속가능한 발전에 대한 비전이 국가적 차원으로 퍼져 나가고 있습니다. 오늘날 정부는 사막 지역에 토지 재정착 프로젝트를 시행 중이에요. 마을이 생겨나면 사람들이 새로운 공동체를 꾸릴 수 있게 됩니다. 또한 경험이 축적된 세켐의 교육법은 학생 교육과 더불어 교사 교육에도 점점 더 많은 영향을 끼치는 중입니다.

저는 항상 진정한 공동체 건설을 지지하고 호소합니다. 우리 인간은 혼자서는 충분하지 않으니까요 만약 그렇게 보인다고 해도 그건 환상에 불과합니다. 세켐은 세속적인 것과 영적인 것의 만남 안에서 생겨나 새로운 무언가가 되었어요. 우리는 모든 차원에서 지속가능함을 만들어 내고, 동료의 교육에 투자함으로써 경제적으로 번창하는 공동체를 꾸릴 수 있음을 직접 증명했습니다.

그래서 저는 아주 자신 있게 말할 수 있습니다. 세켐이 없다는 것은 이 세상이 아주 중요한 무언가를 잃어버린 것이라고 말입니다.

sekem.com

공동체를 위한 제안들

솔루션 라이브러리Solution Library에서 찾아보세요.

- 허브 티Herbal Teas - 의약품을 대신할 수 있는 대체재 제공.
- 접목법Grafting - 제초제 사용을 줄이기 위해 서로 다른 식물종을 결합하는 방법.

세켐

뿌리를 찾아 돌아온 지식인들

나토운Natoun

토고

토고 출신인 티에다 아발라는 프랑스에서 문학 연구를 마치고 남편 세다Seda와 함께 바가Baga 마을로 돌아왔습니다. 현재 그녀는 여성 단체, 농업과 경제를 위한 학교, 숲 가꾸기운동과 수자원 프로젝트, 마을 재산을 관리하는 마을 은행의 중심에서 활발히 활동하고 있습니다.

매년 1700만 명의 아프리카 사람들이 대륙을 가로질러 도시 빈민가로 향하는 가운데, 2009년에 설립된 생태마을 나토운은 시골살이의 품위와 당당함을 보여 주는 좋은 사례가 되었습니다.

티에다 아발라

아프리카의 진정한 독립은 이 대륙의 지식인들이 다시 아프리카의 뿌리와 연결될 때 이루어집니다. 저는 지식인들이 도시의 보수가 높은

티에다 아발라Tiyeda Abalah.

직업을 버리고, 고향으로 돌아와 자신들의 지식을 나누고, 지역 사회의 환경을 개선해야 한다고 생각해요. 저희 부부는 사막 변두리에서 죽어가던 바가 마을로 돌아왔습니다.

이곳은 해가 갈수록 수확량이 줄고 있었죠. 남자들은 마을을 떠났고 여자들은 아무 말 못한 채 남겨졌습니다. 하지만 오늘날은 완전히 변했어요. 여성들은 자신의 손으로 운명을 개척하는 법을 배웠고, 이제 이들의 목소리가 마을을 꽃피우고 있습니다.

개인적인 이끌림

저는 어린 시절 어머니와 아버지의 두 번째 부인이 서로 경쟁하고 다투는 걸 보고 자라면서 여성의 주권이 얼마나 중요한지 배웠어요. 어머니가 집을 나간 뒤에는 새어머니가 제가 먹을 음식에 독을 넣지 않기만을 바라면서, 저는 새어머니의 마음에 들기 위해 모든 것을 다했죠.

그중 하나는 이야기하는 것, 즉 스토리텔링이었어요. 이것은 나중에 제가 가나에서 교육을 받고 영어를 공부하는 데도 큰 도움이 되었습

나토운

니다. 거기서 저는 남편이 될 세다를 만났고 그를 따라 프랑스로 갔죠. 남편은 툴루즈Toulouse에서 국제법을 공부했고 저는 파리에서 미국 흑인 문학을 공부했어요.

결혼하고 저는 두 아이의 엄마가 되었습니다. 그런데 남편은 박사 학위까지 받았지만 행복해 하지 않았어요. 토고로 돌아왔을 때도 그는 여전히 행복하지 않았습니다. 사무실에서만 일하면서 남편은 다시 흙을 만지며 살고 싶은 마음이 커졌나 봅니다. 프랑스에서 여러 해를 보내는 동안 고향에 대한 그리움도 커졌던 것 같고요. 그리고 가족과 이웃에게 시골에서도 풍요롭고 훌륭한 삶을 살 수 있음을 보여 주고 싶어 했죠.

척박해진 고향

하지만 바가 마을은 남편의 어린 시절 기억과는 완전히 달랐어요. 풍요로운 수확을 가져오던 땅은 척박해졌고, 숲과 강은 사라지고, 농가는 폐허가 되어 있었죠. 사막은 마을을 집어삼켰고 삶에서 무언가를 성취하고 싶었던 사람들은 도시로 떠났습니다. 처음에는 마을에서도 우리를 반기지 않았어요.

고향으로 돌아오겠다는 우리의 남다른 결정이 사람들에게 불편한 감정을 낳았어요. 주변 사람들은 우리가 도시에 살기를 원했고 그걸 자랑스럽게 여겼죠. 그러나 우리는 우리의 길을 가려고 노력했어요. 사막을 푸르게 되살리고 풍요로움과 충만함을 함께 만들어 가는 걸 보여 주기 위해 아주 소박한 땅을 얻었죠. 우리가 정말 바라던 바였어요.

처음에는 우리끼리 열심히 땅을 일구었습니다. 그러다 소로 땅을 갈아 씨앗을 뿌리고, 텃밭에 과일나무를 심고, 물길을 내기 위해 도랑을 팠죠. 우리는 소똥과 염소똥을 사용해 땅을 덮었어요. 몇십 년 동안 화학비료 사용과 단일 작물 재배를 주로 했던 이 지역에 유기농업을 다시 소개한 셈이죠.

매우 어렵고 힘든 일이었어요. 마을 여성들은 박사 학위까지 딴 사람이 일하는 걸 차마 지켜보지 못하고 우리를 돕기 시작했어요. 그렇게 여성단체가 설립되어 오늘까지 이어져 오고 있습니다.

아프리카 여성들은 기후 변화로 인한 가난의 첫 번째 희생자입니다. 때문에 토지 수확량이 조금만 개선되어도 그들에게 큰 도움이 됩니다. 아프리카에서 대부분의 남성은 아이를 돌보는 일이 여성의 몫이라고 생각합니다. 그러다 종종 가난과 굶주림, 우는 아이들을 감당하지 못해 가족 곁을 떠나죠. 그럼 남은 여성들이 아이를 키우고 가족을 먹여 살릴 책임까지 떠안게 됩니다.

우리는 우리 지식을 여성들의 짐을 가볍게 하는 데 사용했어요. 물론 우리도 그들에게 많은 걸 배웠고요. 우리는 오랫동안 노동의 일부로 이어져 온 의식과 춤과 노래를 배웠습니다. 이것들은 이 땅의 문화적 뿌리였어요. 근대화가 지역의 지혜와 문화를 버리지 않도록 하고 그 둘을 공생 관계로 발전시키는 일은 매우 중요합니다. 식민화 정책들이 그랬던 것처럼, 우리의 뿌리를 잘라내 버린다면 우리는 스스로의 가치를 잃고 파괴적인 힘에 쉽게 지배당하는 꼭두각시 인형처럼 될 테니까요.

나토운

땅에 남는 교육

우리는 학교를 열어 유기농업과 회계, 경영을 가르칠 수 있는 교사를 고용했어요. 주변 지역의 여성, 남성, 청년 들이 교육을 받았죠. 교육과정 자체를 마을 사람들이 직접 참여하는 방식으로 설계했습니다. 수업의 70퍼센트는 실습, 30퍼센트는 이론으로 채웠고, 마지막 해의 숙제는 학생들이 가족에게 돌아가 자신들이 운영, 생산할 수 있는 땅에서 배운 바를 실제로 해 보는 식이었어요. 성공하면 그들은 이웃에게 필요한 조언을 하고 도와주는 임무를 맡습니다. 졸업생들이 자신의 땅에 남아 마을을 소생시키는 일을 돕도록 계획한 것이죠.

초기에 토고 정부는 우리 일에 매우 회의적이었어요. 그러나 곧 우리 방식을 받아들여 국가적으로 실행하고 있습니다. 2009년 이후 우리는 학교와 센터 운영을 다음 세대에게 맡기고 나토운 생태마을에 집중했어요. 나토운에 있는 집들은 흙벽돌, 진흙, 짚과 같이 지역의 재료를 사용해 지어졌는데, 한 건물은 도시에서 온 사람과 학생, 방문자 들을 위한 게스트하우스로, 다른 두 건물은 워크숍 및 종자와 수확물을 위한 보존과 보관 장소로 사용됩니다.

여성의 목소리

물은 여전히 토고나 다른 아프리카 지역에서 가장 중요한 문제에요. 바가 마을 역시 7개월가량 건기가 지속되기 때문에 적절한 분산식 물 관리 체계가 없으면 몇 달 동안 어떤 작물도 자라지 못합니다. 다행히 우기에는 비를 모아 저장할 수 있을 만큼 충분한 양이 내리기 때문에 우리는 3개의 저수지를 만들어 그 주변에 과일나무가 잘 자랄 수 있도록 했습니다.

우리와 함께 일하는 여성들은 그 지혜를 가정에서도 성공적으로 활용했고 자신감을 얻었어요. 초창기 마을 모임에서는 주로 남성이 말하고 여성은 듣기만 했습니다. 아무런 제약이 없었음에도 불구하고 여성들은 집 밖에서 자기 목소릴 내는 일을 가치 있게 여기지 않았죠. 하지만 변화가 생겼습니다. 어느 날 남성들이 사막화에 관해 이야길 하고 있었고, 나씽이라는 괴물에 의해 모든 것이 사라지는 영화 〈네버앤딩스토리The NeverEnding Story〉처럼 사막이 커져 가는 건 막을 방법이 없다고 말했어요.

바로 그때 한 여성이 이야기를 시작했습니다. 메마른 땅에 덤불이나 나무가 자라면 잎이 그늘을 만들고 표토를 재생시킬 수 있게 되고, 이 비옥한 땅이 수수를 다시 자랄 수 있게 할 거라고 설명했죠. 놀란 사람들은 아무 말도 하지 못했어요. 어떤 남성들은 의심의 눈길로, 어떤 사람들은 호기심 어린 눈길로 그녀를 보았습니다. 그녀는 건강해 보였고 그녀의 아이들도 잘 자라고 있어 보였어요.

그 후 한 남자가 그녀가 누구인지 어떤 사람의 부인인지 그런 이야기를 어디서 들었는지 등을 궁금해 하기 시작했습니다. 그녀의 남편은 부인을 자랑스럽게 생각했고 자신도 더 많은 시간을 집의 텃밭과 정원에서 보내게 되었어요. 여성들이 얼마나 실용적인 것들을 배우고 있는지 소문도 퍼졌습니다. 더 많은 여성들이 우리 프로젝트에 참여했고 우리와 함께 커 나갔어요.

바가 마을 여성들은 성공적으로 일을 해냈고 작물을 내다 팔 수 있

생태마을 혁신 사례와 함께 배우고 일하면서 바가 마을의 여성들은 기쁨을 느끼고 자신감을 갖게 되었습니다.

게 되었어요. 하지만 가격을 산정하는 과정에 중간 상인이 개입해 여성들이 실질적인 혜택을 받지 못하는 문제가 생겼죠. 또 여성들은 잘 익은 수확물을 판매하고 싶었지만 그럴 때면 시장 가격은 바닥으로 떨어졌습니다. 중간 상인들은 마을 여성들이 필사적으로 작물을 팔려고 한다는 걸 알고 가격을 더 낮게 불렀죠.

만약 여성들이 이들의 거래 방식에 동의한다면, 나중에 기계나 종자를 사려고 할 때는 반대로 가격이 급등할 것이 불을 보듯 분명했어요. 개별적인 거래 관행 속에서 여성들만으로는 가망이 없었습니다. 그래서 여성들은 자신의 권리를 위해 마을 협의회와 다른 여러 곳에서 단결하기 시작했죠. 그들은 중간 상인을 거치지 않고 생산물을 직접 시장에서 팔려고 했어요. 이 지역의 시장이 이를 반대하자 그의 마음이 열릴 때까지 여성들은 시장실을 봉쇄하기도 했습니다.

마을을 위한 은행

시장 가격에 의존하지 않을 또 다른 방법은 마을 은행을 세우는 거였어요. 이 시스템은 단순하지만 효율적이었죠. 유지 관리비가 적게 들고, 모든 마을 주민이 은행 구성원이 되어 언제든 은행에 돈을 맡기거나 찾을 수 있으니까요. 이제 여성들은 가격이 적절할 때 생산물을 사거나 팔 수 있게 되었습니다. 또한 누군가에게 도움이 필요할 때 서로 도울 수 있게 되었어요.

이 시스템은 여성들이 빚을 지지 않는다는 점에서 소액대출제도(micro credits)와는 다릅니다. 예를 들어 시장에 나온 메주콩이 싸면 그걸 자신의 돈으로 사서 시장에서 팔 수 있는 콩 치즈를 만드는 식이죠. 수익이 생기면 다시 은행에 저축하거나 유기농 비누를 만들어 팔 수 있는 견과류 재료를 사고요. 잼이나 마른 과일 등 여성들이 시장에 내다 팔 수 있는 품목은 점점 늘어났어요.

결국, 마을은 자신들을 옭아매던 가난의 굴레에서 자유로워졌답니다. 저는 지역의 변화는 곧 세계적인 결과로 이어진다고 생각해요. 그 이유는 성공은 또 다른 성공으로 이어지기 때문입니다. 바가 마을 여성들은 더 풍요로워졌고 땅은 더 비옥해졌어요. 이 새로운 이야기는 입에서 입으로 전해져, 사람들은 '나토운의 여성들처럼'이라고 말하며 우리처럼 해 볼 것입니다. 이런 방식이 나라 전체에 퍼지지 못할 이유도 없지요. 지속가능한 운영에 대한 건강한 전통과 지식을 겸비한 활동적인 마

유기농업은 사막화를 막고 마을에 경제적 이익을 가져다주었습니다.

을공동체는 긍정적인 혁명으로 이어집니다. 인류는 이런 사례를 더 필요로 하고 우리는 그것을 위해 노력 중입니다.

thedancingforest.com

공동체를 위한 제안들

솔루션 라이브러리Solution Library에서 찾아보세요.
• 농부 은행Farmers Bank - 지역 경제 강화.
• 농업학교Agricultural School - 유기농 농장에서 다음 세대들을 교육하기.

모두를 위한
풍요로움을 찾아서

OTEPIC

케냐

낡아 보이는 오두막, 누더기가 된 옷을 입은 아이들, 하수와 쓰레기로 넘치는 좁은 골목들, 이 모습이 케냐 북서부에 위치한 미투메Mitume, 키탈레Kitale 지역의 현실입니다. 전망이 없어 보이고 환경이 심하게 파괴된 모습은 식민지 시대의 잔재라고 할 수 있습니다. 아프리카 사람들은 아프리카인의 전통과 자부심, 공동체, 땅의 권리를 되찾기 위해 노력하고 있습니다.

필립 무냐시아는 31살의 청년으로 키탈레 골목에서 자랐습니다. 그는 청년, 여성 들을 모아 유기농 음식을 생산하고, 숲을 다시 가꿀 수 있도록 돕고, 지속가능한 수자원과 재생에너지에 대한 해결 방안을 알려 줍니다. 지역 범죄 조직과 전통 부족 간의 경쟁으로 인한 갈등을 해소하는 일도 자립가능한 미래를 만드는 중요한 부분입니다.

마을 중앙에 밝게 빛나는 해바라기는 희망을 상징합니다. 필립의

필립 오디암보 무냐시아Philip Odhiambo Munyasia.

비전은 국제적인 퍼머컬처 트레이닝 센터와 생태마을을 만드는 것입니다. 첫 번째 오두막은 그렇게 땅을 이롭게 하는 재활용 재료와 진흙으로 현실이 되었습니다.

필립 무냐시아

저는 여덟 형제 중 막내입니다. 어릴 적에는 배를 굶주리며 땔감을 줍거나 깨끗하지 않은 물을 마시기도 했습니다. 매일 생필품을 마련해야 하는 압박도 느꼈죠. 이렇게 생존이 어려운 삶은 종종 서로 다른 부족(ethnic) 간의 긴장과 갈등으로 이어졌습니다. 폭력, 약물, 범죄 행동도 만연했고요. 어린 소년이었을 때부터 저는 이런 상황을 바꾸는 상상을 했어요.

키탈레 지역은 축복 같은 두 번의 우기 덕분에 비옥한 땅과 온화한 기후를 갖고 있습니다. 하지만 풍요로움이 주민을 위한 혜택으로 이어지진 않아요. 이곳은 몇 세기 동안 원주민들의 땅이었지만 정부는 이를 도용하여 중국, 사우디아라비아, 인도, 유럽에서 온 외국인에게 팔았죠.

우리는 옥수수와 장미를 대량 생산, 판매하여 세계를 석권한 일련의 회사들에 이골이 났습니다. 그들은 지난 수십 년 동안 이 땅에 집중적인 농업을 시행하여 땅에 염류직접작용(지표면에 염분이 쌓이는 현상으로 주로 건조 지대에서 발생하지만 원예를 위해 비료를 과하게 사용하는 경우에도 나타난다-옮긴이)을 일으켰습니다. 지하수는 오염되고 강물은 메말랐으며 숲이 채벌되고 사막은 점점 더 확산되었어요.

가난은 누구의 잘못인가

미투메 지역에는 다양한 부족적 배경을 가진 피난민들이 정착해 있습니다. 사람들은 이 땅에서는 더 이상 먹을 만한 것이 자라지 않을 거라고 생각했어요. 유럽인의 기준에서 보자면 이곳은 빈민굴인 셈입니다. 우리는 전기가 들어오지 않는 조그마한 집에 대가족이 모여 삽니다. 양변기가 없으며 수돗물도 없고 요리할 때 여자들이 사용하는 플라스틱과 목탄에서는 고약한 냄새가 납니다.

아이들은 아침을 먹지 않고 학교에 가죠. 점심을 먹으러 다시 집으로 오는 길에도 집에 연기가 나면 음식이 있는 거지만 그렇지 않을 경우, 아이들은 주린 배를 이끌고 학교로 돌아갑니다. 당연히 수업에 집중할 수 없고 선생님은 실수하는 학생을 때리죠.

제가 어렸을 때 어머니는 옥수수를 키우려 돈을 빌리면서 실수하지 않으려고 농업 전문가에게 조언을 구했어요. 그는 어머니에게 특정한 화학 약품을 권장했고 그건 재앙이었습니다. 모든 작물이 다 죽어 그나마 있던 텃밭이 사라졌죠. 저는 당시 5살에 불과했지만 그때 들은 어머니의 울음소리를 절대 잊을 수 없습니다.

그러다 기적이 일어났어요. 한 가톨릭 신부님이 제가 고등학교와 대학교에 진학하도록 도와주신 거예요. 저는 제 꿈을 기억하고 있었습니다. 저는 여성들을 가르치기 시작했고 소작을 받는 농부들에게는 유기농업을 가르쳤어요. 그리고 6개월간 미국으로 퍼머컬처를 배우러 갈 수 있는 학비 보조도 받았습니다. 어머니는 염소와 양을 팔아 비자와 여권을 받는 데 보태주셨지요.

미국에 도착해서 저는 정말 열심히 공부했고 먹을 것도 아껴가며 살았습니다. 그 결과 저는 용돈을 모두 모을 수 있었고 학비 보조금을 받은 5명의 케냐인 가운데 유일하게 집에 돌아온 사람이 되었어요. 친구들은 제가 부자가 된 줄 알고 모두 저에게 돈을 달라고 했죠. 안 된다고 말하기 정말 어려웠지만 저는 그 돈을 쓸 다른 계획이 있었습니다.

공동체를 회복시킨 깨끗한 우물

저는 미투메 중앙 지대를 부분적으로 사들여 먼저 전시용 텃밭을 만들고 시범 사업을 시작했어요. 우리는 빈민가의 조그마한 땅에서 어떻게 농사를 지어 식량을 만들 수 있는지 사람들에게 보여 주었습니다. 사람들은 우리가 맨 처음 만든 상자 텃밭을 보고는 묘지 같다며 우리를 미쳤다고 했죠. 하지만 시간이 지나고 텃밭에서 풍성한 식량이 자라는 걸 보자 참여하고 싶어 했습니다. 퍼머컬처 농사법은 케냐인의 전통적인 농사법과 비슷한 부분이 있어요. 다양한 작물을 혼합해서 심고, 큰 작물이 작은 작물을 보완해 주며, 흙의 표면을 항상 덮어 준다는 점이 그렇습니다.

2008년 저는 자립할 수 있는 공동체 조직인 OTEPIC(Organic Technology Extension and Promotion of Initiative Centre)을 설립했습니다. 우리는 소작농에게 정기적인 교육을 제공하였고, 출산 계획, 에이즈, 가정 폭력에 관련한 여성단체를 만들었죠. 더 나아가 나무를 심는 프로젝트, 씨앗 교환, 거리 청소 활동과 더불어 다른 부족이나 갱들 간의 친선 축구 경기 같은 평화 활동도 기획했습니다. 한 청년단체가 우리 공간을 영화관이나 춤을 배우는 곳으로 활용하는 점은 고무적인 활동이에요. 창의력은 중요한 것이고 재미가 없는 일은 오래가지 못하니까요.

그 와중에 저에겐 간혹 유럽을 여행할 기회가 생겼어요. 저는 그 기회를 살려 우리 단체가 안정적으로 후원금을 받을 수 있도록 노력했습니다. 2012년 우리는 프로젝트를 더 확장해 두 번째 시범 사업을 시작했어요. 실업 상태의 청년들에게 태양열 조리기, 로켓스토브, 작은 바이오가스 시스템을 제작하는 기술을 가르치는 사업이었죠. 이것은 요리 연료로 쓰이는 장작의 대안을 마련하는 방법이기도 합니다.

물은 케냐에서 가장 중요한 문제입니다. 물을 구하러 가는 거리는 점점 길어지는데 그 물마저도 자주 오염되니까요. 정부에서 물을 판매하고 있지만 모든 가정에서 물을 구매할 형편이 되는 것도 아닙니다. 우리는 공식적인 인가를 받고 충분한 후원금 모아 72미터 깊이의 우물을 만들었어요. 태양열 에너지를 이용해 물을 긷도록 설계했습니다.

누구든 편하게 와서 물을 가져갈 수 있게 되자 우물가에는 항상 신나는 분위기가 맴돌았어요. 여자들은 빨래를 하고 아이들은 물을 긷고 남자들은 담소를 나누죠. 이제 사람들은 우리 OTEPIC이 무슨 일을 하는지 잘 알고 있습니다. 예를 들어, 우리 버섯 농장에 풍성한 새싹이 돋으면 마을 사람들이 영양을 제공받을 뿐만 아니라 수익도 얻을 수 있음을 말입니다.

아이와 여성이 먼저인 이유

우리 단체는 매일 이른 아침에 만나 업무 계획을 마련합니다. 점심에는 텃밭 채소를 따서 바이오가스나 태양열 조리기로 요리해 먹죠. 우리는 거리 아이들과 함께 식사를 합니다. 모두가 쓸 수 있는 컴퓨터, 작은 도서관, 비디오를 볼 수 있는 기회도 마련해 놓았고요. 이곳은 모든 사람에게 열려 있지만 한 번도 물건을 도난당한 적이 없습니다. 지역 사람들 모두 이 공간이 우리 모두의 것임을 알고 보호하니까요.

우리는 아이들을 절대 빈손으로 돌려보내지 않아요. 아이들은 우리의 미래입니다. 우리는 아이들을 환영하고 그 가능성을 절대 과소평가하지 않죠. 부모들도 종종 아이들의 열정 넘치는 집중력과 발전하는 모습에 놀라곤 합니다.

케냐는 여성이 자기 목소리를 내거나 리더십을 발휘하도록 권장하는 사회가 아닙니다. 하지만 케냐의 소작농 중 80퍼센트는 여성이고, 보통 자기 가족을 먹여 살릴 책임을 안고 있죠. 그래서 우리는 "한 여성을 변화시키는 일은 마을 전체를 변화시키는 것과 같다."고 말합니다. 키탈레 지역에서 7마일(약 11킬로미터) 떨어진 곳에 마일리 사바Maili Saba 지역이 있습니다. 이곳에 제가 처음으로 여성 자주권에 대해 가르친 낸시 오펠Nancy Oppelle이란 여성이 현재 공동체 텃밭을 운영 중입니다.

빈민가의 아이들을 위해 희망과 새로운 관점들을 만들어 가고 있습니다.

그녀는 이렇게 말합니다. "이제 그 누구도, 심지어 건기에도 굶주리지 않고, 아이들도 건강합니다. 예전에는 옥수수로 단일 재배를 했다면 이제는 다양한 작물을 혼합 재배해 1년 내내 먹을 게 모자라지 않죠. 우리는 비료를 사는 대신에 아이들을 위한 책을 사게 되었어요." 과일과 채소를 다양하게 키우는 것 이외에도 여성들은 고구마를 키우고 수확하고 건조시켜서 가루를 내어 달고 조그만 빵을 만듭니다. 공동체 빵집에서 빵을 만들면 아이들이 도시에 판매하기도 하죠.

2013년 우리는 기부자들의 후원금으로 10헥타르(약 3,000평)가 넘는 땅을 더 늘렸습니다. 이것으로 우리는 생태마을과 국제적인 퍼머컬처 학교를 설립하는 비전에 조금 더 가까이 다가갔어요. 우리는 2012년부터 젠 아프리카GEN-Africa 자문위원회의 일원이며, 퍼머컬처 교사인 무고브 월터의 도움을 받아 사람들이 직접 참여하고 계획하는 워크숍

공동체 빵집에서 고구마 빵을 만드는 마일리 사바의 여성들.

을 진행했습니다. 흙부대 공법을 사용해 첫 번째 공동체 오두막을 만드
는 것으로 워크숍을 마무리했죠.

그런데 워크숍을 위해 오두막 옆의 땅을 파서 흙을 구했는데 신기
한 일이 생겼어요. 우기가 되자 구덩이에 물이 가득 차 연못이 된 거예
요. 우리는 이 연못을 지역의 물 환경을 유지시켜 주는 시작점으로 삼으
려고 합니다. 장차 이곳에 많은 연못과 습지를 만들 생각이에요. 연못은
농업용 관개수와 어류 양식에 필요한 물을 공급하는 역할을 합니다. 그
리고 제일 중요한 지하수의 수위를 끌어올리는 일을 도와주죠. 이번 일
을 계기로 우리는 집과 연못을 동시에 짓는 계획을 세울 수 있었습니다.

현재 우리에겐 12명의 핵심 구성원이 있습니다. 몇몇은 수도 나이
로비에서 온 키탈레 출신의 젊은 청년들이죠. 우리 단체에는 기본적으
로 매일 10~50명의 자원봉사자가 참여하는데, 주로 이웃에 사는 여성

과 아이 그리고 청년 들이 찾아옵니다. 그들은 하나같이 각자 어려운 상황에 처해 있으며 가난, 굶주림, 방임, 폭력, 학대에 익숙하죠. 또 대부분 알코올과 마약, 범죄와 관련되어 있고요. 이는 사회적 붕괴와 연결된 문제입니다. 하지만 분명한 것은 그들에겐 헤아릴 수 없는 힘과 어떤 가능성을 보면 무엇이든 해내려는 의지가 있다는 거예요. 그렇기 때문에 OTEPIC은 이런 이웃들을 위해서 공동체의 연대와 결속이라는 비전을 제시하는 일을 중요하게 생각합니다.

더 기다릴 수 없는 성공

교회 또한 중요한 사회적 역할을 합니다. 아프리카에서는 영성이 매우 중요하죠. 유럽 사람들은 그들의 종교를 가지고 왔지만 우리는 아프리카인으로서 자연과 직접 소통하는 방식으로 이미 신과 연결되어 있었어요. 하지만 이것이 금지되자 기독교나 이슬람교 둘 중 하나로 개종해야만 했죠. 많은 아프리카 국가들에서 두 종교는 지금 전쟁 중입니다. OTEPIC는 개인의 종교에 관여하지 않아요. 중요한 건 소박함 속에서 신성함을 발견하는 것이니까요. 예를 들어, 다 같이 자연 속으로 들어가거나 나무를 심는 일처럼 말입니다.

아프리카에 필요한 진정한 리더십은 사람들과의 약속과 소통에서 나옵니다. 혼자 자신의 주장을 하거나 다른 사람에게 명령하는 건 소용없어요. 국제 개발 기구와 구호단체 활동가들은 이 사실을 알아야만 합니다. 리더십은 지역 사회 사람들과 깊은 유대 관계를 유지하며 그들의 목소리를 듣는 거예요. 그리고 그들이 정말로 원하는 일을 함께해 나가는 겁니다.

가끔 사람들이 기적을 이뤘다고 말하지만 저에게도 많은 도전과 실패가 있었습니다. 아이디어가 고갈되고 프로젝트는 사라지고 계획은 연기되었죠. 하지만 저는 더 기다릴 수가 없었어요. 저는 성공에 집중했고 그것을 감사함으로 가득 채웠습니다. 그래야만 풍요로움이 퍼져 나가기 때문입니다.

otepic.org

공동체를 위한 제안들

솔루션 라이브러리Solution Library에서 찾아보세요.

- 흙부대 집Earthbag Houses – 저렴하고 단순한 움막 짓기.
- 고구마 빵Bread from Sweet Potatoes – 지역의 식량 주권 지키기.
- 상자 텃밭Portable Gardens – 도시 환경에서 작물 기르기.

우분투, 당신이 있기에
제가 있습니다

아프리카의 녹색 학교들
짐바브웨, 말라위, 잠비아

무고브 월터 니이카는 젠 아프리카 위원으로, 짐바브웨에서 태어나 퍼머컬처와 생태마을 교사가 되었습니다. 무고브는 말라위로 이주했다가 최근 잠비아로 거처를 옮겼습니다. 그는 자신이 기억하던 어릴 적 자연의 풍요로움이 어떻게 파괴되었고, 그렇게 파괴된 자연의 상처와 마음의 상처가 어떻게 치유될 수 있는지 전하고 있습니다.

무고브는 스코프 앤 리스코프SCOPE and RESCOPE라는 NGO를 통해 수백 곳의 학교를 녹색화하며 짐바브웨, 말라위, 케냐, 탄자니아, 우간다, 잠비아에서 활동합니다. 다음 세대를 이끌 학생, 학부모, 교사 들과 함께 그는 아프리카의 공동체들을 전부 생태마을로 전환하기 위한 토대를 마련하고 있습니다.

무고브 월터 니이카Mugove Walter Nyika.

무고브 월터 니이카

부모님이 제게 주신 이름 무고브는 '선물'이란 뜻입니다. 저는 짐바브웨 수도 하라레Harare에서 남쪽으로 200킬로미터 떨어진 마을에서 조부모님 손에 자랐어요. 어려서부터 할아버지에게 나무를 심고 묘목을 모아 땅에 심는 법을 배웠는데, 마을에는 벌목이 금기시 되는 신성한 장소가 많았습니다. 낮에 제가 잠이 들면 할머니는 열매가 많이 달린 나무 그늘에 저를 눕혀 주셨죠.

농사를 짓는 땅을 일굴 때도 사람들은 항상 과일나무를 그대로 두었습니다. 심지어 농장 한가운데 있어도 말이죠. 농장에 울타리를 칠 때면 사람들은 기존 나무들을 울타리 안으로 포함시켰고, 땅은 항상 나무, 풀, 낙엽 아니면 다양한 종의 작물들로 덮여 있었어요.

아프리카는 원래 풍요롭다

할머니는 대부분의 아프리카 여성처럼 유기농 방식으로 농사를 짓는 소농이었습니다. 할머니의 조그마한 땅에는 다양한 작물이 자랐어요. 수수, 옥수수, 고구마, 호박, 오이, 동부콩, 땅콩, 각종 견과류, 온갖 채소들과 백화채 같은 풀들이었죠. 할머니는 다른 작물을 함께 심어 서로 협력시키는 방법을 잘 알고 있었어요. 그래서 저를 비롯해 우리 친구 중 누구도 어린 시절 굶주렸던 기억은 없습니다.

소년 시절, 우리는 마을 소를 돌보는 책임을 맡았죠. 아침이면 소를 초원으로 몰고 가면서 한 번도 먹을 걸 챙겨 본 적이 없었습니다. 1월부터 12월까지 매일매일 눈앞에 놀라운 풍경이 펼쳐졌지요. 우리는 야생에서 과일, 견과류 등을 채집했고, 소들이 쉬는 오후에는 작은 동물을 사냥하거나 강에서 물고기를 잡아 구워먹곤 했답니다.

하루 종일 30킬로미터 이상 걸어야 했기 때문에 저녁에 돌아오면 쉬고 싶은 생각이 간절했어요. 하지만 배는 이미 불러 있어서 저녁 식사를 기다리진 않았죠. 자연은 항상 우리의 필요를 충족시켜 주었으니까요. 집과 숲 속에서 우리는 항상 깨끗한 샘물을 마셨습니다. 반짝이는 맑은 시냇물은 1년 내내 흘렀고 큰 웅덩이들에는 물고기와 수생 동물이 풍부했어요.

척박한 삶과 황량한 땅

저는 학교를 다니기 시작했고 교사가 되어 하라레로 이주했어요. 이후 말라위, 케냐, 탄자니아, 우간다, 잠비아 등 남아프리카 여러 나라에서 일했죠. 요즘은 고향을 방문하면 많은 변화가 보입니다. 오른쪽을 보든 왼쪽을 보든 눈앞에는 오로지 넓은 옥수수 밭이 있어요. 옥수수만 보이죠. 그런데 옥수수 상태가 썩 좋아 보이지 않아요. 질소 결핍 때문에 노랗게 되거나 유기물이 고갈된 토양 때문에 더 이상 물을 저장하지 못하고 시들해진 경우가 많습니다.

근대적 농업 방식에 따라 마을의 나무가 잘려 나가면서 풍경은 황량해졌고, 다양한 종의 식물과 동물이 사라졌습니다. 농장을 만들기 위해 땅을 개간하면서 서식지가 파괴되었고, 살충제와 화학비료를 광범위하게 살포하여 많은 동식물이 죽임을 당했죠. 말라위에서는 농가 보조금 지급 프로그램(Farm Input Subsidy Programme, FISP)으로 국가 예산의 20퍼센트를 지출합니다. 그 계획의 골자는 농부들에게 농약을 사는 데 필요한 지원금을 주는 거예요.

짐바브웨에서도 농업 개발 자원의 대부분이 이른바 식량 안보의 핵심으로 간주되는 옥수수 생산에 들어갑니다. 하지만 이는 대지와 인간 모두에게 영양적으로 심각한 문제가 되죠. 유년 시절 물이 흐르고 물고기를 잡았던 강과 시내와 샘은 죽어버렸습니다. 오늘날에는 모래만 보일 뿐입니다. 저는 이제 아이들에게 강에 생긴 천연 수영장을 보여 줄 수 없어요. 이것이 바로 단일 재배, 농약, 침식이 땅과 사람에게 미친 영향의 실체입니다.

교사 생활을 하면서 아이들 10명 가운데 9명이 아침을 먹지 못하고 학교에 오는 모습을 봅니다. 대부분 소위 0-0-1 식단을 따르는 셈이죠. 아침과 점심을 거르고 오직 저녁만 먹는 겁니다. 그나마 저녁도 보통 정제된 옥수수 가루 한 접시와 약간의 채소예요. 숨은 기아(hidden hunger)가 있다는 말입니다. 먹을거리가 넉넉해 보이는 아이들도 실상을 보면 1년 내내 오로지 흰 밀가루나 옥수수 혹은 쌀만 먹고 있죠. 이러한 상황은 건기에 더 심각해집니다.

식민주의와 세계화가 남긴 것

식민주의와 세계화가 이 땅에 미친 영향을 보면 슬퍼집니다. 돈이 되는 작물과 대규모 산업형 농업에 치중한 결과, 토양은 척박해지고 외국 시장에 대한 의존도가 높아졌습니다. 그러나 더욱 심각한 것은 식민주의와 세계화가 사람들에게 끼친 영향이에요. 아프리카인은 항상 이런 말을 들어왔어요. "당신들이 조상으로부터 배운 건 시대에 뒤처졌고 원시적이다." "우리가 당신들에게 '진보'를 가져다주었다."

지금 온갖 고통과 가난에도 불구하고 많은 아프리카인이 견디는 이유는 무엇일까요? 그건 바로 언젠가 자신도 미국식 생활 방식, 즉 대형 텔레비전이 있는 넓은 집, 속도가 빠른 자가용, 슈퍼마켓에서 구매하는 다양한 음식 등을 누릴 거라는 꿈이 있기 때문이죠. 많은 아프리카인이 그러한 가치를 따르면서, 첨단 기술과 값비싼 것만이 진보라고 여기고, 유기적 방법론을 취하는 사람을 원시적이고 열등하다며 무시합니다. 유기적 방법론이 조상들의 방식을 따른다는 이유 때문이에요. 복잡하고 값비싼 건 진보적이고, 손쉽고 자연적인 해결책은 구시대적으로 여기는 거죠.

아프리카 소녀들 가운데 일부는 좀 더 하얗게 보이려고 피부의 검은 멜라닌 색소를 제거하는 위험한 화학 표백제를 사용합니다. 또 오늘날 '좋은' 아프리카 여성은 해 뜨기 전에 일찍 일어나 집 주변을 쓸기 시작하죠. 아침이 밝아 오면 온 마을이 먼지로 뒤덮입니다.

등교 후 첫 시간에도 아이들이 학교 마당을 씁니다. 이렇게 쓸어 내고 '청결함과 정돈'을 만드는 습관이 큰 문제인 걸 모르기 때문이에요. 낙엽을 쓸어버려 겉흙은 침식으로 파괴되고, 흙과 함께 있던 유기 폐기물은 쓰레기로 소각됩니다. 텃밭이나 농장에서 비료로 사용할 수 있는 유기물을 버린 셈이에요. 현재 아프리카에서는 고유의 자연 비료를 태워버리고 유럽에서 생산한 산업 비료를 사들이는 기묘한 풍경이 반복되고 있습니다.

　무엇보다 많은 아프리카 공동체들이 스스로를 가난하다고 믿는 것이 문제입니다. 개발 기구들은 그들에게 다가가 "당신들의 문제는 무엇입니까? 라고 질문하죠. 이것을 시작으로 사람들 마음에는 '가난'이라는 딱지가 붙습니다. 우리는 문제점을 생각하라고 교육받을 뿐 우리가 가진 축복에 대해서는 배우지 않습니다. 하지만 저는 아프리카가 가장 풍요로운 대륙이라고 확신해요. 우리는 금광 위에 앉아 있어요. 비옥한 토양, 화창한 기후, 다양한 종의 생물이 아직 존재하죠. 여전히 기억되는 지혜와 전통도 우리에게 필요한 모든 것을 제공해 주고요. 하지만 우리는 먼저 그것을 깨닫고 올바른 방식으로 함께 연결하는 법을 배워야 합니다.

인생을 바꾼 퍼머컬처

　1996년 저는 하라레 근처의 팜비드자나이 퍼머컬처 센터Fambidzanai Permaculture Centre를 방문해 퍼머컬처 디자인 과정을 교육받았어요. 이 배움이 제 인생을 바꿔 놓았죠. 퍼머컬처는 현대적 삶에서 파편화된 요소인 살아가기, 가르치기, 식량 기르기를 분리하지 않고 하나로 모읍니다.

　그것들은 애초에 분리된 것이 아니라 각 요소들이 상호 보완적인 방식으로 통합되고 일정한 방식으로 주기적인 순환을 하니까요. 제게 퍼머컬처는 마치 고향에 돌아온 것 같았습니다. 우리 아프리카인의 삶과 사람 그리고 땅에는 소위 말하는 근대 산업형 농업보다 퍼머컬처가 훨씬 잘 맞는다고 생각해요.

저는 교사를 그만두고, 현재는 짐바브웨, 말라위를 비롯한 아프리카 여러 국가에서 황폐화되고 장식용으로만 존재하던 학교 마당을 먹을거리를 생산하는 숲으로 변화시키는 일을 하고 있습니다. 다행히 짐바브웨의 모든 학교는 최소 4에이커(약 5,000평) 정도의 땅을 가져야만 한다는 규정이 있었죠. 사람들은 척박하던 모래땅이 놀라울 정도로 쉽고 빠르게 풍요롭고 다양한 열매가 열리는 숲이 되어 아이들에게 먹을거리를 제공하는 모습에 놀라곤 합니다.

그 첫 단계는 유기 폐기물을 쓸고 청소하는 습관을 변화시키는 거예요. 우리는 유기물을 땅에 그대로 두는 것부터 시작했고 더 나아가 땅을 덮기 위한 유기물을 더 모았습니다. 아프리카의 유기물은 매우 빠르게 부식되어 금세 씨앗을 심을 수 있는 겉흙으로 바뀝니다. 또 아프리카 기후에서는 어떤 나무의 경우 1년에 1.5미터 이상 자라기 때문에 아이들은 짧은 기간 동안에도 나무가 얼마나 자랐는지 알게 되죠.

우기와 건기가 나뉘어 있지만 대부분 지역에는 평균 800밀리미터 정도의 넉넉한 비가 옵니다. 우리는 사람들이 빗물을 사용하지 않고 버리는 일이 없도록 관리했어요. 또 물이 시간을 두고 땅에 스며들 수 있도록 '키라인keylines(일종의 등고선을 따라 강우 유출량을 제어해서 토양을 비옥하게 하고 물을 충분히 흡수할 수 있도록 시설물이나 저수지, 식생 등을 디자인하는 것-옮긴이)'이라고 불리는 방식으로 도랑을 파서 수로를 만들었습니다.

1년 뒤 척박했던 학교 마당은 과일나무 숲으로 바뀌었습니다.

흙이 촉촉해지고 빗물이 모이면 농장은 1년 내내 충분한 물을 얻을 수 있어요.

다음 세대를 위한 희망 가꾸기

가장 어려운 건 나쁜 습관과 잘못된 생각의 틀을 버리는 일이에요. 청결에 대한 사고방식이 한 예입니다. 흙이나 유기물은 폐기물이나 오물이 아니라 생명입니다. 사람들은 자신들이 이미 얼마나 풍요로운지 인식해야 하죠. 그럼 더 이상 농장을 만드는 일이 그렇게 힘든 일이 아님을 알 수 있을 거예요.

미래를 위한 희망은 있습니다. 저는 다른 모든 생명체와 우리가 생태적인 세계에서 다시 연결되는 때가 오면, 아프리카에 그 세계를 이끌어 갈 잠재력이 있다고 믿습니다. 이곳에는 여전히 공동체에 대한 감각이 남아 있고, 무엇보다 우분투 정신이 존재하기 때문이에요. 이 말은 '당신이 있기에 제가 있습니다'라는 의미를 담고 있습니다.

아프리카 대륙은 여전히 땅과 연결되어 살아갑니다. 저는 많은 학교 공동체들과 함께 일하면서 기쁨을 느꼈습니다. 그들은 또 다른 세계가 가능할 뿐만 아니라, 우리가 삶의 질을 향상시킬 수 있음을 스스로 입증했죠.

살면서 제가 경험한 많은 교육 중에서 퍼머컬처 디자인 과정(PDC)과 생태마을 디자인 교육(EDE)은 제 삶에 가장 깊은 영향을 미친 두 경험이라고 단언할 수 있습니다. 저는 이 훌륭한 도구를 가지고 학교 공동체와 생태마을 계획들을 만나고 다니죠. 또한 관련된 모든 이들과 좀 더 나은 미래를 함께 만들기 위해 노력합니다.

이 과정에서 아프리카 공동체들과 세계 생태마을 네트워크인 젠GEN을 연결하는 활동도 하고 있죠. 저는 제 아이들과 그 다음 세대에게 물려줄 무언가가 아직 사라지지 않았다는 희망을 품습니다.

공동체를 위한 제안들

솔루션 라이브러리Solution Library에서 찾아보세요.
- 습지대Swales – 지하수를 보충하기 위해 빗물을 저장하는 방식.
- 학교 마당을 과일나무 숲으로 바꾸기Turning school yeard in to fruit forests – 다음 세대를 교육하고 키우는 일.

아프리카의 녹색 학교들

생태적 삶을 찾아가는
공정 여행

산델레 에코 리트릿
Sandele Eco-Retreat
....
감비아

감비아 카통에 위치한 산델레 에코 리트릿은 공정 여행을 실천하는 곳입니다. 이곳의 숙소는 시멘트 사용을 최소화하는 대신 석회를 첨가하여 안정성을 높인 압축 흙벽돌로 지어졌고, 전기, 온수, 급수 또한 태양열 발전과 풍력 발전을 통해 공급됩니다. 모든 숙소에 생태화장실을 갖추고 있으며 화장실, 샤워, 세면대 등에서 사용하는 물을 최소화하여 물을 정화할 수 있는 인공 습지 시스템도 운영합니다.

잉글랜드 출신의 설립자 게리 미쉘과 모리스 필립스는 이 프로젝트를 카통 마을의 공동 관심사로 만들기 위해 지역 사회와 매우 긴밀하게 협력 중입니다. 카통은 생태마을로의 공식적인 전환 단계에 있으며, 2014년 이후로는 마을 사람들이 직접 마을의 개발 계획을 변화시키고 개선할 수 있도록 생태마을 디자인 교육(EDE)을 운영하고 있습니다.

이 글의 마지막 부분에는 EDE 과정을 밟은 감비아 청년 길버트 제

게리 미쉘Geri Mitchell과 모리스 필립스Maurice Phillips.

씨Gilbert Jassey의 짤막한 이야기가 나옵니다. 그는 지역적 실천과 세계적 비전을 가로지르는 젠GEN의 비전을 잘 보여 줍니다.

게리 미쉘

우린 영국에서 오랫동안 사회 복지 분야의 직장을 다녔습니다. 높은 지위까지 오른 뒤에는 다른 곳에서 새로운 삶을 사는, 인생의 다음 단계를 함께 꿈꾸었죠. 많은 곳에서 영감을 얻었고, 우리는 새로운 방식의 여행을 만드는 비전을 실현할 곳으로 감비아를 선택했습니다. 5년 뒤 우리는 파자라Fajara의 사파리 가든 호텔을 카퉁 지역에서 생태적 수양과 교육을 할 수 있는 센터로 개조했고, 현재는 이곳을 지역 경영진에게 양도한 상태입니다.

우리는 전통적인 방식에 따라 마을 어르신들에게 콜라나무 열매를 선물로 보냈고, 그들은 우리를 마을 토론에 초청해 주었죠. 지역 전체가 혜택을 얻을 수 있도록 우리는 마을 이름으로 땅을 등록했습니다. 카퉁은 정부가 처음으로 민간 투자를 위해 다시 거둬들인 원주민 땅이

산델레 에코 리트릿

었어요. 우리가 현재 마을에서 임대한 이 땅은 25년의 계약이 종료되는 동시에 고스란히 반환될 겁니다.

우리는 심사숙고 끝에 이름을 골랐어요. '산델레Sandele'라는 이름은 감비아 만딘카Mandinka 부족의 언어에서 따온 말로 '지금'을 뜻하는 '사인Sine'과 '고요하라'를 의미하는 '델리Dehli'의 합성어입니다. 이곳 엄마들은 아이를 재울 때 '시니들레이Sineedehleh'라고 속삭입니다. '이 순간 고요히'라는 뜻이에요. 우리의 생태적 휴양에 딱 맞는 표어라고 생각했죠.

지속가능한 여행 만들기

우리는 진정한 자연 친화적 숙소를 만들기 위해 지속가능한 에너지 자원을 사용하고, 생태화장실을 통해 물을 절약하고, 지속가능한 건축 방법에 도전하는 등 '에코 리트릿Eco-Retreat'의 'E'가 의미하는 환경을 위해 많은 노력을 했어요. 집을 지을 때도 숲을 보호하려는 의도에서 목재를 최대한 적게 사용하려고 했지만, 콘크리트를 대안으로 삼기엔 그 환경적 영향이 너무 컸고, 흙으로 만든 벽돌은 이곳 우기의 습도를 견뎌낼 수 없었죠.

우리는 오로빌에서 최적의 건축 기술을 배웠어요. 석회와 흙을 섞어 인도에서 수입한 기계로 압축해 단단하고 방수 기능이 뛰어난 벽돌을 쉽고 편리하게 만들었어요. 강둑에는 석회를 추출할 조개껍질이 충분했고 산델레의 토양도 이 기술을 활용하기에 최적이었습니다. 우리는 모든 건물을 압축 흙벽돌로 지었어요. 이 방식이 꽤 성공적이어서 우리

모리스는 콘크리트를 대체할 만한 지속가능한 건축 재료인 압축 흙벽돌을 감비아 전 지역에 알렸습니다.

는 감비아 전역에서 이렇게 생태적 방식으로 집을 지을 수 있는 건축 회사를 설립했습니다.

지역과 함께하는 호텔

에코E-co의 'Co'는 공동체를 의미해요. 우리는 최소한 70퍼센트의 직원을 마을에서 고용하고, 가능하면 현지 물품을 구매하고, 숙소 수익금의 일부를 마을 개발 기금으로 기부하겠다고 다짐했고 이를 실천했어요. 초창기부터 우리는 모든 중요한 결정을 내릴 때마다 지역 어르신들을 비롯한 마을 발전 협의회와 논의했죠. 보통 큰 호텔은 직원이 아니고서는 지역 주민이 접근할 수 없는 경우가 많습니다. 아프리카의 많은 지역 주민이 관광객에게 장신구나 수공예품을 팔아 생계를 유지하는데, 관광객 입장에서는 방해받는다고 느낄 수도 있으니까요.

산델레에서는 이 문제를 다르게 풀었어요. 저희는 지역 상인을 문전박대 하지 않고, 반대로 상인들을 받아들여 호텔 안내소에서 물건을 전시하고 적절한 가격으로 팔 수 있도록 제안했죠. 이로 인해 지역 상인들은 전보다 훨씬 더 많은 수입을 얻게 되었습니다. 몇몇 상인은 우리 제안을 받아들여 함께 워크숍을 열어 관광객들의 뜨거운 반응과 칭찬 속에 자신들의 문화를 널리 알리기도 했어요.

술에 취하지 않고는 손님에게 말도 못 걸 정도로 부끄러움이 많아 주민들 사이에서도 따돌림을 당하던 사람이 있었는데, 우리의 이런 접근 방법을 통해 완전히 달라졌습니다. 그는 우리 호텔에서 관광객을 대상으로 제품을 팔아 조카들 학비를 지원하고 마을 사람들과도 잘 어울리게 되었답니다.

우리는 모아둔 돈을 숙소와 식당을 짓는 데 다 써버렸어요. 호텔을 운영하는 과정에서 우리가 지불한 수업료는 생각보다 비싸서, 바라던 것보다 일찍 돈이 다 떨어졌죠. 감비아에는 에볼라 바이러스 환자가 발생한 적이 없음에도 불구하고, 많은 관광객과 수행단체 손님들이 예약을 취소해서 경영이 어려워질 때도 있었어요. 현재로선 쉽지 않지만 수입이 좋을 때만 객실을 확장하는 방식으로 공사를 진행하고 있습니다.

우리는 손님이 몰리는 날이 좋은 겨울철에만 직원을 채용하는 게 아니라 1년 내내 고용을 보장할 수 있도록 힘을 합치고 있어요. 또 손님들이 다시 많이 방문할 거라고 믿습니다. 산델레는 숲과 해변이 공존하는 마지막 장소니까요. 관광부 장관 역시 지나친 개발과 벌목으로 인한

에코 롯지에서의 공정 여행과 꿈같은 휴식.

산림 훼손으로부터 이곳을 보호하겠다고 약속했고요. 이곳은 여름 우기에도 비만 계속 오는 것이 아니라 화창한 날씨가 있습니다. 숲의 생명력이 살아 숨 쉬는 우기의 매력을 관광객들이 놓치는 것이 안타까울 뿐이죠.

산델레 에코 리트릿

EDE, 변화를 위한 기술

2014년 우리는 젠GEN과 가이아 에듀케이션과 함께 생태마을 디자인 교육(EDE) 과정을 열었어요. 카퉁에서 24명의 청년이 참석했고 퍼머컬처, 지역 경영, 토지 이용, 문화적 유산을 지키는 방법과 노력에 대한 교육이었죠. 청년들에게는 인생을 바꿀 만한 좋은 경험이 되었지요. 그들 대부분이 이런 배움과 기술을 카퉁에서 자신의 삶에 적용시키기 위해 노력하고 있습니다.

이제 마을에는 퍼머컬처 농장, 유기농 벌꿀 농장이 생겼고, 전통 팜 오일과 와인의 생산과 투자를 통해 스스로 지속가능한 시스템이 갖춰졌어요. 맨드로브 강의 어류와 폐조류 개체 수를 유지하기 위한 프로젝트도 시작되었고요. 청년들은 생태마을로의 전환을 꿈꾸는 신념을 가지고 카퉁 변화의 주도자가 되었습니다. 물론 과정이 순탄하기만 했던 건 아니에요. 지역의 유력 인사들이나 관리들과 충돌하기도 했죠. 어떤 마을 주민들은 자신들의 통제권을 빼앗길까봐 두려워했으니까요.

하지만 저는 감비아의 전통 속에는 세상을 향한 큰 선물이 있다고 믿습니다. 감비아 사람들은 서로 다른 문화와 종교를 가지고도 평화롭게 함께하는 방법을 알고 있으니까요. 그들은 자신들의 오랜 지혜를 지속가능한 전략으로 통합시키는 방법을 배우게 될 것입니다. 우리는 25년 뒤 완전히 은퇴해서 바오밥 나무 그늘 아래 있는 집에 살며 마을의 일원으로 남기를 희망합니다.

카통 출신의 길버트 제씨

부모님은 제가 법을 공부해 변호사가 되길 바라고 저를 감비아의 수도 반주Banju로 보냈어요. 그렇지만 저는 2011년 어느 날 코샤 쥬베르트의 강연을 통해 젠GEN과 생태마을에 대해 접했고, 거기서 큰 영감을 받아 고향인 카통으로 돌아가 그곳에서 활동하기로 결심했습니다.

퍼머컬처에 대한 책을 읽고, 독일 지벤 린덴에서 열린 EDE에도 참석해 많은 걸 배웠죠. 저는 카통에서 퍼머컬처 시범 농장을 시작했고 2014년에는 EDE 과정을 돕기도 했습니다.

www.sandele.com

공동체를 위한 제안들

솔루션 라이브러리Solution Library에서 찾아보세요.

- 공정 여행Responsible Tourism – 자연환경을 보호하며 수익을 창출하기.
- 압축 흙벽돌Compressed Earth Bricks – 지역의 자원을 활용하는 건축법.
- 이슬람 지역의 생태화장실Compost Toilets in Islamic Region – 지속가능한 방법으로 문화적 불편함을 해결하는 방법.

산델레 에코 리트릿

정부와 시민, 두 방향의 전략

마콤벨Mbackombel, 기디 샹띠Guédé Chantier
....
세네갈

세계적으로 봐도 세네갈 정부는 지속가능한 개발을 위해 전국에 생태마을 프로그램을 도입한 첫 번째 국가입니다. 45개의 전통마을을 생태마을로 전환시킨 전국 네트워크인 젠 세네갈GEN-Senegal의 성공을 경험한 세네갈 정부는 2008년 8월 전국에 있는 1만 4,000개의 마을을 생태마을로 전환하기로 결정합니다.

목표가 상당히 높아 보였지만, 세네갈의 생태마을 국가 기관(National Agency for Ecovillages, 이하 ANEV)은 이미 100개 이상의 생태마을을 만들었습니다. 이 글에서는 마콤벨 마을의 사례를 통해 위에서 아래로 향하는 하향식의 접근 방법을 쓰려면 어떻게 해야 하는지 알아보려합니다. 또한 어떻게 지역 사람들의 힘을 모아 상향식 개발을 추진해야하는지는 기디 샹띠의 사례를 돌아봅니다.

기디 샹띠는 젠 세네갈 네트워크에 속하는 생태마을 중 하나로

ANEV의 활동 역시 젠 세네갈의 성공적인 활동에 기반하기 때문입니다. 기디 샹띠에 대해서는 전 시장이자, 현재 젠 아프리카의 대표인 오스만 페임 박사가 이야기를 들려줍니다.

공장식 농업의 폐해를 극복하기

차를 타고 세네갈 농촌을 지나다 보면 지역의 문제를 엿볼 수 있습니다. 서부 아프리카 국가들은 사막화와 생물 다양성의 감소라는 위기를 겪고 있어요. 세네갈 역시 거스를 수 없는 세계적인 흐름에 따라, 전통적인 유기농업에서 거대 규모의 공장식 농업 생산 방식을 택했습니다. 그리고 오랜 시간이 지나 결과적으로 토양이 고갈되었죠.

전 지역의 삼림이 염소를 몰고 땔감을 찾는 주민들에 의해 사라졌습니다. 길가에 덩그러니 한 그루만 남은 바오밥 나무가 이런 현실을 상징적으로 보여 주죠. 작은 마을 외곽과 초가집 가장자리의 먼지 자욱한 밭에는 아주 조금의 풀만 자라고 있어요. 마을을 떠나 도시 빈민가로 이주하는 인구만 빠르게 늘었고요.

마콤벨은 수도 다카르Dakar에서 약 100킬로미터 떨어진 곳입니다. 550여 가구가 사는 평범하던 마을은 ANEV의 시범 사업에 선정되면서 점차 바뀌었죠. 주민들은 장엄하고 웅장한 바오밥 나무 아래에서 노래 부르고 춤을 추며 방문객을 환영합니다. 이어서 외딴 마을의 삶을 눈에 띄게 변화시켜 준 태양광 발전 시스템을 소개하죠. 주민들은 이제 가로등과 가정용 전기를 사용하고 있습니다.

게다가 학교에는 태양광 충전 노트북이 있는 컴퓨터실도 있답니

마콤벨은 마을의 중심에 있는 거대한 바오밥 나무의 이름에서 유래합니다. 이곳에서 농부들은 혼합된 문화, 종자의 다양성 그리고 점적 관개를 활용해 친환경 정원을 가꾸는 등의 새로운 방법들을 시도합니다.

정부와 시민, 두 방향의 전략

다. 이곳에서 아이들과 어른들은 인터넷을 통해 세상과 연결을 시도하죠. 세계와 지역이 놀랄 만큼 가까워진 셈이에요. 주민들은 적은 돈으로 전기를 사용할 수 있는 시스템을 개발했고, 여기서 얻은 수익으로 지역 청년들에게 일자리를 제공하거나 시스템을 유지 보수합니다.

기술이란 나무를 심다

몇몇 여성은 땔감을 아끼는 새로운 조리법을 보여 줍니다. 어느 문화에서든 요리는 매우 일상적인 일이죠. 가축의 배설물을 사용하는 바이오가스 시설을 가스스토브에 직접 연결해서 사용할 수도 있지만, 아직 충분히 활용하고 있진 못합니다. 이런 변화는 시간이 필요한 일이니까요. 사람들이 자신의 라이프스타일 전반을 바꾸기 위해서는 높은 주인 의식도 함께 필요합니다.

위와 반대로 마을 여성들이 현재 보편적으로 사용하는 건 흙으로 만든 로켓스토브입니다. 개발 단계부터 여성들이 직접 참여한 조리 기구죠. 그녀들은 심지어 다카르 대학의 전문가들이 만든 디자인을 향상시키기도 했어요. 이는 풀뿌리 교육 학교에서도 보기 드문 사례입니다.

현재 마콤벨에서는 나무를 절약하는 요리 스토브를 생산 판매하여 공동체 경제에 한몫하고 있어요. 또한 여러 종류의 태양열 조리기가 땅콩을 건조하는 등 그들의 태양열 기술을 입증하는 데 사용됩니다.

마콤벨에서 실행된 다양한 생태마을 기술 가운데 비교적 성공적이었던 기술은 숲 다시 만들기, 마을 텃밭에서 기후 친화적으로 농사 짓기, 흙벽돌을 이용한 생태건축, 토종닭 키우기, 연못에 빗물 저장하기,

마콤벨에 있는 태양 전지판은 마을의 밤에 빛을 가져다주었습니다.

물을 절약하는 관개 시설 만들기, 염소로부터 어린 나무 보호하기 등입니다. 이러한 기술을 통해 마을과 주변 농가의 삶의 질은 눈에 띄게 향상되었어요.

하지만 모든 개발 사업에 대한 우리의 질문은 '그 과정에 지역 주민들이 얼마나 참여했는가, 개발의 주체가 되었는가'입니다. 이상적이긴 하지만 진정한 주인 의식은 지역 주민들이 전 과정에 참여하면서, 자신들의 성공에 대해 정당한 자부심을 가져야 하며, 앞으로의 개발 계획을 이해하고 자신들이 직접 그 의미를 정의할 수 있어야 발휘된다고 생각하니까요.

ANEV는 개발 사업에 적극적으로 참여하고 그 모든 결과에 대해 기꺼이 책임을 지려는 마을을 우선적으로 선별하여 지원합니다. 모든 주민들, 즉 연장자, 남성, 여성, 청년 들까지도 모두가 이에 동의해야 하죠. 주민들은 마을 대지의 일부를 숲으로 다시 만드는 일에도 찬성해야 하고, 마을의 새로운 친환경 기반 시설을 주변 마을과 공유하는 것에도 동의해야 합니다. 마지막으로 이런 친환경 기반 시설로부터 얻은 수익의 일정 비율은 앞으로 있을 사업의 초기 자금으로 모아 둔다는 조건도 있죠. 위기 상황을 대비해 공동체 은행에도 적립해야 하고요.

ANEV의 수장인 뎀바 바Demba Ba 대령은 자신의 접근 방법을 이렇게 설명합니다. "우리는 4가지 분야, 즉 마을의 논의 조정 구조를 강화하는 일, 분산된 물과 토양 관리를 포함해 지역 식량의 안정성을 높이는 일, 재생가능한 에너지를 사용하는 일, 지속가능한 자금 모금을 위해 민간 부문을 활성화하는 일에 집중합니다."

세네갈 생태마을 활동은 강력한 국가적 수피 전통에 의해서도 영감과 지지를 받고 있습니다. 다카르의 영적 지도자인 압둘라이 막타르 디오프Abdulaye Makthar Diop는 "생태마을의 개념은 우리나라의 전통적인 문화와 매우 깊게 연결되어 있습니다. 모든 종교에서 나무는 우리의 형제로 여겨집니다. 이슬람 문화에서는 누군가 나무를 심는다면 그건 자비로운 행위를 뜻합니다. 나무의 뿌리는 우리 민족의 근본과도 같습니다."라고 말합니다.

세계 생태마을 정상회의

2014년 12월에 세계 생태마을 정상회의가 다카르에서 개최되었습니다. 세네갈 정부와 세계 생태마을 네트워크(GEN)가 공동 개최한 이

2014년 12월 다카르에서 열린 젠GEN 정상회의에서 세네갈 정부와 젠GEN 대표들 간의 열린 대화 시간.

회의에는 40여 개의 나라가 참석했죠. 이 회의는 상향식 접근 방법과 하향식 접근 방법 사이의 거리를 좁힐 뿐만 아니라, 그 사이의 긴장을 완화시켜 주는 흥미로운 시도가 되었어요.

정부와 민간단체가 서로의 활동을 강화할 수 있는 부분이 많음은 분명합니다. 정부는 지속가능한 발전을 위해 생태마을운동을 널리 확산시키는 역할을 하고, 젠GEN과 가이아 에듀케이션은 풍부한 경험과 참여 주도적인 디자인, 풀뿌리 리더십을 제공하는 역할을 하죠.

세네갈의 총리는 아프리카 대륙에 생태마을 개념을 널리 알리기 위한 일환으로 정상회의 의장으로서뿐만 아니라 자신의 개인적인 약속도 표명했습니다. 환경부 장관은 폐막식에서 젠GEN이 추구하는 가치와 그에 대한 세네갈 대통령의 전폭적인 지지를 선언하는 결의안을 채택했죠. 세네갈의 인기 가수이자 명예 장관이기도 한 유수 운푸Youssou N'Four 역시 기꺼이 젠GEN의 친선대사로 활동하겠다고 선언했고요.

오스만 페임 박사, 기디 샹띠를 말하다

세네갈 리버 밸리River Valley의 기디 샹띠 마을은 이 지역에 관개 농업을 도입하려는 프랑스 식민지 개척자들에 의해 1933년 세워졌습니다. 그 과정에서 말리Mali와 모리타니Mauritania 같은 주변 국가에 살던 많은 사람이 기디 지역으로 강제 이주되었죠. 실제 50여 가구 600여 명이던 원주민 인구가 거의 7,000명으로 늘어났으니까요. 오늘날에도 알풀라스Halpulaars 족을 포함하여 월로프Wolofs, 사하홀르Sarakholes, 마우레스Maures, 밤바라Bambara 족이 조화를 이루며 살고 있죠. 이런 폭발적인 인구 증가는 농업에 필요한 관개용수 개발로 이어졌습니다.

한때 기디는 성공한 사회경제적 교차로로 자리 잡으면서 인접한 많은 마을에 활기를 불어넣었어요. 특히 1960년대 이후에는 많은 기관과 단체들이 수익성이 좋은 관개 농업 농장에 투자하면서 기디 샹띠 역시 지원을 받아 지역 농업을 성공적으로 발전시켰죠. 오늘날까지 기디에서는 벼농사와 함께 토마토, 양파, 옥수수, 오크라 등의 야채류를 혼작하고 있으며, 꿀과 약용 작물뿐 아니라 토종 과일과 외래종 과일까지 생산합니다.

1970년대까지 기디는 다른 지역과 달리 특정 기후를 가진 오아시스였으며, 지역을 가로질러 놓인 수많은 관개수로, 푸른 논, 공동체 텃밭,

마콤벨, 기디 샹띠

여러 가구가 함께 운영하는 과수원이 특징인 독특한 곳이었어요.

오늘날 기디는 근심 걱정 없는 과거의 풍요로운 삶에서 동떨어졌습니다. 사막화가 급속히 진행되어 계절의 순환이 파괴되었고 동식물의 개체수도 급격히 줄어들었어요. 전에 없던 모래 폭풍이 자주 더 위협적으로 나타나고 장기간의 무더위가 과거의 모든 기록을 넘어서며 급증했습니다. 시민, 농부, 어부 등 모두의 생활은 혼란에 빠졌죠.

이런 어려움은 1980년대 초반부터 시작되었습니다. 농업은 현재와 같이 대규모 산업화로 인한 문제들에 잠식되어 버렸죠. 씨앗, 비료, 농약 등의 투자 비용이 높아지고 농사 절기가 무시되고 토양과 물이 계속 오염되면서 수확량이 점점 줄어드는 악순환에 빠졌어요. 많은 농부들이 빚을 져야 했습니다. 심각한 위기가 복합적으로 나타나 사회경제적 생계를 포함한 전 분야에서 마을 주민에게 영향을 미쳤죠.

이렇게 가중된 어려움은 여러 구성원에게 현 상황을 성찰할 시간을 갖게 했어요. 2002년 9월 사흘에 걸쳐 농부, 여성, 청년, 어부, 학생, 교사, 기술자, 실업자, 퇴직자 등 각계각층의 구성원이 모였습니다. 그들은 모든 문제를 문서로 기록하여 그것들을 해결하자는 계획을 제시했죠. 그리고 2007년 12월에는 생태마을 총회가 열렸어요. 이 자리에서 기디 샹띠는 세네갈 리버 벨리의 첫 번째 생태마을이 되어 전국의 생태마을 네트워크(GENSEN)의 이상과 가치를 약속했습니다.

이 땅을 회복하기 위해

'생태마을'이라는 개념은 세상에 대한 사회적·경제적·문화적·생태적인 인식을 모두 포함합니다. 기디 마을은 생태적 차원의 관심을 넘어, 선조들의 과학 기술을 보존하고 주케레 앙담Jokkere éndam(상호 연대를 지향하는 삶의 방식-옮긴이) 같이 공동체의 연대를 최우선 순위에 두는 기초적 문화 역량을 장려하는 데 힘쓰고 있어요. 이는 더 건강하고 지속 가능한 프로젝트를 수행하는 과정의 하나입니다.

현재 에코 가디언Eco-Guardian 연합은 정기적으로 대규모 공공 정화운동인 셋 세탈set-setal을 운영합니다. 여기서는 연극을 통해 사람들에게 플라스틱 쓰레기, 화학 독성물질, 아동 영양실조, 성 접촉으로 인한 위험에 관해 교육하죠. 인구의 65퍼센트가 문맹인 이곳에 매우 적합한 소통 방법인 셈이에요.

최근에는 환경 파괴에 저항하고 토종 씨앗 채종을 장려하기 위한 유전자 자원 센터도 설립했습니다. 이곳에서는 토종 씨앗을 생산해 농부 연합에 자유롭게 배포하고, 농부들이 현장 학습을 통해 퇴비 만들기, 토종 씨앗 채종하기, 유기농 상품 만들기 같은 교육을 받도록 돕고 있습니다. 세네갈과 미국에서 온 학생들이 정기적으로 이 프로그램의 인턴으로 참여하여 도움을 주지만, 아직까지 재정적으로는 많은 어려움을 겪고 있어요.

또한 이 지역 여성들은 과일과 야채의 보관과 시장 판매를 위한 처리 기술을 배웁니다. 특히 여성단체들은 많은 과수원을 소유하고 특별한 수익 사업 조직을 운영하고 있죠.

머지않아 기디 마을에는 유엔의 지원으로 다기능 지역 환경 센터가 세워질 예정입니다. 이 센터는 기디 마을 사람들과 포도르Podor 지역 부처가 사막화, 토양 오염, 불규칙한 강수량, 홍수 등의 위협적인 기후 변

마콤벨, 기디 상띠

화에 대응하도록 돕는 역할을 할 거예요. 우리는 이곳에서 연합 회의, 영화 상영, 전시회, 연극 공연 등도 선보일 생각입니다.

특히 센터에 컴퓨터 장비를 갖추어 기디 마을이 세계의 청년들 그중에서도 젠GEN과 연결되도록 할 생각입니다. 세네갈의 첫 번째 생태마을인 기디 상떼는 세네갈 정부와 다양한 국내외 파트너들로부터 적극적인 지원을 받고 있어요. 현재 우리 생태마을의 가장 큰 소망은 마을 라디오 방송국을 설립하고, 유기농업으로 완전히 전환하는 거예요.

생태마을은 세네갈이 미래를 향한 자신의 길을 찾는 데 도움을 준 모범 사례입니다. 이 방법은 앞으로도 우리가 서양의 생활 방식을 넘어 우리의 전통 방식에 더 깊이 응답할 수 있게 도와주리라 믿습니다.

공동체를 위한 제안들

솔루션 라이브러리Solution Library에서 찾아보세요.
- 로켓 스토브Rocket Stove - 요리 시 나무 사용을 줄이기.
- 부문 교차 대화Cross-sector Dialogue - 사회적 변화를 위한 기반을 준비하기.

Global
Ecovillage
Network

라틴아메리카

Latin America

우리의 꿈 –
평화, 자급자족, 삼바

파벨라 다 파즈
Favela da Paz
....
브라질

유엔 조사에 따르면 현재 세계 인구의 절반이 넘는 사람이 도시에 살고 있으며, 2050년에는 3분의 2가 모여 살 것으로 예측됩니다. 그 결과 도시에는 빈민가가 늘어날 겁니다. 이미 10억 명에 달하는 인구가 도시 빈민 구역에 살고 있습니다. 남미 지역만 보더라도 전체 인구의 24퍼센트가 빈민가에 삽니다. 유엔 식량농업기구(Food and Agriculture Organisation, FAO)에 따르면 오늘날 도시 사람들은 식료품비 증가와 원자재 부족이라는 문제에 직면해 있고, 폭력과 범죄라는 이중의 고통을 겪고 있습니다.

생태마을이란 개념은 보통 시골 지역과 도시 인근에 위치한 인간적인 규모의 거주지로서의 마을과 공동체를 뜻합니다. 하지만 빈민 구역 역시 지속가능하고 안전한 장소가 될 수 있습니다. 지역 사회 주민들의 역량을 강화하고 사회적인 목소리를 내고 자원의 소비를 줄이고 식

클라우디오 미란다Claudio Miranda.

량과 에너지의 일부를 스스로 생산하는 방법을 배우면서 말입니다. 지금부터 그러한 생태마을운동의 사례를 살펴보려 합니다.

브라질 상파울루에 있는 자르딤 안젤라Jardim Angela 지역은 80만 명이 사는 곳으로, 1990년대 유엔이 세계에서 가장 폭력에 취약한 지역 중 하나로 평가한 곳입니다. 하지만 그들이 모르는 것도 있습니다. 도심의 익명성과 달리 이곳 파벨라 지역 사람들은 서로에 대해 잘 알고 있고, 할 수 있는 한 언제든지 서로 돕는다는 겁니다. 파벨라 다 파즈 공동체는 자급자족을 위한 모범 사업으로 성장하고 있습니다. 비상근 활동가 클라우디오 미란다는 41세의 남성으로, 거부할 수 없는 매력적인 미소를 가진 음악가입니다!

클라우디오 미란다

저는 이곳 파벨라에서 태어나 자랐습니다. 파벨라에는 늘 경찰과 마약 밀매와 폭력이 존재하죠. 언제나요. 거리의 아이들로 가득한 이 지역의 부모들은 자녀들이 거리에 나가지 못하게 합니다. 또한 이곳은 공식적인

파벨라 다 파즈

거주지로도 인정되지 않기 때문에 정부가 20년 동안 쓰레기를 수거하지 않았답니다. 경찰과 갱단 중 누가 더 나쁜지 알 수 없는 그런 곳이죠.

그래도 어린 시절 형과 저는 빈 깡통으로 콘서트를 열었어요. 주변에는 쓰레기로 가득했고 진짜 악기를 얻는 것은 현실적으로 불가능했지만요. 음악은 다른 아이들의 마음까지 움직였고 그렇게 13명의 친구들과 함께 '포에시아 삼바 소울Poesia Samba Soul' 밴드를 시작해 지금까지 음악을 하고 있습니다.

음악이 없었다면 우리에게 무슨 일이 일어났을지 저는 알 수 없어요. 친한 친구 1명은 경찰의 범죄 현장 급습 중에 총에 맞아 죽었어요. 사실은 저도 거의 같은 운명에 처할 뻔 했습니다. 청소년기의 어느 날 밤, 우리 밴드는 악기를 들고 콘서트에 참가하기 위해 파벨라에서 이웃 마을로 가고 있었어요. 아직 어렸지만 당시 우리에겐 자동차 운전이 꽤 일상적이었죠.

경찰 검문 장소에 도착했을 때 경찰은 제가 악기를 훔쳤다고 주장했어요. 경찰관 1명이 제 머리에 총을 겨누며 "이봐, 이게 모두 정말로 네 악기라는 걸 증명할 수 있어?"라고 말했죠. 저는 덜덜 떨며, 만약 연주하지 못하면 경찰들이 우리 모두에게 총을 쏠지도 모른다고 생각했어요. 결국 머리에 총이 겨눠진 채, 저는 제가 처음으로 배웠던 악기인 작은 기타 카바키뉴cavaquinho로 목숨을 걸고 연주했습니다. 경찰은 음악을 듣고 나서야 천천히 총을 거두었죠.

그때부터 음악이 얼마나 깊이 누군가를 감동시킬 수 있는지 알게 되었어요. 그 후로 저는 40개의 악기를 연주할 수 있게 되었고, 우리 밴드는 많은 상을 받으며 오늘날까지 브라질 전역에서 연주하고 있습니다.

예술은 삶을 바꾸는 수단

제게 음악은 변화와 성장의 도구입니다. 우리는 부모님 집 지하에 음악실을 만들어 사람들에게 음악을 가르쳤죠. 아버지는 항상 우리를 지원해 주셨어요. 1990년부터 수백 명의 어린이와 청년 들이 우리의 음악 학교를 거쳤습니다. 이들 중 많은 친구가 음악을 통해 마약 현장을 떠날 수 있었고 자기 삶의 목적을 발견했답니다.

저는 점점 더 많은 사람들과 음악을 만들었지만 음반을 제작할 방법은 없었어요. 그러다 2004년에 첫 번째 임시 스튜디오를 열었죠. 지금은 전문적인 설비를 갖춘 8개의 녹음실에서 매월 300명이 넘는 뮤지션이 우리 스튜디오를 이용합니다. 2010년에는 30개의 밴드와 함께 파벨라 뮤직 페스티벌을 기획해 대성공을 거두었어요. 이 일로 파벨라를 폭력적이고 끔찍한 곳으로 여겼던 사람들에게 파벨라의 아름다운 면모를 보여 주어 인식을 변화시켰죠. 우리는 평화롭게 함께 살 수 있습니다.

우리는 청년들이 삶의 길을 찾을 수 있도록 자신의 꿈을 표현할 여러 기회와 방법을 모색하는 일을 도우려 노력했어요. 또한 영상과 영화 작업에 대해서도 지원했죠. 예술을 통해 사람은 자유를 경험할 수 있으니까요. 하지만 그럼에도 불구하고 현실은 냉혹합니다. 이곳에는 일자리가 거의 없어요. 전기는 들어오지만 물이 나오지 않거나, 물은 있는데 전기가 들어오지 않기도 하고요. 먹거리 역시 안전하지 않죠. 녹색 식물이 자라는 모습이라곤 찾아보기 힘들고, 거리는 마약거래상과 갱단이 장악하고 있어, 아이들은 좁은 아파트 말고는 놀 곳이 없어요. 게다가 무허가 주택들은 언제든지 철거될 수 있는 상황입니다.

우리는 무언가 해야 한다는 사실은 알고 있었지만, 뭘 어떻게 할지

파벨라 다 파즈

파벨라의 주택에 퍼머컬처 정원을 만드는 일은 자유를 향한 한 걸음입니다.

몰랐어요. 그때 제 아내 엘렘, 형 파비오와 다른 친구들 그리고 밴드 멤버들이 돈을 모아 저에게 유럽 여행 기금을 마련해 주었죠. 여러 장소들을 보았지만, 그중에서도 포르투갈의 타메라 생태마을이 인상깊었어요. 그곳에서 이전에는 들어 본 적 없던 퍼머컬처, 태양에너지, 생태마을, 그 외에 많은 걸 알게 되었으니까요.

함께 부르는 노래, 꿈을 담은 음악

타메라에 머무는 동안 저는 꿈을 꾸었습니다. 꿈속에서 파벨라 거리의 모든 사람을 보았어요. 다양한 세대 약 3,000명의 사람들이 퍼머컬처, 태양에너지, 풍성한 음악과 함께 행복하게 살아가는 모습이었죠. 저는 여행에서 돌아와 새로운 삼바 노래인 '파벨라 다 파즈'를 작곡했습니다.

이 노래에서 저는 부유하지는 않지만 독립적이고 자유로운 초록 세상을 표현했어요. 노래는 큰 인기를 얻어 우리에게 꿈을 실현할 수 있는 길을 발견하게 도와주었죠. 많은 지지자가 나타났습니다. 영국 기업인 러쉬Lush, 포르투갈 타메라 생태마을의 글로벌 캠퍼스Global Campus, 상파울로의 엘로스 센터Elos Center에서 기금과 함께 국제적인 전문 지식과 협력자들을 보내 주었답니다.

우리 식구들이 살던 집도 전에는 세대가 늘어날 때마다 무허가로 건물을 증축했지만, 지금은 생태적인 모델하우스로 변신했어요. 유럽에서 온 친구들이 태양열을 이용한 샤워 시설을 만들어 준 덕분에 언제든 원할 때 뜨거운 물로 씻을 수도 있게 되었죠. 이런 사치는 이웃들에게 큰 뉴스거리가 되었어요. 또 우리는 지붕 위에 빗물을 사용해 수분을 유지하는 퍼머컬처 정원을 만들었습니다. 전에는 좀처럼 거리에서 초록빛을 볼 수 없던 주민들은 이제 과일에서 씨앗을 모아 옥상 정원을 가꾸기 시작했죠.

1년 후 타메라의 글로벌 캠버스에서 온 후원자들이 이번에는 소형 바이오가스 시설을 설치했습니다. 이 시설은 인공적인 소의 위장처럼 작동하는데, 음식물 찌꺼기와 생태화장실의 부산물을 발효시켜 요리하는 데 사용할 수 있는 메탄가스를 생산하죠. 이웃들은 처음 가스 불꽃이 타오르는 것을 보며 "이건 기적이야!"라고 외치며 놀라워했어요.

우리는 정기적으로 새로운 시설이나 기술을 보여 주기 위해 집을 개방하고 이웃을 초대합니다. '어린이 날'과 같은 다양한 기념일을 만들어 거리의 아이들도 초대하고요. 아이들은 이제 이곳을 찾아와 자기 몸

파벨라 다 파즈

에 물감을 칠하고 그림을 그리며 놉니다. 사실 아이들은 그저 함께 있는 것만으로 좋아하죠.

말하는 대로

여러 해 동안 우리는 매달 콘서트를 열어 지역에 있는 이웃과 학교들을 초대했습니다. 그러다 2013년 10월 지역에서 열린 주민 행사에서는 파울로 멜렛Paulo Mellett, 루스 안드레이드Ruth Andrade와 엘로스 센터 Elos Center에서 온 사람들과 함께 '오아시스 게임Oasis Game(집단의 꿈을 구체화하기 위한 게임으로 모든 참가자가 승자가 되는 것을 목적으로 한다－옮긴이)'을 진행했어요.

또 이웃 주민들을 대상으로 설문 조사도 해 봤죠. '당신이 가장 바라는 것은 무엇입니까?'라는 질문에 주민 대부분은 아이들이 다시 밖에서 놀 수 있기를 희망한다고 대답했어요. 또 이 지역에 다시 나무가 자랄 수 있길 바란다고도 했고요. 몇 년이 걸리더라도 쓰레기가 반드시 수거되었으면 한다는 응답도 있었습니다. 결국은 이 설문 조사가 사람들을 변화시켰어요. 우리 설문에 응하는 것 자체가 변화를 향한 첫 번째 행동으로 여겨졌고 파벨라의 많은 주민들이 동참하게 되었죠.

2014년 2월에 우리는 포크 페스티벌, 삼바 축제, 지역 시장을 열어 함께 만든 놀이터 개방을 축하했어요. 우리가 심은 나무는 아직 작았지만 안뜰의 정원에서 벌써 첫 수확을 거둔 셈입니다. 그리고 우리가 거의 반생애 동안 기다려왔던 일이 뒤따라 이루어졌습니다. 드디어 도시 당국에서 쓰레기 수거 차량을 보내온 거예요!!

지역 주민들과 연결되어 지속가능성, 유기농 먹거리와 에너지에 대한 새로운 개념을 소개하고 의견을 나누는 것은 변화를 위한 중요한 발걸음입니다.

파벨라 다 파즈

저는 머지않은 미래에 파벨라 전역이 평화로운 파벨라로 변화하길 바랍니다. 저희를 지원해 주신 모든 분들께 감사의 마음을 전합니다.

공동체를 위한 제안들

솔루션 라이브러리Solution Library에서 찾아보세요.
- 도시 퍼머컬처Urban permaculture – 자연을 도심으로 들여오기.
- 오아시스 게임Oasis Game – 공동체의 꿈으로부터 함께 기적을 만들어 가기.
- 아이들의 날Day of the Children – 아이들을 공동체의 중심에 두기.

문화를 일구는 땅

테논드 포라Tenondé Porã
브라질

상파울루의 원주민 부족들이 모여 사는 테논드 포라는 라틴아메리카 생태마을 네트워크에 속한 생태공동체입니다. 이곳을 직접 경험한 저널리스트 헤니 프레이타스Henny Freitas는 테논드 포라 공동체가 남반구에서 가장 거대한 도시인 상파울루에 에워싸여 있음에도 불구하고 아름다움과 지속가능성을 모두 갖춘 곳이라고 말합니다. 이곳에는 시대를 초월한 진실된 원주민 토착 문화가 살아 숨 쉬고 있다고 말입니다.

헤니는 2008년부터 남아메리카와 오세아니아의 여러 공동체를 돌며 지속가능한 움직임을 취재해 온 저널리스트입니다. 그녀는 2012년 콜롬비아에서 열린 지속가능성 회의(Llamado de la Montana)에서 'CASA(Council of Sustainable Settlement of the Americas)' 즉, '남북아메리카의 지속가능한 삶터를 위한 협의회' 구성 과정에 참여했으며, 그 이후로는 젠GEN 뉴스레터에 글을 기고하고 있습니다.

헤니 프레이타스에게 숙소를 제공해 준 전통부족마을의 어느 할머니.

헤니 프레이타스

북미 원주민 이로쿼이족 연합의 철학에 따르면, 부족의 족장은 어떤 행동을 취할 때 언제나 그 행동이 이후 7세대에 걸쳐 어떻게 영향을 미칠지 고려한다고 해요. 마찬가지로 브라질의 원주민 부족들은 식민지화의 바람을 몰고 온 백인들 사이에서 살아가면서도, 그들의 언어와 문화 양식을 후대에 온전히 물려주기 위해 싸웠죠.

포르투갈인들이 상륙했던 서기 1500년 무렵보다 훨씬 오래전부터 브라질에 살았던 원주민들은 주로 브라질 땅의 네 귀퉁이로 퍼져 오래된 숲 근처에 알데이아aldeia, 즉 촌락을 이루고 살았어요. 16세기에는 브라질 전 지역에 1,000개가 넘는 원주민 부족이 있었고, 최대 400만 명의 원주민이 살았다고 전해집니다.

그런데 인류학자이자 작가인 다아시 히베이로Darcy Ribeiro의 1957

년 발표에 따르면, 20세기 초중반에는 브라질 원주민 인구가 20만 명에 가깝게 줄어듭니다. 거칠게 계산해 봐도 불과 4세기 사이에 브라질 원주민의 95퍼센트가 사라졌다는 말이에요. 그들이 적잖은 고통을 겪었음을 짐작할 수 있는 대목이죠. 오늘날 원주민 인구 수치는 다시 변화하고 있는데, 여러 연구를 살펴보면 다행스럽게도 21세기가 도래한 이후에는 대부분의 원주민 부족들 인구가 매년 약 3.5퍼센트씩 늘어나고 있습니다.

하지만 인류학자와 인구 통계학자, 보건의료 전문가 들은 이러한 인구 증가 수치 결과를 놓고 정확한 이유를 설명하지 못합니다. 이전에 통계 조사로 잡히지 않던 원주민들 때문인지, 의료 지원을 받으며 출산율이 점점 증가했기 때문인지, 아니면 원주민 인구수의 회복을 위해 의식적으로 노력한 결과 덕분인지 파악하지 못한 거죠.

현실에 발을 디딘 철학

브라질 원주민 공동체에겐 그들의 동지인 북아메리카 인디언들의 철학을 현실에 적용할 수 있는 시간이 아직 남아 있습니다. '백인' 문명이 그들을 방해하지만 않는다면요.

테논드 포라는 과라니(Guarani, 남아메리카 원주민 부족 중 하나로 볼리비아, 파라과이, 남부 브라질에 거주한다 - 옮긴이) 부족이 거주하는 세 지역 가운데 하나로 상파울루 근처에 자리합니다. 현재 이 공동체는 상파울루의 96개 지구 가운데에서 가장 거대하고 푸른 녹지에 위치해 있지만, 최근 브라질 수도 근처에 세 번째 공항을 건설하는 문제로 위협받는 중입니

　　　　　　　　　테논드 포라

테논드 포라는 상파울로 지역 내의 자연 낙원을 보호하려 노력합니다.

다. 그래서 우리는 공동체를 방문하고 이곳의 풍요로운 문화를 기록하려는 과정에서 많은 전화와 이메일을 통해 이번 취재의 목적에 대해 알려야 했죠.

가방을 싸고, 취재 장비를 점검하고 비행기를 예약한 끝에 마침내 우리는 테논드 포라에 도착했습니다! 하지만 취재는 우리 생각보다 간단하지 않았어요. 2명의 다른 리더와 함께 공동체의 대표인 카시키Cacique, 즉 추장인 치모치오 헤라 포피구아Timóteo Verá Popyguá를 직접 만나 우리의 정직함과 진실함, 취재 의도를 두 시간 동안 설명하고 증명하는 시간을 가졌습니다.

이야기가 끝났을 때 이미 날은 저물어 있었고, 우리는 여전히 앞으로 이곳에 머물러도 되는지 허락을 받지 못한 상태였어요. 다행히 공동체에서 그날 밤 머물 수 있는 빈집을 내주었죠. 다음날 아침에야 우리는 이곳 문화를 탐방하고 취재해도 된다는 허락을 얻었습니다.

지도자의 일

다음 날 새벽, 우리는 수탉들의 울음소리에 몸을 일으켰어요. 그리고 취재 목적과 관련된 약정서를 작성하기 위해 다시 한번 카시키를 만나러 갔죠. 약정에 쓰인 내용에 서로 합의하고서야 공동체의 다양한 일상에 참여할 수 있는 자격을 얻었습니다.

테논드 포라는 과라니 부족이 모여 사는 곳 중에서도 가장 규모가 큰 곳이에요. 이 공동체는 1930년대에 여섯 가족으로 시작했어요. 1960년 이후에는 더 많은 가족이 브라질 안팎의 다양한 지역에서 찾아와 합류했죠. 지금의 카시키는 이러한 이주 역사를 잘 보여 주는 사람으로, 1983년 브라질 남부의 파라나Paraná에서 이곳으로 이주했습니다. 오늘날 테논드 공동체에는 120개 가구, 총 700여 명이 26헥타르(약 8만 평)의 땅을 공유하며 삽니다.

하루가 끝나갈 무렵의 어느 비오는 날 오후, 카시키 치모치오는 우리에게 브라질, 파라과이, 아르헨티나, 볼리비아 그리고 우루과이에 널리 퍼진 과라니 부족의 문화에 대해 설명해 주었어요. "전통적으로 과라니 족은 그들을 통치할 추장을 따로 두지 않았습니다. 우리의 추장은 언제나 파제Pajés라 불리는 샤먼들이었지요. 그들이 우리의 영적인 지도자이자 상담가가 되어 주었습니다."

그는 우리에게 '카시키'라는 말은 부족을 대표하여 국경 바깥의 사람과 만나는 이를 칭한다고 알려 주었죠. 또한 이때 국경 바깥 사람을

테논드 포라

'제루아스Jeruas'라고 부르는데 직역하면 '털 달린 입'이라는 뜻이라고 합니다. 아마도 유럽인들의 콧수염과 턱수염을 묘사한 말 같습니다. 현재 '제루아Jerua'라는 단어는 원주민을 제외한 모든 사람을 통칭하는 말이에요.

카시키로서 치모치오의 가장 큰 역할은 공동체 각 구성원이 각자의 권리를 제대로 존중받으며 살고 있는지 확실히 살피는 겁니다. 동시에 그는 카시키라는 대표의 자리가 자신들의 문화와 전통에 대한 오해를 바로잡고, 세상을 향해 목소리를 낼 기회를 준다며 이렇게 말했습니다. "우리가 일구고 있는 것은 바로 문화입니다. 과라니 사람들은 천년의 지식과 지혜를 갖추고 있지요. 그건 우리의 지혜, 우리의 언어, 우리의 전통이 대대로 전해져 내려온 결과입니다."

재규어, 큰부리새, 긴코너구리

공동체에 머물렀던 첫날 묵었던 집이 그대로 우리 숙소가 되었습니다. 나무 벽난로와 소박한 가구가 있는 이 집에서 우리는 편안하게 자급자족할 수 있었죠. 먹을거리를 요리하고 신선한 커피를 마시며 따뜻한 난로 앞에서 손님들을 맞이하는 행복을 즐겼어요.

옆집에는 여러 전통 방식을 생생하게 따르는 아름다운 가족이 살았습니다. 사랑스러운 부부와 생글생글 잘 웃는 5살 여자아이 그리고 귀여운 2살 남자아이였어요. 아버지인 이삭Isac은 나무 공예가여서 우리는 그가 선대로부터 물려받은 뛰어난 나무 공예 실력, 그중에서도 야생동물의 모습을 나무에 새겨 넣는 아름다운 모습을 직접 볼 수 있었죠. 그는 조각난 나무 몸통을 솜씨 좋게 재규어, 큰부리새, 긴코너구리로 변신시켰어요. 그 경이로운 모습만 봐도 그의 실력을 알 수 있었습니다.

우리는 언제나 출입문을 열어 두었어요. 그 문으로 우리의 새로운 친구들과 그들의 어린 아이들을 포함해 많은 사람이 드나들며 함께 시간을 보냈죠. 아이들은 이따금 학교를 마치고 우리 집에 들러 자신들의 하루를 이야기하거나, 우리의 서구적인 사고방식에 질문을 던지기도 했습니다.

1살부터 6살까지의 아이들은 과라니 족 언어로만 말하고 마을 어른들을 통해 그들의 전통문화와 주변 세계에 대해 배웁니다. 그러다 7살 생일을 지나면 과라니어, 문화와 함께 브라질에서 사용하는 포르투갈어를 배우기 시작하죠. 이때는 공동체 외부의 교사가 보다 보편적인 학교 교육 방식으로 아이들을 가르칩니다. 이렇게 아이들은 자기 민족 고유의 가르침과 철학을 우선시하면서도 공동체 바깥의 리듬도 놓치지 않는 혼합 교육을 받습니다.

다양성과 개방성을 배우는 학교

공동체 중심부에는 전통적인 방식의 산파가 있는 시설과 현대적 의학 병원 그리고 교육 센터가 자리합니다. 어머니들은 아이들의 다양한 교육 활동에 자유롭게 참여할 수 있으며, 특히 많은 시간을 노래, 춤, 스토리텔링 그리고 대서양림(Mata Atlântica) 지역을 방문하여 숲의 생물 다양성과 중요성을 배우는 데 씁니다.

테논드 포라

공동체 학교는 우리 같은 외부인에게 방문을 허락하고 십대 청소년 학생들과 지속가능성에 대해 서로의 관점을 놓고 논의할 수 있는 자리를 마련할 만큼 개방되어 있었어요.

우리는 공동체 리더 중 1명인 일리지오 리마Lísio Lima와 함께 공동체 땅을 산책하며 부족에 대한 여러 이야기를 듣기도 했습니다. 일리지오는 우리가 처음 이곳을 방문했을 때 이야기를 나눈 부족의 대사이자, 두 시간에 걸친 대화 뒤에 마침내 우리를 이곳에 머물게 해 준 사람 가운데 1명으로 다양한 형태의 장신구와 공예품을 만드는 매우 재능 있는 공예가였지요. 그는 브라질 곳곳에서 강연과 회의 및 박람회에 참석하여, 자신의 작품을 통해 원주민 문화를 알리고 문화적 의식을 불러일으키려고 노력하고 있었어요.

그와 함께 대화하며 걷는 동안 우리는 공동체 곳곳의 땅에서 깊은 감흥을 얻는 동시에 여러 긍정적인 흔적들을 살필 수 있었죠. 그중에서도 가장 강렬했던 건 사람들이 손수 지은 다리였어요. 이 다리는 못질을 하거나 밧줄로 묶지 않고 두 갈래의 나뭇가지 위에 가벼운 통나무를 얹어 완성한 것이에요. '빌링스Billings'라고 불리는 이 다리는 본래 갈대가 무성한 댐을 건너가기 위해 지었는데, 이곳 사람들은 여기서 개구리 소리를 들으며 낚시를 한다고 했어요.

말로 다 못할 기도

일리지오와 이야기를 마치고 공동체 센터로 돌아와서는 곧 있을 저녁 행사를 준비하기 전에 먼저 저녁을 먹었습니다. 공동체에 머무는

음악과 기도는 공동체가 지켜 나가려는 전통문화의 가장 본질적인 부분입니다.

동안, 우리는 이렇게 매일 밤 크고 작은 규모의 행사에 참여할 수 있었어요. 그건 아마도 우리를 가족처럼 따뜻하게 받아들여 준 이 거대한 영적 가족들의 가장 생생한 문화적 풍경이 아닐까 합니다.

매일 밤 공동체 의식이 행해지는 기도의 사원(Casa de Reza)을 방문한 첫날밤, 영적 지도자인 파제는 그가 꾸었던 꿈을 이야기하며 눈물을 흘렸습니다. 그것은 누군가 자신들의 전통과 문화를 더욱 깊이 이해하기 위해 찾아와 공동체에 머문다는 내용이었죠. 우리는 잠깐 머물며 배워 가는 사람으로서 우리 역할을 겸손히 마음에 새겼어요. 그리고 함께 모인 사람들에게 우리가 이곳에서 느낀 기쁨을 길게 이야기했습니다.

세상에는 도무지 말로 표현되지 않고, 그곳에 함께 있었던 사람들만이 진정으로 그 의미를 이해할 수 있는 어떤 장소와 어떤 경험이 있답니다. 테논드 마을에서 두꺼운 담배 연기와 깊은 몰입 그리고 뜻깊

테논드 포라

은 의식에 둘러싸여 보낸 밤들은 영원히 잊히지 않을 경험입니다. 그렇게 테논드 포사 사람들은 그들 안에 흐르는 피만큼이나 생생하게 살아 숨 쉬는 과라니 문화의 숨결을 우리의 마음과 심장에도 깊이 심어 주었습니다.

공동체를 위한 제안들

솔루션 라이브러리Solution Library에서 찾아보세요.

- 마을 산파Community Midwifery – 마을 여성들이 집에서 출산할 수 있도록 돕기.
- 전통 의식Traditional Rituals – 자연과 다시 연결되기.
- 전통적 학교교육 방법론/실천Traditional schooling methodology/practices – 전통적 지혜 전달하기.

문화를 일구는 땅

삶을 위한 결정, 평화공동체

산 호세 데 아파르타도
San José de Apartadó
....
콜롬비아

1997년 3월 콜롬비아 북부 아파르타도 지역에서 잔인한 싸움이 시작되었습니다. 게릴라들과 무장혁명군(FARC, 1964년 창설된 준군사 조직으로 2017년 정부와 평화 협정을 체결하여 52년에 걸친 내전을 끝냈으나, 이에 반대한 일부 세력은 아직 남아 있다 - 옮긴이)의 압력을 받은 농부들은 땅에서 쫓겨나야 했습니다. '불타버린 땅burnt earth'으로 알려진 잔인한 방법을 사용해 집, 숲과 강 모든 것을 파괴해 버렸기 때문입니다.

작은 마을인 산 호세 데 아파르타도 주변에 살던 약 1,000명의 농부, 노동조합원, 난민 들은 함께 평화공동체를 건설했습니다. 이들은 비폭력 원칙을 준수하며 정부와 무장혁명군 사이에서 중립을 유지하기로 결심했고, 평화를 저항의 도구 삼아 활동했습니다. 모든 긴박한 위험이 현실로 다가왔습니다. 수년간의 폭력 사태는 이곳에 살던 200명 주민들의 삶을 위협했습니다. 부모, 자식, 형제 등 구성원 가운데 1명이 살해

에두아르 랜체로Eduar Lanchero.

당하지 않은 가족이 없을 정도입니다. 정부는 국민들을 보호하지 않았으며 반대로 이들을 게릴라 지지자로 의심해 범법자로 분류했습니다.

하지만 모든 고난에도 불구하고 평화공동체는 계속되었습니다. 공동체마을 주민들은 함께 유기농 코코아와 바나나를 재배했고, 국제적인 손길은 공동체가 지속되도록 도왔습니다. 학교가 처음으로 설립되었고 병원, 허브 정원, 작은 초콜릿 공장, 태양열 발전소가 차례로 들어왔습니다. 무기를 허용하지 않는 평화공동체는 게릴라, 정부군, 무장혁명군, 마약 밀매상 사이에서도 전설적인 존재가 되었습니다. 에두아르 랜체로는 공동체가 설립된 당시부터 2012년 6월 세상을 뜨기 직전까지 이 평화마을과 함께했습니다.

에두아르 랜체로

폭력의 역사는 평화공동체 설립 이전부터 길게 이어져 왔습니다. 유라바Uraba 지역의 한쪽에서는 평화와 희망의 목소리가 들렸지만, 또다른 한쪽에서는 세계 자본가들이 이 지역에 관심을 보이고 있었죠. 이

둘은 불안정하게 공존했어요. 콜롬비아 정부는 주로 해외 자본의 편에서 있었죠. 과일 회사 연합(The United Furit Company)으로 불리는 치키타Chiquita라는 회사가 1929년 이 지역에 설립됩니다. 이 회사는 토지와 노동자가 필요해 땅을 가꾸던 농부들을 추방시키기 시작했어요.

땅을 잃은 사람들은 대규모 농장에서 비인도적인 노동 환경과 저임금을 견디며 일해야 했죠. 사람들이 노동조합을 결성하자 회사는 이들과 싸우기 시작합니다. 오늘날에야 밝혀진 군 관련 문서에 따르면 군사 조직에 준하는 부대가 1960년대 초에 이미 만들어졌음이 증명됩니다. 당시 군인들은 노동조합 지도자들을 죽이고 농부들을 내쫓았으며 노동자들을 위협했습니다. 그때부터 이 지역은 전시 체제로 통치되었죠. 게릴라들은 1978년이 지나서야 활동을 시작합니다.

위험하지만 유일한 선택

1996년대까지 이곳에서 시민사회는 흔적조차 찾기 어려웠습니다. 사람들은 무기력했고 생존을 위한 유일한 희망은 이곳을 떠나는 것뿐이었으니까요. 이런 참혹함이 오늘날 우리가 살고 있는 현실을 낳았습니다. 무장혁명군은 마지막 남은 애국적 좌파 연합의 근거지였던 산 호세를 공격함으로써 자신들이 이 지역을 차지했음을 공표하고 싶어 했어요. 바로 이 시기에 평화공동체가 설립되었습니다.

1997년 3월 23일 산 호세 자치구에 있던 32개 작은 마을 대표들이 모였습니다. 이들은 산 호세 데 아파르타도 공동체는 평화와 중립을 선택한다고 공표했어요. 적십자, 평화 정의 위원회(Commission for Peace and Justice) 같은 국제단체들이 증인이 되었죠. 저 역시 범기독교 평화 정의 위원회(The Inter-Church Commisson for Justice and Peace)의 일원으로서 자발적으로 산 호세에 왔습니다.

모임의 결정은 폭력의 위험에도 불구하고 유일하고 합당한 선택이었죠. 그러나 우리는 시골 농부들이 이런 생각을 품는 것이 얼마나 위험한지 감지하고 있었어요. 제가 그들과 똑같은 위험을 감수하지 않으면서 이런 선택을 찬성할 수 없었습니다. 그래서 저도 그들의 일원이 되었습니다.

공포와 전쟁의 논리를 넘어

게릴라, 무장혁명군, 군인 들의 논리는 단순합니다. 자기편을 들지 않으면 적의 편이라는 거죠. 한 국가 안에서 중립적인 존재로서 어느 쪽과도 협력하지 않겠다고 선언한 평화공동체는 우리가 첫 번째 사례였어요. 선언 이후 나흘이 지난 1997년 3월 27일 대학살, 공격, 폭격이 잇따라 산 호세 전역에서 일어났습니다. 마을은 사라졌어요. 320명이 생을 마감했고 살아남은 6,000명의 주민들은 마을을 떠나야 했죠. 우리는 더 이상 땅을 지키는 것이 아닌, 삶 자체를 지키는 것으로 우리의 초점을 옮겨야 했습니다.

땅을 요구하는 평화공동체는 정부에게도 방해만 되는 존재였지만 게릴라에게도 문제였습니다. "우리는 당신들의 명령을 따르지 않습니다. 우리는 당신을 돕지 않을 것이며, 당신들로부터 어떤 것도 바라지 않습니다."라고 정확하게 목소리를 낸 첫 번째 사람들이기 때문입니다. 우리는 정부와 게릴라 모두의 표적이 되었죠. 이 전쟁의 논리는 공포로 사

평화공동체의 모든 구성원들이 마을 건설을 함께 도왔습니다.

람들을 오염시키는 것입니다. 그러나 우리 공동체는 심지어 마을의 대표가 살해된 뒤에도 바로 서 있었습니다. 우리는 혼란을 겪는 대신 평화공동체의 핵심 원칙을 되새겼지요.

- 어떤 무장단체에게도 도움을 주거나 협력하지 않는다.
- 평화롭고 비폭력적인 저항을 한다.
- 무기를 금지한다.
- 마약을 금지한다(재배, 거래, 사용 모두 허용하지 않는다).
- 음주를 금지한다.
- 상호 협력한다(예를 들어 먹거리를 함께 재배하고, 건강도 서로 지킨다).
- 공동체 안에서는 투명성을 원칙으로 한다.

산 호세 데 아파르타도

다르게 일하고 다르게 생각하고 다르게 산다

우리는 무장단체가 살인 행위를 하지 않더라도 그들에게 저항해야 한다는 근본적인 생각에 다다랐습니다. 이것은 폭력적인 삶의 방식과 체제를 넘어서는 생각이었어요. 결과적으로 우리는 새로운 삶을 위해서 다르게 일하고 다르게 생각하고 다르게 살아야겠다고 결심했습니다. 변화가 필요한 또 하나의 관점은 땅의 소유에 관한 것이었죠. 땅은 개인이 아닌 공동체가 유지하고 돌봐야 했어요.

우리는 또한 두려움이라는 감정이 사람들을 통제와 착취가 가능한 존재로 만든다는 사실을 깨달았습니다. 농부들은 홀로 일할 때 두려움을 느낍니다. 우리는 함께 모여 일하기 시작했어요. 그리고 무장단체와 정부가 끊임없이 거짓말을 했기 때문에 우리는 반대로 투명해야 함을 깨달았죠. 우리는 결과에 집착하지 않고, 우리 안에서 서로를 향해 진실을 말하는 법을 배워야 했어요.

우리가 가진 원칙의 뿌리에는 정의를 찾는 일이 핵심으로 자리합니다. 하지만 콜롬비아의 체제와 그 안에서 통용되는 논리에는 정의가 없었어요. 그래서 해외의 다른 저항단체들과 국제 교류를 시작했습니다. 우리는 함께할 때 평화로운 사회, 비폭력적인 세상을 만들어 갈 수 있어요. 이것은 단순히 전쟁을 멈추는 것뿐 아니라, 삶에 영감을 불러일으키고 확신을 주는 기준을 세우는 일입니다.

2005년 2월 평화공동체의 연설자 루이스 에드아르도 구에라Luis Eduardo Guerra와 8명의 사람들이 무장혁명군에 의해 잔인하게 살해당했습니다. 정부는 우리를 보호하겠다는 말로 포장하며 산 호세 지역에 군사 기지를 설립하겠다고 발표했죠. 우리에게 이것은 보호가 아니라 오히려 그 반대를 의미했어요. 우리는 이미 오랫동안 정부와 무장혁명군이 매우 밀접하게 협력해 왔다고 의심했습니다. 얼마 지나지 않아 이는 법원에서 사실로 입증되었죠.

군대와 한 마을에서 사는 건 우리가 지키고자 한 중립을 끝내는 것을 의미했기에 우리의 선택지가 아니었어요. 우리는 단결의 의미로 모두 함께 마을을 떠나기로 결정했습니다. 길을 따라 몇 킬로미터 아래로 내려가 크지 않은 땅을 마련하고, 강이 옆으로 흐르는 푸른 초원에 새로운 마을을 세웠죠.

우리는 작은 산 호세San José라는 뜻을 담아 마을 이름을 '산 호세 티코San Josécito'로 붙였어요. 우리는 이 마을에 집, 공동 공간, 보건소, 작은 코코아 공장, 학교, 도서관, 세계의 지지자들을 위한 집을 지었고, 또 정부의 전기 공급에서 벗어나기 위해 태양열 발전소도 만들었습니다.

다른 세상은 오늘 여기에

새로운 삶을 살아간다는 건 우리에게 죽음 역시 다른 의미로 다가온다는 걸 뜻합니다. '죽음'은 '삶' 앞에 무릎 꿇을 수밖에 없습니다. 우리의 이런 생각은 무장단체가 만들어 낸 끔찍한 트라우마를 극복하는 데 도움이 되었죠.

정부군과 무장단체는 "우리는 가능한 모든 것을 했지만, 이 공동체를 파괴하진 못했다(We did everything possible, yet we could not destroy them)."고 말합니다. 또 그들은 아직도 자신들이 우리에게 무언가 해 줄 수 있다고 말하죠. 하지만 눈이 먼 살인자들이 인간에게 무엇이 필요한

산 호세 데 아파르타도

내전 가운데서도 게릴라와 혁명군 전선 사이 어딘가에는 비폭력과 평화의 오아시스가 존재합니다.

지 볼 수 있을까요. 우리는 그저 공동체만 있으면 고통을 희망으로 바꿀수 있습니다.

그렇다면 희망이란 무엇일까요? 우리가 살인자를 증오하는 것을 멈출 때 희망은 드러납니다. 그래서 우리는 매일 그들에게 살인은 결코 승리하는 삶이 아니라고 용기 있게 말하죠. 처음 공동체를 시작했을 때 우리는 세상이 바뀌기를 원했지만, 지금은 우리가 한 마을에 한결같이 머물렀기 때문에 세상을 바꿀 수 있었다고 봅니다.

저는 우리가 해낼 수 있다고 생각해요. 우리에겐 젊은이들을 위한 훈련과 교육이 필요합니다. 이를 통해서 젊은이들은 겉보기에만 그럴싸한, 아무리 쥐어짜도 결과를 얻을 수 없는 현대사회의 가짜 가치들에 현혹되지 않을 수 있을 거예요. 우리에겐 일종의 내부 교육 체계와 정치적인 수도원 같은 곳도 필요합니다. 그곳에서 우리는 생존을 위한 일상의 싸움에서 벗어나 공동체로서 함께 대안적인 삶의 방식을 배울 겁니다. 루이스 에드

아르도가 살해당한 높은 산 위에는 '물라토스Mulatos'라는 아주 작은 마을이 있어서, 그곳에 우리가 생각하는 그런 공간을 만들기 시작했습니다.

우리는 서로 도와야만 합니다. 이것이 가장 중요한 메시지죠. 숫자가 얼마나 많은가는 중요하지 않아요. 우리가 살아가는 매일매일 얼마나 새로운 세상을 만들고 있는지가 중요합니다. 다른 세상을 내일 만들 수 없습니다. 바로 오늘 여기에 세워야만 합니다.

우리는 결정했습니다. 우리의 결정이 바로 삶입니다. 그것이 우리를 올바르게 하고 이끌어 주는 삶 그 자체입니다.

노엘라 부베르키아

35세의 농부 노엘라 부베르키아Noella Tuberquia는 약용 작물에 대해 잘 알고 있으며, 토요일 대부분은 공동체 학교에서 공부합니다. 몇 년 전, 그녀가 살던 '라 크리스탈리나la Cristalina'는 정부군과 게릴라군 사이에서 공격을 당했습니다. 그때 그녀의 가장 어린 딸과 시어머니가 총에 맞았습니다.

"콜롬비아 농부들은 항상 공격당하고 추방당할 위험에 처해 있어요. 그들은 우리의 땅, 우리의 돈과 식량을 빼앗고 많은 이들을 죽였죠. 그러나 이 평화공동체는 여전히 존재합니다. 아이들은 어렸을 때부터 땅에서 사는 것이 무엇을 의미하는지 배우고, 다른 이에게 스스로 쫓기지 않는 법을 배웁니다. 농부들은 서로를 지키기 위해 밭에 갈 때면 함께 작은 그룹으로 모여 갑니다. 일주일에 한 번 우리는 공동체의 날을 보내며 다 같이 모여 일하죠. 연대 속의 평화공동체는 우리의 가장 큰 생존 방법입니다."

호세 로페즈

호세 로페즈José Lopez는 24세의 교사입니다. 그는 평화공동체를 구성하는 다른 마을의 학교에서 일합니다. 또한 다른 학교의 학생들을 가르치기 위해 매일 숲 속을 걸어 다닙니다. 호세는 어린 시절 거의 게릴라군이 될 뻔한 적이 있습니다.

"당시 다양한 무장단체에서 라디오를 통해 가입을 권유하고 있었어요. 15살 때 첫 여자 친구와 헤어진 일은 모든 것을 뒤로 하고 떠나고 싶을 정도로 제게 큰 고통이었죠. 그래서 저는 친구들이 가입한 게릴라가 있는 산에 가려고 했습니다. 그 친구들은 게릴라가 마음에 들어 가입하거나, 자신들의 부모님을 살해한 정부군에 복수하고 싶어 가입한 경우였고, 저는 절망적인 마음 때문이었어요.

그렇지만 하나님과 제가 있는 공동체는 이것이 평화를 찾는 길이 아니라는 점을 명백히 알려 주었습니다. 게릴라가 되었다면 저는 절대 평화를 찾지 못했을 것이고 전쟁만이 남았겠죠. 저는 지금 평화공동체와 교육 분야의 일원이라는 것이 행복합니다."

공동체를 위한 제안들

솔루션 라이브러리Solution Library에서 찾아보세요.
• 농민 대학University of Resistance - 비폭력 저항운동을 위한 기술과 지식을 공유하기.
• 약용 작물 텃밭Medicinal Gardens - 의료 분야의 지역 주권 강화하기.

세계화에 저항하기

코뮤나 톨라 치카
Comuna Tola Chica
....
에콰도르

코뮤나 톨라 치카Comuna Tola Chica는 에콰도르 북부의 툼바코Tum-
baco 계곡에 자리한 전통적인 마을로, 라틴아메리카 생태마을 네트워크
의 멤버이기도 합니다. 저널리스트 라이언 러키Ryan Luckey가 이 공동체
에서 살고 있는 라미로 아사냐를 인터뷰했습니다. 라미로는 어릴 때부
터 마흔이 넘은 지금까지 이곳에 살고 있습니다.

라미로 아사냐

코뮤나 톨라 치카의 기원은 조상들의 시대로 거슬러 올라갑니다.
'코뮤나Comuna'를 거칠게 번역하면 '코뮨Commune'이라고도 할 수 있으
나, 그보다 오래된 조상 대대로 내려온 의미가 있죠. 그걸 이해하려면 식
민지 시대 이전의 토착 사회로 거슬러 올라가야 해요. 그곳에서는 사유

라미로 아사냐Ramiro Azaña.

재산이 존재하지 않았고, 지역 사회에서 땅을 공유했고, 사람들은 지역 공동체 안에서 의사 결정을 했죠.

스페인 식민 통치기에 우리는 대부분의 땅을 스페인에 빼앗겼고, 그 땅은 새로운 스페인 지주들에게 재분배되었어요. 그럼에도 불구하고 몇몇 공동체는 땅을 빼앗기지 않고 독립적으로 자신들의 땅을 관리하며 지금까지 살아남았죠. 우리 공동체 역시 에콰도르 법에 따라 단체 구성과 토지 사용에 있어서 자치권을 갖고 있어요. 1937년 만들어진 이 법은 토착 원주민 공동체들이 자주적인 공동체 구조를 유지하도록 공인하고 있습니다. 코뮤나 톨라 치카는 1944년 처음으로 법적인 독립체로 인정받았지만, 공동체가 처음 세워진 건 그보다 훨씬 전인 1920년대였어요.

밍가, 함께 일하는 날

현재 코뮤나에는 60여 가족, 총 400명가량의 사람이 살고 있어요. 땅에 대한 소유권을 함께 공유하며, 의사 결정은 공동체 내에서 선출한 의회를 통해 민주적인 방식으로 이루어지죠.

땅은 세 구역으로 나눠집니다. 첫 번째 구역은 사무와 교육 공간이고, 두 번째는 주거 공간 및 작은 텃밭이고, 세 번째는 대규모 유기농 농장 및 재조림(인위적인 방식으로 숲을 다시 조성하는 일−옮긴이)에 쓰여요. 세 번째 구역이 가장 크고 이 구역 안에서는 건설 공사가 허용되지 않습니다.

우리 모두는 공동체의 정치적 결정, 물과 관련된 사안, 대규모 농산물 생산, 스포츠, 공동체 학교, 이벤트 센터, 교육 및 미래 관광 사업 등의 영역에서 책임을 나누죠. 또 다른 공동 활동으로는 매년 모두 참여하는 두 번의 축제와 매달 진행하는 12번의 '밍가minga' 즉, '함께 일하는 날'이 있어요.

밍가는 처음부터 공동체를 유지하는 데 중요한 요소였습니다. 그래서 각 가족에서 적어도 1명은 꼭 참여해야 하며, 그렇지 않으면 벌금을 내야 해요. 밍가는 화합의 원천으로 공동체의 발전을 위해 함께 배우고 추구하는 장입니다.

우리에게 가장 큰 기적은 친구, 연인, 아이, 가족 들과 삶의 모든 순간마다 함께 일하고 살아가는 일이 곧 '코뮤나'의 지속성을 보증한다는 점입니다. 코뮤나를 성장시켜서 우리가 오늘날에도 이런 형태의 삶을 살 수 있다고 증명하는 일이 바로 삶의 모험이죠.

개발에 반대한다

에콰도르 코뮤나들의 역사는 곧 식민 지배에 저항하고, 에콰도르 사회를 도시화, 현대화하여 통합시키려는 움직임에 반대한 이야기예요. 일상 속에서 우리 공동체는 세계화가 우리 지역에 가져오는 폐해를 막

공동체는 함께 일하고, 세계화에 저항해 싸우고, 그 승리를 기념하기 위해 모입니다.

고자 노력합니다. 에콰도르의 수도 키토Quito가 계속 커져 가는 와중에도 우리는 우리 삶의 방식을 유지하고자 끊임없이 애쓰고 있죠.

최근 우리 지역에는 새로운 고속도로와 국제공항이라는 2개의 거대한 개발 사업이 진행 중입니다. 이 사업들이 이주민과 소음 그리고 법적 제약을 불러오겠죠. 그러므로 우리는 공동체가 살아남길 바라는 마음으로 다시 한번 스스로를 지키기 위해 준비하고 있습니다.

처음 공동체를 만들 때부터 우리는 지역 환경을 개발로부터 보존하고 보호하기 위해 힘써 왔어요. 전통적으로 그래 왔던 것처럼 자연스러운 방식으로 땅에서 살아갈 능력과 권리를 지키고자 노력한 것이죠. 자연을 있는 그대로 가꾸며 살아가는 우리의 삶이 자랑스럽습니다. 우리는 자연이나 다른 누군가를 거스르지 않아요. 우리는 세상의 농부로

세계화에 저항하기   359

서 언제나 우리의 씨앗과 삶, 자연을 지켜내려고 해요.

2000년 이후, 최근에는 우리 선조들의 지혜와 현대의 지식을 융합하여 혁신적인 해결책을 발견하는 일에 더 중점을 두고 있습니다.

토착 식물을 이용한 숲 만들기

우리가 주력하는 가장 큰 사업 가운데 하나는 숲을 다시 가꾸는 재조림입니다. 숲의 상당 부분은 사실 이웃 주민들에 의해 훼손되었어요. 그들은 돈이 되는 나무인 유칼립투스를 심으려고 의도적으로 불을 지르죠. 그 불을 꺼야 하기 때문에 우리는 감시자로서 항상 경계를 늦추지 않습니다. 우리는 환경 보호 대해서도, 왜 우리가 숲을 가꾸고 토착 식물을 보호해야 하는지에 대해서도, 이해하지 못하는 사람들로부터 땅을 지키고 있어요.

그렇다고 우리가 이곳에 매우 흔한 유칼립투스를 포함해 외래종 자체를 반대하는 건 아닙니다. 그러나 외래종을 대규모로 심어 생산하는 일에는 반대하죠. 이 차이에서 생기는 갈등을 해결하기 위해, 우리는 숲의 재조림에 대해 홍보하는 행사와 워크숍을 열었습니다. 그렇게 우리는 지금까지의 경험을 더 많은 사람들과 공유할 수 있었죠. 결국 시간이 흐르면 이웃 주민들도 토착 식물은 원래의 땅에 보존되어야 한다는 우리 주장이 옳다는 걸 알게 될 것입니다.

훼손된 숲을 복원하고 토착 식물을 다시 살려 내기 위해 우리는 지식을 적극 활용하고 있어요. 공동체의 힘을 모아 5에이커(약 6,000평)의 숲을 완전히 회복시켰고, 7에이커(약 8,500평)의 땅에서도 복구 작업이

코뮤나 톨라 치카

어린이들과 젊은이들은 어린 시절부터 지속가능한 기술과 유기농 텃밭에 대하여 배웁니다.

진행 중입니다. 미래에는 50에이커(약 6만 평)의 숲을 다시 살려 내길 희망합니다. 이 지역에서 재조림 작업은 정말 중요한 의미를 가져요. 왜냐하면 이곳은 혹독한 가뭄으로 고통을 겪고 있기 때문이죠. 물을 저장해 인간과 동식물 생태계를 지탱해 줄 나무와 토착 식물을 길러 내는 일이 절실합니다.

영감을 위한 경험 나누기

저는 회계사지만 지금은 토착 식물 묘목장과 재조림에 대한 관리 교육을 맡고 있어요. 계속 이 땅에서 살며 손 기술을 익혀온 저에게 이는 그다지 낯선 변화가 아닙니다. 그럼에도 저는 이러한 지식을 나누기로 마음먹으면서, 이전에는 몰랐던 더욱 많은 것을 배우게 되었습니다. 제게 생긴 유일한 변화는 인간이 저지른 잘못으로부터 자연을 지키겠다는 더욱 확고한 투지가 생겼다는 거죠. 우리 인류는 매우 지적인 존재지만 그 지성을 바르게 못 쓰고 있어요!

위기의 시대에 우리가 바라는 건 어떻게 하면 인간이 더욱 자연과 조화롭게 살아갈 수 있는지 널리 알리는 겁니다. 우리는 많은 사람들이 우리의 삶의 방식을 경험하여, 배우고 실천할 수 있도록 기회를 제공합니다. 또한 매년 수백 명의 국내외 방문객도 받습니다. 그렇지만 이와 같은 방문과 배움, 변화는 무엇보다도 자발적인 동기에서 출발해야 합니다. 강요로는 아무것도 이루어지지 않아요.

네트워크를 이루는 일은 우리가 하는 활동에서도 아주 중요합니다. 앞으로도 세상이 지금과 같이 흘러간다면, 사실 우리가 바라는 희망은 요원할지 모릅니다. 그렇지만 네트워크로 연결된 덕에 우리는 더 많은 사람들이 우리와 가치를 공유하고 그것을 세상에 부드럽게 펼쳐가는 걸 볼 수 있지요. 그러니 더욱 강해집시다. 더 많이 모일수록 우리가 꿈꾸는 세상 역시 더욱 가까워질 수 있습니다.

우리 공동체의 터줏대감

우리는 일라오Ilalo 화산의 산록, 하늘을 향한 곡선과 틈으로 이루어진 풍경 안에서 삽니다. 우리의 땅은 해발 2,450미터에서 3,200미터까지 이르는 산맥에 자리하고 있죠.

저는 종종 방문객들과 함께 산꼭대기에 있는 우리 공동체의 터줏대감을 만나러 갑니다. 울퉁불퉁한 흙길을 운전해 올라간 뒤 툼바코 Tumbaco 계곡이 내려다 보이는 곳에 멈춥니다. 높은 곳의 공기는 아주 건조해서 잔디 외에는 별다른 식물이 잘 자라지 못해요. 우리는 생태계가 훼손된 구역과 재조림으로 다시 토착 식물이 자라난 구역을 걸어서 통과하죠.

초록빛 가득한 나무와 넝쿨, 덤불 들은 이를 둘러싼 메마른 땅과 선명한 대비를 이룹니다. 그렇게 걸어올라 마침내 우리는 공동체 터줏대감을 만납니다. 바로 산 높은 곳에 자리한 성스러운 나무입니다. 이 나무는 도금양과(Myrtaceae/arrayán)의 관목(shrub)인 윌라Huila 나무입니다. 탄소연대측정법으로 알아본 결과 이 나무는 1,814살이에요!

윌라 나무는 키가 몇 미터에 불과해서 처음에는 그렇게 눈에 띄지 않습니다. 하지만 눈을 감고 좀 더 미묘한 에너지에 주의를 기울이면, 당신도 곧 이 지혜로운 고목의 존재를 느낄 수 있을 겁니다. 이 나무는 수많은 세대가 왔다가 떠나는 것을 보았고, 그가 자리한 산맥이 처음에는 천천히 그리고 지금은 걱정스러울 정도로 빠르게 개발되는 걸 묵묵히 지켜봤습니다.

윌라 나무는 국제공항으로 연결되는 새 고속도로를 보면서 어떤 생각을 할까요. 상업적인 유칼립투스 재배를 늘리기 위해 산허리의 토착 식물들을 불태우는 사람들에 대해서는 또 어떻게 생각할까요?

윌라 나무가 스페인어나 케추아어 같은 언어로 말하진 않겠지요. 이것이 우리가 나무를 위해 목소리를 내야 하는 이유입니다. 우리는 현재의 개발 모델 말고도 다른 대안이 있음을 사람들에게 말해야 합니다. 우리는 자연과 서로 조화롭게 살며 우리의 문화적 전통을 유지할 수 있습니다. 우리는 세상을 다른 관점으로 보길 권합니다. 그건 지속가능한 공동체가 단지 '대안'이 아니라 '표준'이 되는 사회입니다.

공동체를 위한 제안들

솔루션 라이브러리Solution Library에서 찾아보세요.
* 밍가Minga - 공동체에서 할 일 나누기.
* 집단 토지 소유Collective Land Ownership - 공동 소유지 다시 세우기.

공동체의 권리를 찾아서

로사리오 제도Islas del Rosario
콜롬비아

수년간의 법적 투쟁을 하고 나서야 비로소 아프리카계 콜롬비아 공동체는 카리브해에 위치한 로사리오 제도의 주인이 될 권리를 인정받았습니다. 이들의 이상은 전통마을을 생태마을로 전환하면서 전통적 지식과 기술에 새로운 활기를 불러일으키는 것입니다.

에베르 데 라 로사 모랄레스

제 이름은 에베르 데 라 로사 모랄레스입니다. 로사리오 제도의 아프리카계 콜롬비아 공동체 대표입니다. 이곳에는 1,000여 명 정도의 구성원이 콜롬비아 카리브해의 27개 작은 섬에 흩어져 살고 있어요. 8년간의 법적인 투쟁 끝에, 배타적이고 차별적이던 긴 시간의 끝에, 2014년 5월 8일 역사적 사건이 일어났습니다. 콜롬비아 정부에서 마침내 '아프

에베르 데 라 로사 모랄레스Ever de la Rosa Morales.

리카계 콜롬비아 공동체가 여러 세대를 걸쳐 살아온 로사리오 제도에 대한 권리를 가진다'고 인정한 겁니다.

사실 우리 공동체의 역사는 고통스런 노예제에서 시작되었어요. 아프리카 전역의 사람들이 콜롬비아 북쪽에 위치한 카르타헤나Cartagena 항구로 이송되어 노예로 팔렸죠. 약 1600년경 주 항구에서는 80개 이상의 다른 언어가 사용되고 있었어요. 어떤 노예들은 콜롬비아의 외딴 곳으로 도망쳐 살아남을 길을 찾았습니다. 또 다른 노예들은 1851년 노예제가 폐지될 때까지 대농장에서 일해야만 했죠.

이들은 자유를 얻게 되자 토지를 점거하여 식량을 재배하고 낚시를 하는 등 할 수 있는 최선을 다해 자신들의 문화를 되살리기 시작했습니다. 여러 개의 작은 섬으로 이뤄진 로사리오 제도에는 300년 이상 그런 아프리카계 후손들이 살아 왔어요. 그 외에는 본토의 소도시 바루Barú에서 낚시 원정을 온 어부들이 낚시를 쉬는 동안 섬에서 작물을 재배하는 정도였죠. 그들은 간단한 오두막집을 지어 한동안 머물다가 다시 본토로 돌아가곤 했습니다.

상충되는 이해관계

섬에서는 이런 방식의 거주가 오래 지속되었어요. 하지만 본토에서 온 부유한 사람들이 낚시를 시작하면서 상황은 달라졌죠. 부자들은 어부들에게 특이한 생선을 잡을 수 있는 최적의 장소로 가자고 요청했고, 소유주도 없던 곳에 갑자기 땅값이 매겨지기 시작했습니다. 전에는 그 땅이 모두에게 속해 있었지만 이젠 주인이 생긴 것이죠. 섬들의 아름다움, 산호초, 멋진 경치는 너무나 매력적이어서 점차 섬 자체의 경제적 이권이 급격하게 증가했습니다. 우리 조상들은 거래를 통해 토지의 상당 부분을 매각하게 되었습니다.

로사리오 제도 주변 지역은 1977년 국립자연공원으로 지정되었어요. 당시 저는 카르타헤나에서 가장 가까운 2개의 큰 섬, 이슬레타Isleta 와 일사 그란데Isla Grande를 오가며 살던 어린 소년이었죠. 저는 낚시를 배우고 있었고 스포츠도 매우 좋아했습니다. 곧 다른 아이들과 팀을 만들어 게임을 시작했고, 나중에는 청년들과도 함께했습니다. 사람들과 함께 그리고 사람들을 위해 일하고 싶은 저의 열정은 이때부터 시작되었다고 생각합니다. 제 안에 공동체에 대한 신뢰가 시작된 것도 이 무렵이죠.

공동체 리더로 선출된 제가 직면한 첫 번째 위기는 아프리카계 공동체에 대한 콜롬비아 정부의 무관심이었어요. 그들에게 우리는 보이지 않는 존재였고, 우리의 요구는 정부 계획에서 결코 고려 대상이 아니었습니다. 초기에는 교육과 보건 분야에서 우리에게 도움이 될 만한 사람과 기관 들을 접촉했지만, 그 과정에서 저는 우리가 매우 취약한 상황에 놓여 있음을 이해하기 시작했죠. 지역공동체로서 우리는 법적인 영주권을 인

로사리오 제도의 아프리카계 공동체들은 일상에서 자신들의 문화적 유산이 유지되기를 바랍니다.

정받지 못했고, 정부는 우리를 퇴거시킬 방법을 찾고 있었으니까요.

　1984년 법적 절차가 시작되었습니다. 정부는 우리가 섬을 불법적으로 사용해 왔다고 주장했죠. 이런 상황은 2005년 무렵에 더욱 격렬해졌어요. 주요 쟁점 중 하나는 섬 생태계의 중요성과 아름다움에 관한 것이었습니다. 정부는 우리를 섬의 자연을 위협하는 존재로 보았죠. 우리가 여러 세기에 걸쳐 로사리오 제도의 생태적 풍부함을 돌본 것과 원주민이 아름다운 생태계의 한 부분일 수도 있다는 사실은 고려되지 않았어요. 오히려 당국이야말로 대규모 관광, 산업적인 어업, 수자원 오염에서 비롯된 실질적인 환경 위협을 해결할 의지와 능력이 없어 보였습니다.

법적 권리를 확보할 기회

1993년 우리는 1991년 콜롬비아 헌법에서 콜롬비아가 다민족 다문화 국가라고 명시한 조항을 발견합니다. 우리의 권리를 인정받을 수 있는 법적 도구를 확보한 셈이었죠. 저는 다른 다양한 활동에 참가하면서, 이 분야에 중요한 지식과 경험을 가진 사람들을 만났습니다. 여러 사람들의 노력을 모아 전문가들을 지역 사회에 초청해 대화와 워크숍 시간도 가졌죠.

이를 통해 우리가 내린 결정 중 하나는 외부 기관들에 더 명확하게 우리의 존재감을 드러낼 수 있도록, 중심 소도시를 형성하는 것이었어요. 2000년 우리는 어느 부자가 포기한 땅을 되찾았습니다. 우린 그곳에 중심 도시인 오리카Orika를 만들었고, 로사리오 제도의 모든 공동체가 참여하는 행사인 '밍가minga'를 열었죠. 이는 원주민 공동체의 연대성을 확인하는 자리로서 어떤 사람들은 함께 요리를 했고, 어떤 사람들은 함께 건물을 지었습니다.

예전에 '공동행동위원회(Junta de Accion Comunal)'라 불리던 우리의 정치 조직은 '로사리오 제도 공동체 협의회(Consejo Comunitario de las Islas del Rosario)'로 변경되었고, 제가 대표를 맡아 현재에 이르렀죠. 우리는 우리의 투쟁을 믿어 준 많은 조직과 사람 들의 지지를 받아 로사리오 지역의 역사를 재구성하는 아름다운 과정을 경험했습니다.

2006년에는 이곳의 지도에 공식적으로 일사 그란데와 이슬레타 두 섬에 대한 집단 소유권, 즉 토지 소유권을 신청했지만, 몇 가지 법적 분쟁이 생기는 바람에 두 번이나 거절되었죠. 많은 사람들이 우리에게 개별적으로 기간을 정해 토지 사용을 허락받는 정부의 제안을 받아들이라고 조언했습니다. 일부 정부 측 대표들은 우리가 제안을 받아들이지 않는다면 공동체가 강제 퇴거될 거라고 위협하기도 했지요.

몇 가지 위협을 맞닥뜨리다 저는 군대가 공동체 사람들을 해산시키러 이곳으로 오고 있다는 전화까지 받았습니다. 우리는 당장 사람들을 모으고 담당 변호사에게 전화를 걸었죠. 군대가 왔을 때, 우리는 변호사의 편지가 도착할 때까지 땅을 지키기 위해 그곳에 있었습니다. 그 이후에도 수년 동안 여러 차례 협박 전화를 받았지만 계속해서 용기를 냈고, 결국 기나긴 과정을 통해 헌법 재판소는 우리의 요구를 받아들이기로 결정했습니다.

이 과정은 기적으로 가득했어요. 우리는 권리에 관한 행사를 열면서, 우리를 도울 수 있고 기꺼이 그렇게 하려는 사람들을 정확히 알게 되었습니다. 또 법적 투쟁을 통해 지역공동체의 신뢰를 얻었고 그들의 헌신도 보았죠. 더해서 우리는 경제적 거물이나 막강한 의사 결정권자와 같은 사람들과도 정면으로 맞설 수 있는 힘과 품위를 스스로 발견했습니다. 이제 우리는 다른 지역공동체에 영감을 줄 정도가 되었죠. 이는 크나큰 성취입니다. 우리는 기적과 신뢰와 힘이 지속적으로 나타나길 희망합니다. 그리고 이를 통해 모든 지역 사회가 자신의 권리를 쟁취하여, 땅과 자치권을 바탕으로 자신들만의 고유한 방식으로 발전하기를 바랍니다.

지속가능성과 주권

지난 13년 동안 우리는 여러 생물 다양성 보전 및 개발 사업에 참

로사리오 제도는 카리브해에 남아 있는 몇 안 되는 파라다이스 중 하나입니다. 우리에겐 대규모 관광이 아닌, 공동체 및 아이들의 건강과 행복이 개발의 주목표입니다.

여해 왔습니다. 주요 혁신 사례는 대안경제 활동, 생태마을 디자인, 폐기물 관리, 생태관광기업, 태양 전지 패널 설치, 퇴비 화장실, 퍼머컬처 텃밭, 환경 교육, 공동 물 저장, 학교의 녹지화 같은 것들입니다. 이 각각의 사업들이 이미 아프리카계의 전통에 기반하고 있지만, 저는 우리가 아프리카의 근원과 다시 연결되어 전통을 되살릴 필요가 있다고 느꼈습니다. 그래서 우리의 꿈을 실현시키기 위해 우리 자신의 관점을 바탕으로 한 개발 계획을 세우고 있죠.

지역에 기반한 생태관광은 현재 활동의 핵심 요소입니다. 우리는 방문객과 지역민 모두를 위한 교육을 합니다. 이를 위해 오리카의 광장 안쪽에 '문화의 집'을 지어 우리 활동의 심장으로 삼았죠. 2014년부터는 생태마을 디자인 교육(EDE)과 같은 다른 사업들도 추진했고요. 다른 공동체 사람들은 우리를 보며 영감을 받았고, 우리는 그들과 경험을 공유함으로써 우정의 네트워크를 키워 나가고 있습니다.

로사리오 제도 공동체는 전통과 혁신적 실천을 통합하는 일을 중요하게 인식하고 있어요. 우리는 스스로를 생태적인 범위 내에서 공동체 삶의 질을 끊임없이 향상시키는 생태마을이라고 생각합니다. 생태계는 우리와 다음 세대를 보살펴 주는 기반으로서 중요하고 우리는 그런 생태계를 보살피는 것이죠.

18년이 넘는 시간 동안 저는 아프리카계 콜롬비아 공동체들의 권리 인정을 촉진하기 위해 노력해 왔습니다. 존재감도 없던 이곳이 세상에 드러나고 번영하며 지속가능한 공동체가 되도록 이끌었죠. 평생 동안 저는 인종차별의 어려운 환경 안에서 존엄과 평등의 가치를 증진시키는 데 적극적이었습니다. 이제 저는 이러한 모든 노력이 결실을 맺어, 우리가 다른 지역공동체들에게 변화하는 세상에서 그들이 해법을 찾을 수 있도록 돕는 한편, 영감을 줄 수 있다고 생각합니다.

공동체를 위한 제안들

솔루션 라이브러리Solution Library에서 찾아보세요.
• 참여적 행동 연구Participatory Action Research - 공동체에서 배우기.
• 공동체 생태여행Community Ecotourism - 환경을 보호하는 데 도움이 되는 방식으로 방문객들 초대하기.

Global
Ecovillage
Network

북아메리카

America

GENNA
GLOBAL
ECOVILLAGE
NETWORK
NORTH AMERICA

낡은 것과 새로운 것의 균형

시리우스Sirius
....
미국

시리우스는 스코틀랜드 핀드혼 공동체에 살던 구성원들이 자신들의 고향인 아메리카 땅에도 공동체를 만들고 싶은 마음으로 1978년 9월 설립했습니다. 시리우스는 영성공동체에 토대를 두고 있지만, 특정한 종교색 없이 사람들이 자신만의 방향과 방법을 찾도록 지원합니다. 그것이 구성원들이 다양한 방법을 공유하며 모든 생명을 존중하는, 시리우스의 설립 의도대로 살 수 있는 방법이기 때문입니다.

이렇게 원칙 있는 공동체 운영과 관리를 통해 시리우스는 구성원 모두를 존중하며 생태적으로 지속가능하고 다양한 의견이 조정될 수 있는 공동체를 만들기 위해 노력합니다.

다니엘 그린버그Daniel Greenberg와 그의 가족.

다니엘 그린버그

공동체에 대한 저의 관심은 도둑을 맞은 경험에서 시작됩니다. 1989년 9월 9일 저녁, 저는 북아메리카 대륙의 다양한 공동체들을 여행하기 위해 캠핑카에 짐을 꾸렸어요. 지금은 저의 아내가 된 파트너 모니크는 현대사회의 공동체에 대한 다큐멘터리를 촬영 중이었고, 저는 아이들과 교육, 교육 방법에 대한 박사학위 논문을 쓰는 중이었죠.

새벽녘, 우리는 몇 달간의 준비 끝에 드디어 여행을 떠날 생각으로 무척 들떠 있었습니다. 누군가 차를 부수고 모든 걸 훔쳐갔다는 사실을 알기 전까지 말이에요. 우리는 옷, 촬영 카메라, 컴퓨터, 기타, 심지어 제가 즐겨 듣던 카세트테이프까지 몽땅 도둑맞았습니다.

충격 속에 한 주를 보내며 보험 처리를 하고 그럼에도 이 여행을 계속해야 할지 말아야 할지 몇 번의 논쟁 끝에, 우리는 굳은 마음으로 다시 한 번 떠나기로 했어요. 그렇게 여행이 시작된 후 우리는 예전과 완전히 다른 삶을 살게 되었습니다. 저는 지난 2년에 걸쳐 공동체에 대해 공부했던 것보다 공동체 안에 발을 디딘 그 순간 훨씬 더 많은 것을 배울 수 있었어요. 우리는 9개월 동안 30여 개의 공동체를 방문했습니다.

모니크는 더 팜을 방문하고는 조산사가 되어야겠다고 마음을 먹었고, 관련하여 〈흙 길을 따라서(Follow the Dirt Road)〉라는 다큐멘터리를 완성했습니다. 우리는 콩의 다양한 사용법을 알게 되었고, 치마를 입는 방법과 해먹을 짜는 방법을 배웠어요. 그리고 애착 육아(attachment parenting)부터 다자연애(polyamory)에 이르기까지 다양한 분야에 대해 많은 대화를 나눴습니다. 그런 시간을 거쳐 우리는 진정으로 공동체를 사랑하게 되었죠.

어린이와 청년을 위한 공동체

저는 공동체에 사는 어린이들이 똑똑하고 용감하게 성장하는 걸 발견합니다. 아이들은 어른들이 집을 짓고 관계를 형성하며 정치적인 구조를 만들어 가는 걸 보며 자라요. 또한 어른들이 다투고 눈물 흘리고 실수하는 것도 보죠. 그러면서 아이들은 어른을 환상이 아니라 있는 그대로, 점점 인간적으로 느끼게 됩니다. 또 공동체 아이들은 핵가족을 넘어 더 깊고 넓은 인간관계를 가진 세계 시민으로 성장합니다.

북미를 거쳐 우리는 스코틀랜드 핀드혼 공동체로 갔고, 그곳에서 아이들과 행복한 한 해를 보냈습니다. 반년 정도 지났을 즈음, 한 친구가 몇몇 대학생을 핀드혼으로 초대한 적이 있었어요. 학생들이 핀드혼의 비전과 모습에 많은 영감을 얻고 자극받는 모습을 보았죠. 마치 제가 공동체 여행을 하면서 느낀 감정들과 비슷하게 말입니다.

그 모습이 큰 자극이 되었는지, 저는 어느 날 밤 갑자기 온몸에 전율을 느끼며 잠에서 깼어요. 더 많은 젊은이가 이러한 공동체적 삶을 누리도록 해야겠다, 이 지구라는 행성 안에서 서로 잘 살 수 있고 더욱 더 조화롭게 살 수 있도록 하자는 영감이 떠올랐죠.

우리 부부는 1999년 미국으로 돌아와 매사추세츠 대학교 애머스트 캠퍼스(University of Massachusetts Amherst)와 협약을 맺어, 각국의 생태마을을 방문해 체험할 수 있는 '리빙루트Living Routes' 프로젝트를 시작했습니다. 리빙루트를 거쳐간 1,500여 명의 학생들은 공동체에서 다양한 가능성을 경험한 뒤 각각 핀드혼(스코틀랜드), 오로빌(인도), 키부츠 로탄(이스라엘), 위위코요츨(멕시코), 에코요프(세네갈), 크리스탈 워터스(호주) 등의 다양한 공동체로 퍼져 나갔어요.

이 프로젝트는 인생을 바꾸는 일이었습니다. 학생들은 공동체 안에서 살아 보고 배우면서 '할 수 없어'라는 말을 하지 않게 되었어요. 왜냐하면 그들은 실제로 '하는 것'을 경험했기 때문입니다. 학생들은 각자 '내가 무엇을 어떻게 해야 할까?' '내가 어떻게 해야 나의 삶과, 내가 사는 사회에 변화를 줄 수 있을까?'라는 질문을 스스로 던지게 되었죠.

저와 모니크 역시 여러 공동체를 방문한 뒤 스스로 이러한 질문들을 던졌습니다. 그 결과 우리는 서부 매사추세츠에 있는 교육 센터이자 영성공동체인 생태마을, 시리우스에 정착하기로 결정했어요.

약속된 땅을 찾아서

시리우스 공동체는 1978년 브루스Bruce와 고든 데이비슨Gordon Davidson 두 형제와 그들의 배우자 린다 라이머Linda Reimer, 코린 멕로플린Corinne McLaughlin이 세웠습니다. 그들은 핀드혼 구성원으로 5년간 살다가 핀드혼의 설립자 중 1명인 피터 캐디와 함께 미국 전역을 돌며 워크숍을 진행하게 되었어요.

미국 도착 후 브루스와 고든은 직감적으로 이 땅에서 공동체를 시작해야겠다고 결심합니다. 마침 그들과 함께 지내던 한 여성이 길 건너편에 팔려고 내놓은 땅이 있다고 알려 주죠. 하지만 그때는 12월 중순이어서 그들은 좀 더 따뜻해지길 기다렸다 땅을 찾아보기로 했어요.

두 형제는 워크숍을 진행하는 중에도 미국 대륙 곳곳에서 땅을 찾았지만 적합한 곳이 없었어요. 그러다 브루스는 아내 린다가 첫째 딸을 임신했다는 소식에 핀드혼으로 돌아갔습니다. 그는 핀드혼 핵심 멤버 중 하나여서, 피터의 리더 역할 조정에 대해서도 의논할 것이 있었습니다.

고든과 코린 부부는 여행을 처음 시작했던 곳으로 다시 돌아왔고, 명상을 하던 중 제일 처음 본 그 땅을 사라는 메시지를 들었어요. 땅 소유주는 계약금으로 3만 달러(약 3200만 원)를 요구했습니다. 하지만 그들은 돈도 없었을 뿐더러 미국에 주소지가 없어 은행에서 돈을 빌릴 수도 없었어요.

다음날 공동체 모임에 나가자 놀랍게도 한 사람이 1만 달러를 후원해 주었고, 곧 이어 다른 한 사람도 2만 달러를 그 자리에서 바로 빌려주었습니다. 땅 소유주는 그들의 비전을 마음에 들어 했고, 그들이 땅을 조각조각 분리할 마음이 없다는 것을 알고는 당시 이자율의 절반과 시장 가치의 절반으로 개인 담보 대출을 해 주었어요. 고든은 90에이커(약 11만 평)의 땅과 집 한 채 그리고 2개의 창고를 7만 달러(약 7500만 원)에 구입했죠. 브루스와 린다는 6개월 후에 합류했어요.

사랑과 지혜의 원천

공동체 이름은 하늘에서 가장 밝은 별이자, 지구를 위한 사랑과 지혜의 원천으로 여겨지는 시리우스로 지었습니다. 시리우스는 아메리카 인디언에서 뉴에이지까지, 서양의 신비주의 학교부터 동양의 전통까지, 그리고 그 사이에 있는 것들을 포함해 모든 신성한 전통의 가치를 존중하죠. 이런 시리우스의 영성은 회의 및 행사 전의 조율, 정원에서 나누는 자연과의 교감, 보름달 명상, 커뮤니티 센터에서 하는 요가나 기 체조, 스톤 서클에서의 의식 등에서 나타납니다.

현재 시리우스에는 공동체 구성원, 탐방객, 손님, 세입자 등 약 30명가량이 거주하고 있고, 커뮤니티를 좀 더 넓은 관점에서 보면 150여 명 정도가 인근의 하스스톤 빌리지Hearthstone Village에 삽니다. 또한 주말 오픈 하우스와 매달 열리는 울력, 계절마다 있는 만찬, 피자 파티, 퍼머컬처에서부터 허브를 이용한 자연 치유에 이르는 교육 프로그램, 책 모임 등등을 통해 매년 수천 명이 이곳을 방문하죠.

그리고 '로타Rota'라고 불리는 점심, 저녁 식사 시간에는 채식 식단을 위주로 하여 지역에 나는 재료들, 유기농 음식 그리고 시리우스에서 직접 수확한 재료들을 여러 사람이 함께 요리하고 나눠 먹습니다.

다른 공동체와 마찬가지로 시리우스도 구성원들의 다양한 요구와 가치를 담아내기 위해 열심히 고군분투 중이에요. 예를 들어, 공동체에 사는 사람들은 각자 자신의 식생활에 맞춰 먹으면서도, 공동 부엌에서는 채식 식단을 엄격하게 지키죠. 보통의 의사 결정은 매주 목요일 저녁마다 있는 전체 회의에서 이루어지지만, 공동체 회원 관리, 재정, 공동체의 목적과 방향에 대한 논의를 하는 핵심 그룹도 존재합니다.

시리우스

친환경 건축 및 에너지 절약 : 가정에서 태양에너지를 활용한 원예와 수확.

이곳에선 누구나 핵심 그룹의 결정에 대해 의문을 가지고 반대 의견을 낼 수 있어요. 그런 경우 일반 회의에서 의견을 나누고 핵심 그룹으로 넘겨 다시 논의를 거치게 하죠. 물론 이러한 과정이 항상 완벽하게 적용되는 것은 아닙니다. 특히나 공동체 설립 초기에는 핵심 구성원인 브루스와 고든 사이에 의견이 맞지 않을 때면 더더욱 어려웠죠.

감자를 씻는 것처럼

모니크와 저는 몇 년 후 시리우스에서 잠시 떨어져 지냈습니다. 공동체 속에서 삶, 가족, 직업 사이의 균형을 잡기 어려웠기 때문이죠. 우리는 많은 사람이 비슷한 이유로 공동체를 떠난다는 걸 알게 되었습니다. 생태마을이 성숙되고 안정되어 가면서 생기는 흔한 문제이기도 했어요. 하지만 마을이 커져 가는 시기에 심리적인 '거품'이 같이 늘어나는 건 공동체에서는 해결해야 할 도전 과제입니다. 또한 이때 공동체를 떠나거나, 공동체는 벗어났지만 근처에 살며 연결감을 느끼고 싶어 하는 사람들과 어떻게 관계를 유지하며 살지도 매우 중요한 도전 과제가 되죠.

그런 거리감을 줄이려는 노력으로 우리는 시리우스에서 매주 음식을 만들어 먹는 '하스스톤 키친 밀Hearthstone Kitchen Meal' 프로그램을 시작했어요. 수백 명의 현지인과 마을을 떠났던 사람들이 몇 년 만에 다시 시리우스를 방문했죠. 또한 우리는 2008년에 공용 사우나를 완공했는데, 이 사우나는 사람들이 묵은 감정을 풀 수 있는 아주 효과적인 장소가 되었어요.

이러한 방법은 마치 큰솥에 물과 감자를 넣고 휘젓는 일본의 감자 손질 방법과 비슷합니다. 이 과정에서 감자들은 서로 부딪히고 긁히면서 서로를 씻겨내죠. 공동체 안에서도 마찬가지입니다. 서로가 서로에게 부딪히다 보면 우리도 시간이 지날수록 점점 더 날이 무뎌지고 부드러워지는 걸 느끼니까요.

우리의 길이 곧 인류의 방향

2010년 브루스가 나무에서 떨어지는 큰 사고를 당하면서 그와 린다는 경영 부문에서 점점 손을 떼게 되었어요. 다행스럽게도 시리우스 공동체 안에는 영적으로 성장하고 싶고, 공동체를 더욱 발전시키고 싶은 굳건한 젊은 구성원들이 있었어요. 또한 몇몇 청년들은 북미와 해외

시리우스

시리우스에서 제일 중요한 과제는 넥스트젠을 포함한 젊은 세대를 교육하는 것입니다.

에서 활발하게 활동하며 넥스트젠NextGEN 발전에 힘쓰고 있죠.

우리는 현재 마을에 있는 풍차 터빈, 태양 전지판, 생태건축(통나무, 스트로베일, 흙벽돌을 이용한 건축)은 물론, 방문객 숙소와 명상 센터, 새로운 교육 프로그램을 통해 이익을 창출할 수 있는 새로운 방향을 모색하고 있습니다.

시리우스 공동체는 계속해서 성장할 거예요. 우리가 서로 만족하고 헌신하는 것도 한 이유겠지만, 뿐만 아니라 시리우스에서 추구하는 방향이 곧 인류가 추구하려는 방향과 같기 때문이죠. 현대사회에서 생태마을이라는 존재는 어떻게 보면 별스럽게 보이고, 중요하지 않게 여겨질 수도 있습니다. 하지만 한 발자국 떨어져서 바라보면 지금의 산업화된 사회는 결국 실패할 수밖에 없는 운명이라는 것도 알 수 있죠.

낡은 것과 새로운 것의 균형

아마도 이 시대는 지구 역사에서 아주 짧고 강렬한 한 페이지로 남을 겁니다. 인간은 역사의 99.9퍼센트가 넘는 시간 동안 부족 생활을 했습니다. 우리는 공동체 생활에 익숙하며 서로를 위해 존재하고 자연 속에서 어우러져 살도록 진화했어요. 시리우스와 다른 생태마을들이 이러한 깊은 요구를 다시 불러일으켜서 새로운 문화와 이야기를 만들어 나가고, 진정으로 각자의 삶에서 서로를 위하는 존재가 되기를 바랍니다.

siriuscommunity.org

공동체를 위한 제안들

솔루션 라이브러리Solution Library에서 찾아보세요.
• 어스 디즈Earth Deed - 탄소발자국을 측정하고 지속가능성 프로젝트에 투자할 수 있는 크라우드 펀딩 플랫폼.

가장자리 효과

이타카Ithaca

미국

이타카는 미국에서 가장 큰 생태마을로 1991년 설립되었습니다. 이곳에는 세 곳의 코하우징 마을과 세 곳의 유기농 농장이 있습니다. 이 타카는 사회적·생태적으로 지속가능한 삶을 만드는 작지만 의미 있는 방식들을 추구하며, 이것을 대학생과 주류 사회에 보여 주려는 비전을 가지고 있습니다. 이타카 생태마을의 설립자 가운데 1명인 리즈 워커의 이야기를 들어 보겠습니다.

리즈 워커

저는 1990년 동료인 조앤 보카에Joan Bokaer를 도와 미국을 횡단하는 '환경평화 도보행진'을 추진했어요. 우리 가족과 미국의 원주민을 포함해 6개 나라에서 온 150명의 사람들이 LA에서 출발해 뉴욕까지 약

리즈 워커Liz Walker.

4,800킬로미터를 함께 여행했죠. 우리는 걸으면서 나무를 심고, 재활용 프로그램을 시작하도록 홍보하고, 지역 상인, 교회 사람, 어린 학생 들을 만났습니다.

도보 여행을 하던 중 제 결혼 생활은 종지부를 찍었어요. 남편과 저는 고통스러웠지만 4살, 7살 된 두 아들과 함께 여행을 계속하기로 결정했습니다. 하루 25~30킬로미터를 걷는 동안 많은 위기를 겪고, 많은 지지와 도움을 받았으며, 동기 부여, 인내, 끈기에 대해 배웠어요. 여정이 끝날 때가 되어서는 "와! 우리가 이걸 할 수 있다면, 무엇이든 해낼 수 있어."라고 모두 느끼게 되었죠.

조앤은 여정 중에 공동체를 만드는 꿈을 꾸기 시작했습니다. 그리고 6개월 뒤 저에게 전화를 걸어 이타카에서 생태마을을 만드는 걸 도와줄 수 있느냐고 물었어요. 신나는 아이디어였습니다. 깊은 명상 끝에 이 일은 내가 해야 할 일이라는 선명한 깨달음을 얻었고, 저는 15년간 살던 샌프란시스코 집을 떠나 싱글맘으로서 이타카로 이사했어요.

이타카는 호수와 구불구불한 언덕 그리고 많은 농장이 있는 뉴욕 주의 아름다운 핑거 레이크 지역에 자리합니다. 또한 환경에 대한 관심

이타카

이 높은 것으로 잘 알려진 코넬 대학이 인근에 위치해 있죠. 이 무렵 우리는 세계의 다른 생태마을들에 대해 듣게 되었고, 이 세계적인 네트워크의 일원이 되고 싶어 이름도 '에코빌리지(생태마을)'라고 지었습니다.

1991년 6월에 우리는 앞으로 무엇을 함께 만들어 갈 수 있을지 마음속에 그려 보기 위해 5일간의 피정(일상에서 벗어나 수도원 등의 특정 장소에서 명상이나 기도를 통해 자신을 살피는 일-옮긴이)에 들어갔어요. 100여 명의 사람이 카유가Cayuga 호수 옆에서 별빛을 보며 캠핑을 했죠. 초반에는 약간 험난했습니다.

조앤은 이 프로젝트에 대해 이미 대부분의 생각을 해둔 상태였지만, 사람들은 리더의 지시를 따르는 것보다 팀으로서 함께 일하길 원했어요. 거대한 에너지가 흐르고 있었습니다. 조력자로서 저는 흥분의 파도를 타고 서핑하는 기분이 들었죠. 우리는 작은 그룹별로 나뉘어 농장 계획과 건축 계획을 세우고 교육 프로그램을 짜기 시작했습니다. 5일간의 일정이 끝나갈 쯤에는 아무도 집에 돌아가고 싶어 하지 않았어요.

토지 구매, 디자인, 건축

우리는 방문객들이 쉽게 마을을 방문할 수 있도록 도시에서 가까우면서도 농사짓기에 좋은 땅을 원했어요. 결국 이타카 도심지에서 약 3킬로미터 떨어진 곳에 175에이커(약 21만 평)의 부지를 선택했죠. 우리는 코넬 대학과 제휴해서 비영리단체도 설립했어요.

조앤과 저는 하루종일 일했고 수십 명의 자원봉사자들도 도왔어요. 우리는 단지 사람들에게 전화해 "이 비전에 투자하시겠어요?"라고

코하우징 마을에서 아이들은 항상 함께 놀 친구가 있습니다.

묻는 것만으로 40만 달러(약 4억 원)를 모금했습니다. 놀라운 반응이었 죠. 비전 그리기 피정 모임 이후 정확히 1년 뒤인 1992년 하지(Summer Solstice, 양력 6월 21일 무렵으로 서양에서도 춘분, 하지, 추분, 동지에 해당하는 날을 특별하게 여긴다 - 옮긴이)에 우리는 이 돈으로 땅을 샀고, 그날 밤 그 땅에 서 캠핑을 했습니다.

　우리는 그다음 1년간 코넬 대학 교수, 대학원생, 주부, 건축가, 생태 학자 등 관심 있는 누구나 함께할 수 있는 집중적인 계획 설계 과정을 거쳤어요. 그렇게 우리는 함께 부지 구획, 물 사용, 이웃, 생태건축, 교통, 농사, 에너지에 관한 10쪽짜리 '개발 지침'을 만들었습니다.

　1996년 우리는 첫 번째 코하우징(입주자들이 사생활을 누리면서도 공용 공간에서 공동체 생활을 하는 협동 주거 형태 - 옮긴이) 마을을 만들기 시작했어요. 하지만 정작 우리 중 누구도 코하우징 마을을 본 적이 없었죠. 11월에 저는 새 파트너인 제라드와 아이들 그리고 다른 여덟 가족과 함께 새 집으로 입주했습니다. 집들 중 절반은 아직 공사 중이었어요. 우리는 오픈하우스를 열어 많은 손님을 받았어요. 하지만 바로 그날 저녁 큰 화재로 마을 회관과 여덟 집이 완전히 불타버렸습니다. 천만다행으로 아무도 다치지 않았지만 너무나 큰 시련이었죠.

화재는 큰 충격이었지만, 우리는 진심으로 마음을 모았고 서로를 도왔습니다. 보험금으로 집을 새로 지을 수 있었고, 9개월 후에는 마을이 완성되어 모두 새집에 입주했죠. 현재는 세 곳의 코하우징 마을이 있고 각 마을마다 고유한 이야기가 있습니다. 2015년에는 100개 가정이 함께하는 마을 개발이 완성되었고요.

공동체 지원 농업

공동체 부지 내에는 유기농 농장이 세 곳 있는데, 농장은 우리의 전반적인 비전과 업무에 있어 아주 중요합니다. 우리는 '공동체 지원 농업(CSA)'을 채택하고 있어요. 이는 농사를 시작하기 전에 소비자가 농부에게 미리 비용을 지불하고 매주 수확한 농산물을 받는 운영 방식이에요.

첫 번째 농장인 웨스트 헤븐 팜West Haven Farm은 11에이커(약 1만 3,000평) 크기로 1,000여 명의 사람들에게 먹거리를 공급합니다. 두 번째 농장인 유픽U-Pick은 5에이커(약 6,000평) 규모로 주민들이 직접 운영하죠. 이 농장은 딸기, 블랙베리, 블루베리 등을 키우는데, 작물을 수확하는 데 시간이 많이 드는 어려움이 있기도 합니다.

세 번째 농장은 교육 사업의 일환으로 만들었어요. 미국에서는 대부분의 농부가 60세 이상인데 이것은 매우 무서운 현실입니다. 앞으로 10년 후에 식량 체계에 무슨 일이 일어날지 걱정이 되죠. 우리는 젊은이들에게 농사짓는 법을 가르칩니다. 이 인큐베이터 농장은 10에이커(약 1만 2,000평)로, 농장 사업으로 창업을 하려는 사람들, 특히 땅이 없는 저소득층을 지원하기 위해 별도의 땅을 따로 떼어 놓은 거예요.

또한 각 마을에도 주민들을 위한 한두 개의 공동체 텃밭이 있습니다. 마을 사람 대부분은 먹거리 일부를 직접 기르는 걸 좋아하니까요.

토지를 이용하는 새로운 패러다임

미국의 건축 개발사들은 보통 1에이커(약 1,200평) 당 한 채의 집을 짓고 길과 차고를 많이 만듭니다. 90퍼센트의 땅에 건물이나 도로를 만들고 나머지 10퍼센트 정도만 자연 공간으로 남겨 두는 방식이죠. 우리는 반대로 10퍼센트만 건축에 사용하고 90퍼센트는 자연 공간이나 농사 구역으로 남겨 둘 수 있다는 걸 증명하고 싶었어요. 그래서 집 사이의 간격을 5피트(약 150센티미터) 정도만 두는 특별한 구획 정리 방식을 사용했습니다. 우리 마을은 집들이 아주 조밀하게 붙어 있는 대신, 보행자 도로를 과일나무와 소풍 테이블 그리고 아이들의 놀이 공간이 있는 아름다운 공원처럼 조성할 수 있었어요.

코하우징 모델은 개인과 공동체의 균형을 잡아 주는 좋은 사례입니다. 사람들은 각자 집에서 개인 생활을 즐길 수도 있고, 공동생활을 누리고 싶다면 집 밖으로 나오기만 하면 되죠. 공동 공간은 어린 아이

이타카

이타카는 토지의 90퍼센트 이상을 자연 그대로 보존하는 새로운 방식의 토지 사용법을 마을에 적용했습니다.

들이 함께 뛰어놀 장소도 되고, 마을 사람들끼리 소통하는 곳으로도 사용돼요. 우리 마을엔 일주일에 세 번씩 마을별로 함께 음식을 먹는 공동체 식사 시간이 있고 많은 파티와 축하 행사가 열립니다.

함께 의사 결정을 내리는 합의제 회의도 있습니다. 나눔이 있고 동지애도 있죠. 물론 갈등도 있고요. 우리는 연구자, 대중, 국내외 언론, 학생 들의 많은 관심을 받아 왔고, 설립 초반에 우리가 상상했던 것을 훨씬 넘어서 막대한 영향력을 가지게 되었습니다.

지역적이며 국가적인 활동들

우리는 주로 대학들과 협력하는 방식의 교육을 통해 지역 내의 소통을 도왔어요. 2002년에 이타카 대학 교수들은 '지속가능성의 과학'이라는 과목을 가르치기 위한 지원금 신청을 함께해 보자고 제의했죠. 우리는 국립과학재단으로부터 지원금을 받았고, 이 기금으로 3년 동안 교육 사업을 진행했습니다. 이것은 이타카 생태마을과 이타카 대학 모두에게 아주 큰 배움의 경험이 되었어요.

생태학에는 '가장자리 효과(Edge Effect)'라고 알려진 것이 있는데, 이 현상은 바다와 해안 또는 숲과 들판처럼 두 생태계가 만날 때 나타납니다. 대부분의 생물종들이 서식하고 생물적 활동이 가장 많이 일어나는 곳도 이 교차 지점이죠. 우리가 이타카 대학과 상호 작용을 하면서 받은 느낌도 바로 이런 가장자리 효과입니다. 풀뿌리 활동가인 우리는 이타카 대학이 가진 기존의 교육 프로그램을 다른 방식으로 구성하도록 도와 학생들이 지속가능성 실습에 적극적으로 참여하는데 기여했어요.

또한 우리 역시 이타카 대학으로부터 마을 사람들이 어떻게 하면 서로 더 잘 가르치고 배울 수 있는지, 또 어떻게 젊은이들과 함께 일해야 하는지에 대해서 많은 영감을 받았습니다. 상호 간의 뜻깊은 배움이었죠. 이타카 대학은 심지어 최첨단 지속가능성 프로그램으로 국가에서 상을 받기도 했습니다.

이타카

도시 계획가들과 협업하기

우리는 20년 동안 이타카 생태마을을 만들고 가꿔 오면서 다른 생태마을 개발자들과 우리의 경험과 배움을 나눌 방법이 없을지 생각해 봤습니다. 마침 톰킨스Tompkins 지역 기획부의 제안으로 함께 환경보호국(EPA)에 지원금을 신청하였고, 이 기금으로 약 4년 동안 기후 변화에 대응하는 우리의 공동체 모델과 아이디어를 알리는 교육 활동을 할 수 있었어요.

도시 계획가, 지역 건축가, 건축시공자 들과 함께 일한 멋진 과정이었습니다. 우리는 세 번째 마을 이름을 트리TREE(Third Residential Eco-village Experience)라고 지었어요. 이 마을 집들은 에너지 효율이 매우 높았는데, 일부는 독일 패시브하우스 수준이었죠. 이런 형태의 집은 미국 전역에 84채가 지어졌는데, 그중 7채가 이타카 트리 마을 안에 있습니다.

또 어떤 집들은 에너지 제로 주택으로서 집에서 사용하는 것보다 더 많은 에너지를 직접 생산합니다. 이 지역의 추운 기후를 고려하면 정말 대단한 일입니다. 그리고 우리는 이것이 일반적인 건축 방식에 비해서도 비용이 그리 많이 들지 않는다는 사실을 확인할 수 있었어요.

우리는 2050년까지 온실가스 배출을 80퍼센트까지 줄이려는 국가적 노력에 동참하고 있어요. 이는 미국에서 무척 진보적인 시도입니다. 트리 마을은 집을 제대로 지으면 일반적인 집에 비해 온실가스 배출을 93~100퍼센트까지 줄일 수 있음을 증명했어요. 톰킨스 지역 기획부는 이런 종류의 개발을 장려하려면 법을 어떻게 바꿔야 할지 깊이 고민하고 있죠.

현실에서의 지속가능성

우리는 이런 방식의 삶을 어떻게 더 많은 곳으로, 더 다양한 계층으로, 도시, 시골, 변두리를 포함한 더 다양한 지역으로, 확장시키고 또 공유할 수 있을지 고민합니다. 그리고 다음 단계들을 잘 밟아 가기 위해 계속 노력하고 있습니다. 제가 지금 '우리'라고 얘기한 사람들은 도시 계획가, 건축가, 건축시공자 들로 구성된 프로젝트 팀을 의미합니다. 우리들 다섯은 지난 3년간 아주 긴밀히 함께 일해 왔고, 전국의 많은 모임과 회의에 참여했어요.

우리 모델은 기존 방식과 많이 다르다는 점에서 흥미로우면서도 너무 부담스럽지 않습니다. 사람들이 어떤 원칙과 가치에 감흥을 얻고 스스로 변화하는 걸 보는 일 그리고 이런 방식으로 사는 사람들이 실제로 존재하는 걸 알아 가는 일은 대단히 매력적인 작업입니다.

그렇게 사람들은 이런 대안적인 일이 실제 이루어질 수 있음을 알게 되고, 자신의 마을에서도 시도할 힘을 얻게 되죠. 모든 대안을 다 해볼 수는 없겠지만 적어도 시도와 실험은 가능하니까요. 이것은 '가장자리 효과'의 또 다른 사례입니다. 지방 정부, 지역 사업 그리고 우리 생태 마을 같은 풀뿌리 그룹 들이 만나는 지점에 많은 활력과 생기가 넘쳐납니다. 또한 서로에게서 아주 많이 배우죠.

이타카 같은 긴밀하게 연결된 공동체에 산다는 건 일종의 특권입니다. 그러나 항상 쉽지만은 않아요. 240명의 다양한 연령대를 가진 사람들의 의견은 각양각색이니까요. 다행히 이런 삶의 방식은 위대한 포용 속에서 이루어집니다. 우리는 서로에게 귀 기울이며 가장 실용적인 제안을 하는 사람을 존중하는 법을 배웁니다. 그리고 늘 새로운 것을 배

이타카

우도록 서로를 격려하죠. 이곳은 배우며 살아가기에 정말 활기 넘치는 곳입니다.

ecovillageithaca.org

공동체를 위한 제안들

솔루션 라이브러리Solution Library에서 찾아보세요.

- 밀집 주택Densely Clustered Housing – 더 많은 자연 공간을 남기기 위해 가깝게 모여 살기.
- 코하우징 마을Co-housing Village – 공동체 시설을 공유하는 개인 주택 늘이기.
- 공동체 지원 농업 농장CSA Farming – 작물의 소비자와 생산자가 상생할 수 있는 관계 만들기.

히피라는 삶의 방식

더 팜The Farm

....

미국

1971년 테네시 주 중심부의 버려진 농장으로 밝게 페인트를 바른 60여 대의 스쿨버스와 여러 종류의 차량으로 꾸려진 카라반 행렬이 도착했습니다. 이들은 300명이 넘는 히피 이상주의자들로 3가지 목표를 가지고 있었습니다. 자신들보다 큰 어떤 것의 일부가 되기, 평화롭고 영적인 길을 따라가기 그리고 세상을 변화시키기입니다.

환경 인권 변호사였던 알버트 베이츠는 지난 40년간 '더 팜' 공동체에 살았으며, 이곳의 제3세계 구호기관인 '플렌티 인터내셔널Plenty International'에서 활동한 공로를 인정받아 '바른생활상'을 수상하였습니다. 그는 또한 몇 년간 세계 생태마을 네트워크(GEN)의 대표로도 활동했습니다.

알버트 베이츠Albert Bates.

알버트 베이츠

제가 부모님 집에서 독립하여 세상으로 나가던 그해, 밥 딜런의 〈브링 잇 올 백 홈Bringing It All Back Home〉 앨범이 나왔어요. 이 앨범은 우리 삶 전체를 감싸고 있는 소비문명의 위선을 노래하며, 보다 나은 것을 선택하자고 호소하고 있죠. 밥 딜런은 "나는 세상에 해가 되지도, 잘못이 되지도 않아요 / 다른 세상에 살고 있는 누군가에게도요 / 엄마, 내가 그를 기쁘게 할 수 없다고 해도 저는 괜찮아요."라고 노래했습니다. 전쟁 후에 베이비붐으로 태어난 수백만 명의 사람들과 마찬가지로, 저에게도 밥 딜런의 노래는 훌륭한 조언이었습니다.

케네디 대통령이 묘사했듯이 우리는 전쟁에 단련되고 어렵고 혹독한 평화에 훈련된 부모 세대와 달랐어요. 우리는 록큰롤과 서핑 음악의 비트가 있는 평화로운 시대에 성인이 된 세대죠. 우리는 인종 간 불평등에 대항하여 싸웠고 여성 권리를 옹호했습니다. 또 부모님 몰래 마약과 금지된 환각의 열매를 취해 해방감을 느껴보기도 했어요.

우리는 물질 소유에 집착하거나 자연을 지배하려고도 하지 않았습니다. 우리는 평화, 정직, 정의를 위해 행진하고, 대학을 떠나고, 화이트칼라 직장의 유혹으로부터 벗어나 세상의 모든 것과 모든 이에게 질문을 던지는 유목민이 되고자 했어요. 사람들은 우리를 재즈에서 유래된 단어인 '히피'라고 불렀습니다. 히피의 'hip'은 서아프리카 월도프 Woldof 어의 'hepicat' 즉, '눈을 뜬 사람'에서 유래했어요.

히피란 무엇인가?

1986년 《더 썬The Sun》지와의 인터뷰에서 더 팜 공동체의 설립자인 스티븐 개스킨Stephen Gaskin은 이렇게 말했어요. "히피가 존재하려면 부유한 나라가 되어야 합니다. 히피들은 자신이 원하는 것을 연구할 수 있는 자유와 특권을 가진 지식인입니다. 마치 젊은 귀족 같죠. 히피 운동은 어떤 면에서는 상류층의 운동이었습니다. 그러나 히피 운동이 사회의 돌파구로 작용할 때, 그들은 가장 혁명적이었고 진짜로 기성세대를 위협했습니다. 히피들은 문화, 종교, 계급을 가로질러 연대했기 때문입니다."

반면, 로널드 레이건이 히피를 '타잔 옷을 입고 제인처럼 머리를 기른 치타 냄새가 나는' 사람으로 표현하면서, 오늘날까지 대중문화의 고정관념은 히피들을 긴 머리에 씻지 않아 단정하지 못한 좌익 성향의 마약 중독자로 여깁니다.

더 팜 공동체로 이주했던 사람들은 서로의 가치와 비전을 공유하여 이곳에 왔습니다. 그들은 함께 땅을 소유하고 일구며 자연이 제공하는 에너지의 흐름, 즉 흙, 태양, 물, 동물의 순환에 기대어 살길 원했죠. 또 지역 안팎에서 생필품과 서비스를 교환할 수 있는 마을 경제를 이루며

1971년 300여 명의 히피 이상주의자들을 태운 60여 대의 스쿨버스 카라반 행렬이 그들의 첫 생태마을 후보지를 찾아 나섰습니다.

살고자 했습니다.

이들의 비전은 당시의 현실을 생각하면 단지 이상만은 아니었어요. 급격한 기후 변화와 에너지 부족, 생물학적·윤리적 한계를 벗어나는 부채에 기반한 경제 시스템의 횡포, 군국주의적 국가 안보 등등 공상 과학 잡지에서나 볼 수 있던 무기들을 제외하면 그때의 미국은 1933년도의 독일을 닮아 가고 있었기 때문입니다.

신뢰받는 지역의 중심

우리가 생각하는 긴밀한 관계의 공동체란 아이들이 필요할 때 언제든지 좋은 어른들의 도움을 받을 수 있는 곳입니다. 이웃과 문제가 생겼을 때도 심한 언쟁 대신 서로 간의 존중 혹은 우호적인 중재를 통해서 합리적으로 해결하는 곳이고요. 서로를 묶어 주는 눈에 보이지 않는 강력하고 끈끈한 연대감이 공동체 안에 있어서, 어느 누구도 소외당하거나 우정을 잃거나 갑작스런 재앙을 겪을까봐 두려워할 필요가 없는 곳입니다.

더 팜 공동체는 국가의 법률과 조세 문제에 있어 어떠한 편법도 쓰지 않습니다. 모든 규정의 요구 사항에 부합하거나 그 이상을 충족시킴으로써 원칙적이고 합법적으로 대응하기로 결정했기 때문이죠. 우리 공동체의 작은 대안학교는 주 정부나 지방 정부로부터 어떤 지원도 받지 않지만, 오늘날 매년 1,000명이 넘는 학생들이 다니는 지역 홈스쿨링 네트워크의 중심으로 성장했어요.

처음에는 불법으로 여겨졌던 마을 진료소 역시 자체적으로 진료 보조 인력, 구급대원과 조산사를 갖추고 여러 면에서 국립 의료 시스템을 능가하는 수준의 치료를 제공합니다. 우리는 여러 유형의 조직 구조를 갖춘 생태적인 사업을 할 뿐만 아니라 지역을 넘어 전 세계 시장에 우리의 다양한 상품인 대안에너지 장비, 발효콩과 초보자용 버섯 키트, 책과 미디어를 판매하고 있습니다.

힙한 생태발자국

공동체 설립 초기에 우리는 저출력 방식의 공동체 라디오 방송국을 만들어 우리만의 음악을 듣고자 했습니다. 이를 위해 먼저 쿠키를 굽는 금속판 위에 태양광 선지 셀을 붙여 충분한 전력을 생산해야만 했죠. 지금은 태양열로 전력을 생산해 국가 송전망에 판매하고 있습니다. 정리된 들판과 활엽수림에서 나온 단단한 목재를 대나무 가마에서 구운 우리의 바이오 숯은 모든 거주자와 방문객 들 그리고 우리의 사업이 매년 발생시키는 온실가스 발자국의 5배에 달하는 양을 상쇄합니다. 더 팜 공동체는 지구를 식히는 시원한 장소인 셈이죠.

당신이 컴퓨터의 기원과 인터넷에 대해 공부하는 사람이든, 의학용 마리화나에 감사하는 암환자이든, 혹은 뜨겁고 혼잡해진 지구를 걱정하는 환경론자이든 간에, 히피가 옳았다는 걸 인정해야 합니다. 평화, 사랑, 태양에너지, 시민권, 언론의 자유, 명상, 요가, 자가 제작 컴퓨터와 뒤뜰의 유기농 정원에 대한 히피들의 생각은 옳았으니까요. 히피들은 훌륭한 음악을 만드는 것 외에도 생태계 우선주의, 퍼머컬처, 생태마을을 개척했어요.

더 팜 공동체는 1960년대 히피 문화의 아이콘 가운데 하나로 잘 알려져 있습니다. 우리는 이 땅에서 40년 동안 살면서 4대를 이루었어요. 1세대는 스쿨버스와 폭스바겐 밴을 타고 샌프란시스코에서 테네시에 도착했던 히피족의 부모들입니다. 그들은 공동체가 생긴 지 10년이 지난 후, 자녀들의 삶이 이로워지는 걸 목격하면서 공동체에 합류했죠.

공동체 개척자인 2세대는 버스 뒤편을 막은 허름한 공간, 손으로 짠 유르트(중앙아시아 유목민들이 주로 쓰는 천막—옮긴이), 대충 지어진 투박한 판잣집, 타르 벽지를 바른 지오데식 돔geodesic dome(다면체로 구성된 반구형 또는 바닥이 일부 잘린 구형의 건축물—옮긴이) 등에서 3세대를 출산했습니다. 3세대는 대지 위에서 인생을 안내하는 철학의 인도를 받아 다시 4

세대를 낳았고요. 4세대는 종종 자신의 할머니가 출산할 때 옆에서 도왔던 산파의 손에 이끌려 세상에 나왔어요.

오늘날 전 세계에 존재하는 비폭력 혁명에는 쉽게 이해할 수 있고 감사할 만한 공동의 목표가 있습니다. 사실 모든 혁명에는 새로운 사회를 만들기 위한 소망이 담겨 있죠. 만일 변화가 폭력으로 성취된다면 그것은 결국 헛된 몸짓이 될 것입니다. 스티븐이 종종 말했듯이 그건 '주변으로 가구 옮기기'에 불과하죠. 폭력을 수반하지 않고 변화를 만들어 갈 때, 비로소 그 행동은 우리의 높은 가치를 더욱더 빛나게 합니다.

2014년 작고한 스티븐은 "팜은 존재하지 않는다."는 말을 자주 했어요. 이 말은 다음과 같은 밥 딜런의 노래 가사를 기억하는 것이 중요하다는 뜻입니다. "마음속에 기억해요 잊지 말아요 / 당신이 속한 것은 / 그도 그녀도 그들도 그것도 아니라는 것을." 히피가 더 팜 공동체에 남긴 커다란 유산과 문화는 바로 이것이에요. 당신은 어떤 것이나 누군가의 일부가 아니며, 누구도 당신을 소유할 수 없습니다. 당신은 당신입니다. 이제 그 생각을 품고 특별한 일을 행할 때입니다.

지금 우리가 마주한 도전들

어느 추운 겨울 날, 선거권을 가진 수백 명의 회원들이 분기 회의에 참석하기 위해 차가운 비를 피해 팜 공동체의 커뮤니티 센터에 모였습니다. 멤버십 위원회, 주거 위원회, 수질 관리자와 그 밖의 다른 이들이 작성한 지난 보고서들을 보면서 우리는 한숨을 쉴 수밖에 없었어요. 재산세가 또 인상되었고 워싱턴 정부의 군사 모험주의가 안팎으로 세금

더 팜 공동체에 있는 집.

을 짜내는 모습을 보면서 앞으로 어떤 일이 벌어질지 쉽게 예상할 수 있었기 때문이죠.

우리에게 세금 인상은 청년들을 막는 장애물입니다. 학자금 대출과 의료보험 같은 채무 부담에 어깨가 무거워지면, 청년들이 새로운 길을 찾아 생태마을로 오기 어렵습니다. 우리는 청년들을 돌려보내고 싶지 않지만 현실은 냉혹합니다. 이 지역에서 일자리를 찾을 수 없다면 청년들도 매월 지불해야 하는 거주비를 감당할 수 없어 결국 공동체를 떠날 수밖에 없습니다. 특히 이곳은 대도시에서 멀리 떨어져 있어 일자리를 구하기 무척 힘듭니다. 사업을 하려고 해도 꽤 멀리 떨어진 모르는 어딘가에서 물건을 팔아야 하죠.

가장 큰 문제는 여기서 아이를 낳고 키우는 일이 매우 어렵다는 사실이에요. 청년들이 학교를 졸업하면 일할 곳이 필요한데, 1984년 우리는 재정의 공동소유제도를 없애고 개인별로 회원을 받고 있기 때문에, 공동체 안에서 태어나고 자란 청년들도 새로 들어오려는 사람들과 같은 방법으로 직업을 찾아야 합니다.

때때로 공동체 안에 그들을 고용할 수 있는 친구나 친척이 있기도 하지만, 대개는 결국 슈퍼마켓이나 인근 마을의 일자리를 찾거나 또는 먼 도시 지역에서 학위를 활용하여 전문직을 찾아야 하죠. 이러한 문제에 대한 좋은 해답은 아직 찾지 못했습니다. 우리는 더 많은 청년 사업가가 필요하지만 그들이 창업하는 걸 지원할 수 없으며, 지역 은행들에서도 청년들을 지원하는 일은 매우 드뭅니다.

저는 변호사라는 전도유망한 직업을 내던지고 호미를 잡은 젊은 시절의 결정에 어떤 후회도 없습니다. 40년 전으로 돌아가 다시 결정하라고 해도 다르게 선택하지 않을 거예요. 그러나 21세기에 태어난 오늘날의 세대는 다릅니다. 이 시대의 새로운 커뮤니케이션 형태는 그들을 완전히 통제하고 지배했어요. 청년들은 우리처럼 고도성장에 익숙한 세대가 아닙니다. 그들은 성장의 한계에 대한 복잡한 고민과 함께 자라 왔어요. 이전 세대가 낭비한 화석 에너지, 대기, 해양, 열대 우림을 책임져야 하는 세대이기도 하죠.

다음 세대 그리고 그 다음 세대에게 또 그 다음 세대에게, 세상은 제가 살던 곳과는 매우 다른 곳이 될 겁니다. 저는 지금 청년들에게 바이오 숯을 만드는 방법, 발효차 끓이는 방법, 계곡을 가로질러 키라인 keyline을 놓는 방법을 알려 주지만, 나중에 그들은 같은 일도 다른 방식으로 하게 될 겁니다.

아마도 그 다음 세대는 더 좋은 방법을 물려받게 되겠죠. 청년들이 마을을 방문하여 우리의 의사 결정 과정, 신성에 대한 존경심, 건강한 식단, 더 나은 세상을 위한 사회적 활동에 대한 변함없는 헌신을 보았을 때, 우리는 그들이 영감을 받아 비슷한 무언가를 실천하기를 희망합니다.

생태마을은 다양한 이유의 연쇄 작용으로 만들어집니다. 그중 가장 중요한 것은 미래에 대한 희망이며, 희망을 현실로 이루기 위해 기꺼이 행동하려는 마음입니다.

thefarm.org

공동체를 위한 제안들

솔루션 라이브러리Solution Library에서 찾아보세요.

- 대나무 가마 바이오 숯Biochar from Bamboo kilns – 부식층을 재건하는 동안 이산화탄소 격리시키기.
- 키라인 밭Keyline Fields – 등고선을 따라 빗물 모으기.
- 액비Compost Tea – 유기 폐기물에서 액체 비료 생산하기.

근본으로 다가가기

더 소스The Source
자메이카

더 소스는 농장, 재단, 배움의 마을로 이뤄진 생태마을입니다. 자메이카 세인트 토마스 교구의 존스 타운에 위치한 곳으로 여러 세대가 모여 사는 다문화 마을입니다. 이곳의 생태적 사명과 비전은 자연의 삶을 존중하며 그 질서와 과정을 지키는 겁니다. 이들은 야생 생물과 식물 서식지를 보존하고 환경의 온전한 상태를 유지하며 새롭게 창조하는 라이프스타일을 만들어 갑니다.

설립자 가운데 1명인 47세의 니콜라 셜리 필립스Nicola Shirley-Phillips의 이야기를 들어봅니다.

니콜라 셜리 필립스

어떻게 더 소스의 이야기를 시작할까요? 저희가 방문객들에게 들

생태마을에서의 삶은 성장하기 위한 건강한 방법 중 하나입니다.

려주는 공식 버전의 이야기는 저희 웹사이트에서 보실 수 있습니다. 이보다 더 깊은 이야기는 마법으로 가득 차 있죠. 만약 여러분이 '깔끔한' 버전의 이야기를 원하신다면 웹사이트를 참고하시고, 정말 무슨 일이 일어났는지 궁금하시다면 지금부터 제 이야기를 읽어 주시기 바랍니다.

더 소스 공동체는 제가 태어나기 훨씬 이전, 저의 어머니와 할머니가 태어나기도 전에 시작된 것 같아요. 각 세대와 그들 각자의 경험이 우리의 현실 전체를 구성하고 있죠. 저는 이 연속체 어딘가에서 이야기를 시작해야 할 것 같습니다. 어린 시절 저는 필라델피아에서 아프리카에서 온 아칸Akan 신부님과 상담을 했어요. 가톨릭을 믿는 자메이카 사람으로서 사실 저는 무척 불안했습니다. 제 안에는 서로를 터부시하는 2가지 생각이 같이 있었으니까요.

상담은 저의 삶을 완전히 뒤집어 놓았어요. 가장 중요한 이야기는 '제가 마을을 시작하는 그룹의 일원으로서 2010년부터 그곳에 살게 된다는 것'이었죠. 그때가 1999년 9월이었어요. 상담 후 저는 집으로 돌아와 실컷 울어 버리고는 금방 모든 걸 잊어버렸습니다. 그건 제 이해의 영역을 완전히 벗어난 일이었으니까요.

뿌리를 찾아서

저는 계속 필라델피아에 살았고 5년 동안 2개의 레스토랑을 운영하게 되었어요. 마을이나 공동체에 대해서는 아무것도 몰랐지만, 다른 한편으로 큰 공동체와 함께 많은 개발 사업을 이끌었습니다. 하지만 제 삶이 만족스럽진 않았어요. 이 기간 동안 저는 많은 꿈을 꾸었습니다.

세 자녀를 둔 제 어머니는 아버지와 이혼하면서 저희를 데리고 미국으로 건너왔어요. 우리 셋은 모두 미국에서 대학을 졸업하고 석사 학위Masters degrees를 받았죠. 우리는 휴가 때 놀러 가는 걸 제외하고는 자메이카로 돌아갈 생각이 없었어요. 하지만 인생을 보는 제 관점이 바뀌기 시작했습니다. 어느 날 필라델피아에서 자메이카 공공 교육 프로젝트를 개발하던 자메이카 교수들을 만났죠. 저는 그들과 합류해 학생들을 모아 자메이카, 좀 더 정확하게 말하자면 세인트 토마스 교구로 데려가기 시작했습니다.

그곳은 자메이카 수도 킹스톤에 인접한 교구입니다. 1865년의 반란, 즉 모런트 베이 폭동(Morant Bay Rebellion)으로 잘 알려진 곳이죠. 이 일로 아프리카계 사람들은 노예제에서 해방된 뒤에도 감히 영국 왕

더 소스

관에 맞서 싸웠다는 사회적 낙인을 회복하지 못했습니다. 그들은 인구수에 비해 시민을 위한 교육, 재정 및 사회적 복지 부문에서 끊임없이 간과되거나 제 목소리를 내지 못했어요.

세인트 토마스 교구로 여행 갔던 어느 날, 어머니는 친구 분께 3~6에이커(약 3,500~7,300평)의 땅을 찾는다고 말했어요. 우리가 미국으로 돌아 온 뒤, 그분은 전화로 개울이 흐르는 주변에 작은 창고와 돌로 된 물 탱크가 있는 63에이커(약 77만 평)의 땅에 대해 이야기했습니다. 어머니는 저에게 자메이카로 다시 날아가 그 땅을 보고 오라고 권유하셨어요. 자메이카의 땅은 어머니가 늘 꿈꾸던 것이었고, 가족이 모두 힘을 합치면 감당할 수 있는 가격이었죠. 어머니는 계약금을 걸고 대출을 받아 땅을 구입했습니다. 우리는 대출금을 매달 갚아 나가 현재는 다 갚은 상태입니다.

이 기간 동안, 저를 자메이카로 유혹하는 더 강렬한 꿈이 생겼습니다. 노예였던 우리 조상들은 열심히 일했고 저 역시 열심히 일했지만, 일이 지겨워진 인생의 어떤 지점에 서 있었어요. 당시 저의 레스토랑은 『당신이 그녀라면(In Her Shoes)』이라는 베스트셀러에 자세히 묘사되고, 카메론 디아즈, 토니 콜레트, 셜리 매클레인이 출연한 같은 제목의 영화에도 나오면서 유명세를 탔습니다. 저의 작은 오아시스는 크게 성공했고 인기 장소가 되었죠. 그런데 저는 도망가고 싶어졌습니다. 더 이상은 레스토랑을 운영하기 싫었어요.

그러나 제 꿈은 저에게 아직은 떠날 수 없다고 말했습니다. 미국에는 제가 해야 할 다른 일이 있었어요. 커뮤니티 경제 개발 분야에서 석사 학위를 따고 싶었죠. 저는 내면의 목소리를 따라 도전했습니다.

때때로 저는 매우 둔해집니다. 63에이커의 땅을 사 놓고도 어린 시절 아칸 신부님과 상담했던 것과 마을에 대한 이야기를 기억하지 못하고 있었죠. 그러다 저의 학위 논문 주제와 연관하여, 십대 엄마들을 위한 재봉조합 설립을 돕기 위해 자메이카로 돌아갔을 때 불현듯이 그 생각이 떠올랐어요.

저는 자메이카에 갈 때마다 다른 사람들과 동행하였고, 함께 땅을 방문해서 모든 일이 잘 돌아가는지 확인했습니다. 같이 갔던 친구들은 모두 그곳에 머물고 싶어 했어요. 그 땅에는 카리브해와 울창한 숲이 숨막히는 광경을 펼치고 있었으니까요.

많은 대화 끝에 우리는 사람들이 마을을 만들고 싶어 한다는 걸 깨달았어요. 하지만 우리는 그것이 어떤 모습이어야 하는지, 어떻게 해야 할지 몰랐습니다. 다행히 온 가족의 친구 중 한 사람이 '생태건축을 위한 계획공동체' 같은 워크숍이나 수련회에 다녀온 적이 있었죠. 그는 생태마을, 지속가능한 삶, 생태건축과 생태 지킴이 등의 단어를 써가며 이야기를 꺼냈습니다. 우리는 생태마을과 관련해서 가이드라인, 책, 워크숍 및 조언자를 제공할 수 있는 문화 기반이 최근 몇년 사이에도 눈에 띄게 성장했음을 알게 되었어요. 우리 모두는 연구 작업, 계획공동체 방문, 우수 사례와 모델을 찾는 작업을 하며 바쁜 날들을 보냈습니다.

어스헤이븐의 도움

2006년 우리는 노스캐롤라이나의 어스헤이븐 생태마을을 방문하여, 계획공동체에 관한 수많은 글과 두 권의 책을 쓴 다이아나 리프 크리스티안을 만났어요. 책을 읽으며 찾을 수 있는 모든 정보를 모았고요. 마을에 관심을 보이는 몇몇 친구들과도 이야기를 지속적으로 나누었어요. 그러다 얼마 지나지 않아 분명한 과제가 생겼습니다. 이제 주변 사람들은 우리가 어떻게 자메이카로 이주하여 새로운 삶을 살아갈지 궁금해 했기 때문입니다.

우리는 다이아나를 초대하여 이러한 도전들을 잘 이끌어 앞으로 나아가기 위한 구조를 만들고, 조화를 이룰 수 있는 세부적인 계획을 세우는 데 도움을 받았습니다. 그녀는 우리에게 마을을 설계하고 디자인하려면 퍼머컬처 전문가의 도움을 받는 것이 좋다고 알려 주었죠.

우리는 어스헤이븐의 설립자 가운데 1명인 척 마쉬를 초빙했습니다. 우리를 방문한 그는 자메이카를 무척 마음에 들어 했고, 지금은 더 소스의 구성원으로 살고 있습니다. 이렇게 선구자들의 지속적인 도움을 받으며 마을의 퍼머컬처 디자인과 공식적인 의사 결정 과정에 대한 얼개가 마련되었어요. 우리는 드디어 더 소스 농장 재단과 생태마을 설립에 착수했습니다.

인생을 구하는 마술

저는 지금까지 제가 보고 경험한 바를 바탕으로 이야기해 왔습니다. 더 소스는 제 인생을 구했어요. 제가 늘 하고 싶던 일은 바로 여기 이곳, 이 땅 위에서의 프로젝트입니다. 이곳에는 비전과 에너지와 창의적인 잠재력이 넘쳐납니다. 사람들은 영감을 받고 힘을 얻고 행동으로 옮기죠. 우리 조상들은 우리가 인생의 사명과 비전을 그릴 수 있는 넓은

모두가 공동체의 온실을 만들기 위해 돕고 있습니다.

경제적이고 생태적인 방법으로 지을 수 있는 흙부대 집.

캔버스를 주었어요.

어머니와 형제자매들도 더 소스가 그들의 삶을 어떻게 도왔는지 이야기할 수 있습니다. 제 동생은 2008년 금융 위기 이후 실업자가 되었어요. 그는 가족들과 함께 자메이카로 돌아오기로 결심했고, 지금은 마을에서 농부의 삶을 살고 있습니다. 동생은 대학에서 교육과 디자인으로 학위를 받았지만 늘 농사에 대한 꿈을 가지고 있었어요. 이제 그는 가족들을 부양하며 자신의 열정을 추구할 수 있게 되었죠.

한 번 우리를 방문한 사람들은 떠나고 싶어 하지 않습니다. 이것이 더 소스가 하는 일이에요. 땅은 사람들을 붙잡고 땅의 기운은 그들을 돌봅니다. 이 실험마을에 온 사람들은 우리에게서 많은 것을 배우고, 또 우리가 가족과 친구들로 확장된 네트워크에서 함께 일하며 살아간다는 사실에 놀라곤 해요.

근본으로 다가가기   413

우리는 공동체 주방에서부터, 자연 학교, 전기와 상하수도 같은 기반 시설 없이 살아 보기, 유기농 텃밭, 지역 여성들의 천연 염색장, 킹스톤의 퍼머스 마켓, 타이노(인디언) 캠프, 여름 교육, 예술 학교, 일요일 저녁 프로젝트, 미국국제개발처(USAID)에서 펀딩 받은 지속가능한 농장 프로그램 그리고 세인트 토마스 교구 내의 많은 커뮤니티 개발 프로그램까지 만들었습니다. 일은 매우 버겁지만 우리는 모든 순간을 즐기죠.

공동체의 중심

현재, 우리의 중심 그룹은 13개 가족으로 이루어져 있습니다. 각 가정은 흙부대 공법을 사용해 자신들만의 집을 지었어요. 우리는 공동 주방과 수영장을 가지고 있으며 시간제 요리사를 고용할 때도 있어요. 매끼를 같이하진 않지만 자주 함께 식사를 하고요. 우리는 의사 결정을 할 때 공식적인 합의에 기반하며, 때에 따라 중국의 고전인 『주역(I Ching)』에서 도움을 받기도 합니다.

그리고 매월 한 번씩 함께 모여서 필요한 일을 하죠. 우리는 서로의 농장 일을 돕고, 공통점이 있거나 일정이나 장소가 겹치는 프로젝트가 있으면 창의적으로 함께하거나 참여할 수 있도록 서로를 지원합니다. 마을 학교에서는 여러 명의 마을 사람들이 주당 한두 시간씩 할애해 학생들을 가르치고요.

아래 내용은 그동안 공동체를 운영하며 우리가 얻은 교훈입니다.

• 잠재적 구성원에게 '아니요'라고 말하는 데 망설이지 마십시오.

더 소스

- 신생 공동체에서는 당신이 하는 일을 따뜻하게 바라보고 이해 하기까지 시간이 걸릴 수 있습니다. 계속 집중하세요.
- 공동체 협약을 지키십시오.
- 사람들에게 함께 사는 걸 좋아하는지 확인하세요. 폭풍우에 대 비하기 위해서는 이 에너지가 필요합니다.
- 활용 가능한 모범 사례를 사용해 보세요. 경험은 언제나 최고의 스승입니다.
- 설계하고 설계하고 또 설계하십시오.
- 토지 계획을 이해하는 전문가에게 쓰는 돈을 아까워하지 마세 요. 멀리 볼 때 절약하는 방법입니다.
- 모든 일을 니무 심각하게 받아들이지 않아도 된다는 사실을 기 억하세요
- 항상 앞서 행한 사람들을 존경하고, 길을 잃은 많은 영혼들이 있 다는 것을 기억하십시오. 그들의 시도를 헛되이 하지 말아야 합 니다.

우리는 신생 공동체로서 지난 8년간 여러 의견을 경청하고 배워왔 습니다. 자메이카 사람들과 아프리카 혈통의 사람들의 경우, 공동체 안 에서 함께 일하며 사는 것은 노예제도를 연상하기에 무척 쉽지 않은 일 이에요. 그래서 우리가 생태마을을 실현하며 자원을 모은 일을 보고 사 람들은 매우 놀라워하죠. 우리는 함께 도전해 왔습니다. 우리에게 조언 하고 이끌어 줄 전문가와 조언자들을 만난 건 큰 축복이었어요. 저는 그 들의 의견을 경청하고, 신념으로 위기를 극복하며, 조상들을 신뢰하는

법을 배웠습니다.

　　많은 사람들이 더 소스에 와서 우리가 일군 기반 시설에 놀라워하면서도 종종 그것을 가능하게 한 내적 작업과 관계의 측면은 미처 알아차리지 못합니다. 우리는 더 큰 목적을 위해 이렇게 함께 일하기로 결정한 거예요. 우리는 아직 젊은 공동체이기 때문에 구성원들과 함께 진화하고 함께 만들어 가려고 해요. 다음 세대가 더 소스를 어떻게 발전시켜 나갈지 무척 기대됩니다.

thesourcefarm.com

공동체를 위한 제안들

솔루션 라이브러리Solution Library에서 찾아보세요.

- 공동체 학교Community Schools – 아이들이 자신들의 사회적 환경 안에서 배울 수 있게 하기.
- 흙부대 집Earth Bag Houses – 주변에서 구할 수 있는 재료를 이용하여 낮은 비용으로 집짓기.

보통 사람들이 일구어 낸
놀라운 일들

어스헤이븐Earthaven

미국

어스헤이븐은 노스캐롤나이나 주의 애슈빌Asheville에서 약 40여 분 떨어진 숲 속에 위치한 생태마을입니다. 이곳은 전일적(holistic)이고 지속가능한 문화를 배우고 실천하고 가르치는 일을 통해 사람과 지구를 돌보는 데 헌신하는 공동체입니다. 어스헤이븐의 공동 설립자인 척 마쉬Chuck Marsh는 "우리는 매우 평범한 사람들입니다. 단지 평범하지 않은 일을 하려고 노력할 뿐입니다."라고 말합니다.

어스헤이븐에 오랫동안 살아 온 구성원 중 1명인 다이아나 리프 크리스티안의 이야기를 들어 보겠습니다.

다이아나 리프 크리스티안

어스헤이븐은 노스캐롤라이나 서쪽에 위치한 생태마을입니다. 저

다이아나 리프 크리스티안Diana Leafe Chritian.

는 주변 숲의 아름다운 풍경, 어스헤이븐의 비전과 구성원들에 이끌려 이곳에 오게 되었어요. 이곳 집들은 대부분 흙으로 지어졌고 태양열 난방 시설, 빗물을 모으기 위한 금속 지붕과 생태화장실을 갖추고 있죠. 마을에서는 퍼머컬처 디자인, 생태건축, 생태적·사회적으로 지속가능한 삶을 위한 다양한 워크숍이 열립니다.

마을 투어에 참여한 방문객들은 숲을 따라 걸으며 아롱거리는 햇살과 숲길을 따라 자란 식물들을 만나고, 새들의 지저귐과 개구리 노래소리, 졸졸 흐르는 시냇물 소리를 들을 수 있어요. 대부분의 미국 동부지역과는 다르게 이곳에는 물과 햇빛이 넘쳐납니다. 저에게 이곳은 천국이에요.

저는 어떻게 하면 사람들이 새로 시작하는 생태공동체에서 잘 살아갈 수 있을까 고민했어요. 그러다 구성원들이 공동체의 목적에 대해서로 다른 생각, 다른 패러다임을 가진 것처럼 보일 때 발생할 수 있는 여러 갈등을 해결하는 데 관심을 가지게 되었죠.

그래서 저는 어스헤이븐이 설립되고 이후 몇 년에 걸쳐 생긴 기성 세대와 신세대 간의 차이점에 대해, 또 젊은 구성원들이 어떻게 저에게 희망을 주는 방식으로 이러한 차이를 주도적으로 해결했는지를 중심으로 이야기하려 합니다.

어스헤이븐의 초창기

어스헤이븐은 1994년 3명의 퍼머컬처 기획자가 포함된 18명의 설립자들이 320에이커(약 40만 평)에 달하는 땅을 구매하며 시작되었어요. 지형 측량과 토지 조사를 한 후 퍼머컬처를 기반으로 농경지, 과수원, 남향의 완만한 경사면에 자리한 주거 지역, 마을 센터, 명상을 위한 장소 등을 가진 마을을 설계했습니다. 그리고 숲을 정리한 후 다리를 놓고 길을 닦았죠.

초기에는 재정적으로 매우 취약했어요. 매년 새로운 구성원들의 입주가 충분하지 않아 자금이 모이지 않았고, 담보 대출금을 갚지 못할 경우 어렵게 일군 마을을 압류당할 수밖에 없는 상황까지 왔습니다. 그래서 설립자들은 마을 구성원, 친구, 이웃 들에게 돈을 빌려 '어스쉐어 기금(Earthshares Fund)'을 만들었어요. 신규 가입비가 부족해 재정이 어려울 때 이 기금으로 대출금을 갚기도 했죠. 2004년 어스헤이븐은 대출금을 모두 갚았고, 2006년에는 어스쉐어 기금에서 받은 돈도 모두 상환했습니다.

마을 설립 초기에는 주택 부족과 일자리가 큰 문제였습니다. 집이 없어 사람들이 텐트와 캠버스로 만든 유르트, 캠핑용 자동차에서 살았죠. 이 문제를 해결하기 위해 1990년대 후반 몇몇 청년들이 뜻을 모아 지속가능한 산림 관리, 친환경적인 나무 베기, 마을 구성원들을 위한 패

생명역동농업 방식으로 농사를 짓는 옐로루트 농장(Yellowroot Farm)의 앤디 보슬리와 줄리 맥마혼.

시브 태양열 하우스를 지을 수 있는 산림협동조합(Forestry Co-op)을 시작했어요.

청년들은 돈을 빌려 휴대용 전동 사슬톱, 제재용 톱과 목공 도구를 마련했습니다. 그들은 숲을 가꾸고 나무를 베고 집을 짓는 법을 스스로 가르치고 배웠어요. 그리고 자체적으로 최저임금을 지불하는 방식으로 주택 문제와 일자리 문제를 동시에 해결하기 위해 발 벗고 나섰죠. 마을 안팎에서 집을 짓는 일이 진행되면서 뚝딱뚝딱 집 짓는 소리가 끊임없이 들려왔어요.

수년에 걸쳐 많은 집을 지었음에도 불구하고, 산림협동조합은 지속적인 재정적 어려움과 싸워야 했죠. 6년 반 동안 간신히 손익분기점

어스헤이븐

을 유지하거나 임금 없이 몇 주를 보내는 등의 어려운 시간을 보낸 후 청년들은 결국 협동조합을 해산했어요. 지난날을 생각하면 많은 사람들에게 슬픈 일이었지만 결과적으로 몇몇 청년 구성원들에게는 어떻게 보면 배움의 시간이 된 셈입니다. 목공과 건설에서부터 전기 작업, 에너지 독립형 태양열 디자인과 설치, 물과 가스 배관 작업, 산림 관리에 이르기까지 수익을 창출할 수 있는 다양하고 견고한 기술을 배웠으니까요.

다른 관심사

어머니와 저는 2000년 말부터 어스헤이븐을 정기적으로 방문하기 시작해 2002년 마을 구성원이 되어 작은 집을 짓고 입주했어요. 저는 바로 회원 관리 및 홍보 위원회에 가입했죠. 저의 첫 번째 임무는 방문객들과 잠재적인 회원들이 알아야 할 실질적인 정보를 제공하기 위해, 어스헤이븐 웹사이트를 수정하는 거였어요.

대부분의 생태마을과 계획공동체는 이웃 간의 너그러움과 보살핌을 기본으로 합니다. 하지만 2000년대 초반, 어스헤이븐에서는 아이에 대한 입장 차이로 젊은 주민과 장년층 주민 간에는 미묘한 긴장감이 있었습니다. 설립자들과 초기 구성원들은 어린 아이가 있는 사람들을 마을에 들이지 않았어요. 초기에는 마을 건설에 참여할 시간과 여력이 충분한 구성원이 필요했고, 마을의 물을 오염시키지 않으면서 기저귀를 처리할 방법이 없었기 때문입니다. 점점 더 많은 젊은 사람들이 마을에 합류하고 가정을 꾸리기를 원했지만, 어스헤이븐의 이러한 '반가정적 분위기'에 실망하게 되었고, 낙담한 몇몇은 마을을 떠나기도 했습니다.

사람과 식물이 함께 살아가는 건 어스헤이븐의 친환경 주택들이 지향하는 바입니다.

그래서 새로 들어온 몇몇 젊은 구성원들과 저는 어린 자녀를 둔 가족이 더 쉽게 마을에 입주할 수 있도록 소위 '가족 친화적'인 내용을 마을에 제안했어요. 이 제안은 많은 논의와 협상을 거쳐 통과되어 현재 우리 마을엔 아장아장 걸어 다니는 아기는 물론 어린이와 청소년을 비롯한 다양한 구성원이 함께 살고 있습니다.

어스헤이븐이 다른 공동체와 다른 점 중 하나는 회의 문화와 의사결정 과정입니다. 마을을 시작할 당시 대부분의 설립자들은 영적이고 생태 지향적이며 자녀가 없는 40대 후반의 사람들이었습니다. 그들을 포함한 초기의 구성원은 감성적으로 매우 강하게 연결된 그룹이었죠. 영적 수행, 마음속의 이상, 개인적인 문제에 대한 깊이 있는 정서적인 나눔 등을 가치 있게 여겼어요. 그런 것이 공동체 문화이며 서로 연결되어 있는 증거라고 생각했고요. 그들은 회의에서도 애정과 보살핌을 표현하

어스헤이븐

는 것은 물론 웃고 울고 때로는 소리 지르는 일도 개의치 않았습니다.

하지만 많은 신세대 구성원들의 생각은 달랐어요. 의견이 다를 때 강한 감정을 거침없이 표현하는 기성세대 구성원들과 함께 회의에 참여하는 것을 불편해 했죠. 그들은 생산적이고 미래 지향적으로 마을의 목표를 향해 나아가길 원했고, 감정을 소모하는 회의보다는 건설적이고 생산적인 방식으로 어스헤이븐의 목표를 달성하는 데 도움이 되는 회의를 원했습니다. 신세대 구성원들은 감정을 강하게 표현한다고 다른 사람과 더 연결되는 건 아니라고 생각했죠. 오히려 그들은 회의가 아닌 사회적인 활동 그리고 공동체의 목표를 위해 일하고 그것을 달성하는 성취감을 통해 서로 연결되어 있는 느낌을 받았어요. 젊은 친구들은 '우리가 무언가 하고 있다'는 행복하고 강렬한 방식의 긍정적인 연결을 원했습니다.

의사 결정 과정의 변화

비교적 최근까지 어스헤이븐은 '만장일치에 의한 합의'라고 부르는 의사 결정 방식을 사용했어요. 그런데 이 말은 누구나 어떤 이유로든 다른 사람의 제안을 거부할 수 있음을 뜻합니다. 가장 논쟁이 많았던 주제는 농업이었죠. 소규모 농장을 갖기 위해 얼마나 많은 토지를 개간해야 하고, 구성원에게 빌려주어야 하는지, 어떻게 숲이 유지되어야 하는지 같은 문제에 대해서 신세대와 기성세대 간에 매우 상반된 의견이 있었습니다.

2000년대 중반 젊은 구성원들이 처음으로 몇 개의 농장을 임대하여 토지를 개간하는 과정에서 농지 정리 방법과 농사법을 놓고 갈등이 벌어졌죠. 몇몇 나이든 구성원들은 자신들이 해석하는 생태적으로 엄격한 어스헤이븐의 표준과 다르다며 질색했고, 젊은 농부들은 어스헤이븐의 표준을 다르게 해석한 것일 뿐 기준을 충족했다고 생각했어요.

그래서 어떤 제안, 특히 미래 농업에 대한 제안서를 토의할 때면 늘 긴장감이 감돌았습니다. 회의 전부터 우리는 누군가 좋은 결정을 방해할 수도 있음을 예상해야 했고, 때로는 몇몇 기존 구성원들이 실제로 그랬어요. 이런 이유로 어스헤이븐에서의 새로운 농업은 2007년에서 2010년 사이 침체기를 겪어야 했습니다.

힘든 시간이었어요. 기성세대의 의사 표현 방식과 회의 진행 방식이 몇몇 신세대 구성원에게 실망감과 좌절감을 주었죠. 결국 젊은 친구들은 업무 관련 회의에 전혀 참석하지 않을 정도가 되었고, 몇몇 사람은 마을을 떠났습니다.

그러나 희망은 있었습니다. 한 젊은 농부의 주도로 지난 7년간 우리 중 몇몇은 이른바 '소수의 횡포'를 막고 합의제를 사용하기 위한 대안들을 연구했어요. 2012년에서 2014년 사이, 어스헤이븐은 생태마을이란 목표를 위해 효과적으로 나아갈 수 있도록 합의 과정에 대한 두 번의 점진적인 변화를 받아들였습니다.

그리고 2014년 중반에는 세 번째로 급진적인 변화를 만들었어요. 우리는 여전히 토론을 통해 제안을 검토하지만 만장일치 합의를 요구하는 대신 투표를 활용합니다. 만약 85퍼센트 또는 그 이상이 찬성하면 제안은 통과되고, 50퍼센트 미만이 찬성할 경우는 통과되지 않는 거죠. 이때 만일 찬성이 50~85퍼센트 사이면 찬반 의견을 모아 새로운 제안

어스헤이븐

을 만들기 위해 일련의 회의를 엽니다. 그것이 불가능할 경우는 초기 제안을 두고 다시 투표하여 66퍼센트 이상 찬성표를 받아야 합니다.

어떤 구성원들은 애착을 갖던 만장일치 방식의 합의가 손상된 걸 애석해 하지만, 이러한 의사 결정 방식의 변화가 마을을 번영시키는 데 큰 역할을 했어요.

앞으로 나아가기

마을의 젊은 구성원들은 그들의 의식, 자신감, 리더십과 성실함을 통해 지속적으로 저에게 확신을 주었습니다. 2015년 현재는 다시 모든 세대가 함께하고 있어요. 새로 들어온 2명의 젊은 구성원이 마을을 떠나는 다른 2명의 구성원으로부터 건물과 제반 시설을 매입하기 위해, 나이든 구성원들과 친구들에게 돈을 빌려 자금을 마련했습니다. 1명은 휴경 중인 작은 농장을 되살리길 원하고, 다른 1명은 방문객에게 숙박과 식사를 제공하는 오두막 운영을 원하죠.

신세대와 기성세대가 함께 힘을 모아 마을 전력 생산을 높이고 안정적으로 전기를 공급할 수 있는 에너지 독립형 전력 시스템을 갖추기 위한 기금도 마련했어요. 그리고 몇몇 젊은 부부는 마을 구성원과 인근 지역의 아이들을 위한 2개의 공동 육아 시설과 홈스쿨링 프로그램을 만들었습니다.

어스헤이븐 생태마을은 기성세대 구성원들의 에너지와 비전, 동기 부여가 없었다면 존재하지 못했을 겁니다. 퍼머컬처를 기반으로 한 부지 계획과 혁신적인 어스쉐어 기금을 설립한 그들의 노력이 마을을 만들었죠. 그리고 신세대 구성원들의 비전과 에너지, 추진력과 자신감이 없었다면 마을은 앞으로 나아가지 못했을 거예요. 젊은 세대의 노력은 마을 자치 운영, 집짓기, 소규모 농장 세우기, 마을 사업과 사회적기업 건립에 큰 힘이 되었죠.

지금 어스헤이븐은 다시 번영하고 있습니다. 우리의 토요 마을 투어와 워크숍은 인기 프로그램으로 자리 잡았어요. 좋은 동료로서 의미 있는 삶을 살고, 교육을 돕고 격려하면서, 우리가 할 수 있는 한 주류 사회에 영감을 일으키면서, 우리는 우리가 하려던 바를 다 하고 있습니다. 어스헤이븐을 방문한 사람들은 이곳 생활에서 배움을 얻고 자신들 역시 '놀라운 일을 일구는 보통 사람'이 될 수 있음을 깨달을 것입니다.

earthaven.org

공동체를 위한 제안들

솔루션 라이브러리Solution Library에서 찾아보세요.
- 합의제 의사 결정Consensus Decision Making – 모든 목소리를 듣기.
- 소시오크라시Sociocracy – 합의에 기반한 의사 결정.

어스헤이븐

네트워크 안내

Network Guide

GLOBAL
ECOVILLAG
NETWORK

젠GEN의 역사

1991~2015

덴마크 출신인 로스 잭슨Ross Jackson과 힐더 잭슨Hildur Jackson은 세계 생태마을 네트워크의 '부모'로 불립니다. 로스와 힐더가 젠GEN을 어떻게 시작했고, 젠GEN은 어떻게 발전했는지 얘기해 보려 합니다.

소개

세계 생태마을 네트워크는 20년 동안 지속되었으며, 젠GEN 프로젝트 중 하나로 시작된 가이아 에듀케이션Gaia Education 역시 10년째 지속가능한 삶의 원칙을 가르치고 있습니다.

생태마을들은 세계 모든 국가에서 더 나은 삶을 살면서 동시에 생태발자국을 줄이는 것이 가능함을 보여 주는 모델입니다. 이 모델은 연대와 협력에 기반하고 있으며, 세계의 정의를 이끌어 내는 원형을 제공할 수도 있습니다. 생태마을에서는 갈등을 해결하는 방법, 세계적인 의식을 함양하는 방법, 아이들이 건강하고 좋은 환경에서 자랄 수 있는 공간을 만드는 방법, 재생가능 에너지와 통합된 에너지 시스템을 사용하는 방법, 100퍼센트 유기농 식품을 제공하는 방법, 사랑과 자비로 삶을 가득 채우며 살아가는 방법을 배웁니다.

생태마을운동은 주류 세계의 관점이 생성하는 파괴적인 결과에 대응하는 신중한 전략으로 볼 수 있습니다. '시장 사회'는 단순히 다수의 사람들을 위해 작동하지 않습니다. 오히려 퇴화된 환경과 빈부의 격차를 급격하게 늘릴 뿐입니다.

생태마을운동은 좀 더 큰 시민사회의 계획적 운동에 속하며, 그것은 다음과 같은 의미를 가집니다. 켄 윌버Ken Wilber가 추천하는 '통합적인 훈련(integral practice)'은 생태마을의 삶을 묘사합니다. 듀에인 엘진Duane Elgin이 요구하는 '자발적 소박함(Voluntary simplicity)'과 베르나르 리에테르Bernard Lietaer가 묘사하는 '지속가능한 풍요(sustainable abundance)'는 생태마을 사람들의 라이프스타일에서 찾아볼 수 있습니다. 폴 레이Paul Ray와 루스 셰리 앤더슨Ruth Sherry Anderson이 정의한 '문화적인 창의성(Cultural Creatives)'의 증가는 생태마을 사람들이 이미 채택해 자신들의 삶에 녹여낸 가치입니다. 토마스 베리Thomas Berry가 '새로운 우주론(new story of the universe)'을 요구할 때 생태마을 사람들은 이미 그 이야기를 지상에서 실행하고 있습니다.

사회적 운동들의 초점이 각각 중요한 개별 주제인 기후 협정, 재사용 에너지, 경제적 개정 등에 맞춰져 있다면 생태마을 사람들은 전일적인 문제 해결을 위해 언행일치를 보여 주는 역할을 맡고 있습니다.

마침내 생태마을운동의 시간이 온 것인지도 모릅니다. 우리는 다국적 기업의 필요가 아니라 어디에나 있는 평범한 사람들과 인류가 지속가능하고 공평한 세계 사회로 빠른 시일 안에 변해야 함을 아는 사람들을 위해 확고한 기반을 마련했습니다. 또한 사회를 밑에서부터 전부 바꿀 수 있다는 가능성을 갖고서 실천하는 중입니다. 하지만 우리의 힘만으로 할 수 있는 일은 아닙니다. 근본적으로는 개정된 세계 무역 협정, 기후 변화 대처 방법에 대한 합의, 최빈국 사람들을 위한 진정한 권한 부여 같은 변화가 필요합니다.

기원

세계 생태마을 네트워크의 열망은 1990년 가이아 트러스트Gaia Trust가 그린 계획에서 출발했습니다. 다음 글은 젠GEN의 중요한 시점에 대해 개인의 해석을 포함하고 있습니다. 우리는 이것을 두 시기인 1991~2003년과 2013~2015년으로 나누어 설명하고자 합니다.

힐더의 이야기

1967년 1월 힐더가 변호사로 학위를 받았을 때, 그녀는 인간이 본질적으로 이기적인지 여부를 조사하기 위해 이스라엘의 키부츠에 갔습니다. 파트너였던 로스 잭슨과 토론을 반복하면서 힐더는 인간의 본성이 바뀔 수 있고, 더 나은 사회를 건설할 수 있다는 깊은 확신을 갖게 됩니다. 힐더는 로스와 결혼하여 오로빌 생태마을이 설립되고 학생 반란이 유럽을 휩쓸던 1968년 2월에 첫 아기를 낳았습니다.

그녀는 덴마크에서 문화사회학 공부를 시작하면서 변화를 가져올 수 있는 지식을 습득했습니다. 그렇게 10년 동안 그녀는 전통적인 과학에 의문을 제기하고 사회운동을 조직하고 참여하면서 덴마크의 첫 번째 코하우징 프로젝트 중 하나를 함께 시작했습니다. 모든 것이 가능하리라 믿었습니다.

이후 힐더는 '우리 손 안의 미래(The Future in our hands)'를 설립한 에릭 댐만Erik Dammann의 노르웨이 프로젝트인 '북유럽 대안 미래 사업(Nordic Alternative Future Project)'에 대해 듣게 되었습니다. 이 사업은 세계적인 사회 문제와 환경 문제를 해결하기 위한 비전을 만들고자, 100여 개의 북유럽 풀뿌리운동을 최고의 과학 연구 집단과 연결하는 프로젝트였습니다.

연구 협의회가 북유럽 여러 나라에 창설되었고 힐더는 덴마크에서 10년 동안 조정자로 일했으며, 이후 '북쪽에서 온 미래 편지(Future Letter from North)'를 나이로비의 유엔 여성 기구에 제출했습니다. 이곳에서 그녀는 왕가리 마타이Wangari Maathai(케냐의 여성환경운동가로 아프리카의 생태, 사회, 경제, 문화적 발전을 이끈 공로를 인정받아 2004년 노벨평화상을 받았다ー옮긴이)와 친구가 되었습니다.

힐더는 점차 '우리는 세상을 변화시키는 데 필요한 모든 지식과 도구를 이미 가지고 있다'고 확신합니다. 다만 그러기 위해서는 북반구에 사는 사람들이 자신의 집을 스스로 정리하고, 지속가능한 공동체를 건설하고, 동시에 세계 다른 나라들을 착취하는 일을 포기해야 했습니다. 이것이 힐더가 1987년 덴마크에서 자선단체인 가이아 트러스트를 공동 설립하고 가이아 트러스트의 '음양' 계획을 수립한 배경입니다.

지난 수세기 동안 발전한 기술과 경제학은 '양'의 방식으로만 사회를 조직화했습니다. 이제는 사람들이 어떻게 함께 살고 싶은지 결정하기에 알맞은 때인 것 같습니다. 전 세계적으로 남성과 여성이 자연과 더불어 서로 조화를 이루며, 지속가능하고 영적으로 충만한 방식으로 살기를 원하십니까? 바로 이것이 '음'의 방식에 해당합니다. 이런 맥락에서는 비전이 실현될 수 있도록 기술을 개발하고 지원하는 일을 '양'의 방식이라고 볼 수 있습니다.

로스의 이야기

로스의 배경은 상당히 달랐습니다. 그는 운영 연구를 전문으로 하는 민간 부문의 경영 컨설턴트로서 다양한 산업 분야에서 광범위한 경험을 쌓았습니다. 또한 수년 동안 환경 문제와 빈부 격차 문제의 증가가 무시되는 현실에 관심을 가졌지요. 로스는 성장 모델이 한계에 도달했다는 결론에 동의했고, 그러한 문명은 미래에 심각한 문제에 직면하게 될 거라고 예측했습니다. 힐더는 이에 대한 대안적 실천이 문제의 일부인 정치인들에게서 나오는 것을 기대할 수 없다고 생각했고, 로스도 여기에 동의했습니다.

로스는 생태마을이 향후 세계 경제 위기에 전략적으로 대응할 수 있는 잠재력을 가지고 있다고 생각했고, 생태마을 네트워크를 지원하는 일에 매료되었습니다. 그는 우리가 성장의 한계의 도달하고 세계 경제가 붕괴됨에 따라 지속가능한 미래로 전환할 수 있는 방법을 찾기 어려워질 때, 새로운 문화를 건설할 수 있는 생태마을 네트워크가 필요하리라 믿었습니다. 이 문화의 토대는 반드시 사람들의 지속가능한 삶터

여야 하고, 이를 위해서는 훌륭한 모델들이 필요했습니다. 따라서 그러한 모델을 제공하는 생태마을 네트워크의 구축은 미래를 위한 귀중한 기반이라고 본 것입니다.

초창기: 1991~2004년

피오르드뱅 1991년

1990년 힐더와 로스는 아게 로젠들 닐슨Aage Rosendal Nielsen의 지도 아래 25년간 국제 학습 센터를 운영했던 피오르드뱅Fjordvang, 즉 전前 '세계 대학(World University)'을 인수했습니다. 1991년 〈인 컨텍스트In Context〉 잡지의 편집자인 로버트Robert와 다이앤 길먼Diane Gilman은 그들과 함께 덴마크 서쪽에 위치한 곳에서 생태마을을 만들고 공통된 사안을 연구했습니다.

첫 번째 단계로 가이아 트러스트는 로버트와 다이앤에게 이 분야를 조사하고 전 세계의 생태마을 사례를 확인하도록 의뢰했습니다. 두 사람의 보고서에 따르면 대단히 흥미롭고 다양한 공동체들이 있었지만, 본격적으로 이상적인 생태마을은 아직 존재하지 않았습니다. 그러나 한편으로는 기존의 공동체들도 엄청난 가능성을 품고서 다른 문화와 생활 방식에 대한 비전을 만들고 있었습니다.

가이아 트러스트는 이를 토대로 20명의 공동체 사람들과 몇 명의 광범위한 사상가를 초청했고, 지원금을 가장 잘 활용할 수 있는 방법을 함께 논의했습니다. 이때의 참가자들 중에는 이후 젠GEN의 핵심 리더가 되는 맥스 린데거Max Lindegger, 데클란 케네디Declan Kennedy, 알버트 베이츠와 같은 사람들이 있었습니다. 뿐만 아니라 생태마을 영역의 외부 지식인인 내츄럴스 스텝Natural's Step의 설립자 헨드릭 로버트Henrik Rob-ert, 『기업이 세계를 지배할 때(who later wrote When Corporations Rule the World)』의 저자인 데이비드 코튼David Korten, 글로벌 액션 플랜The Global Action Plan의 메릴린 멜먼Marilyn Mehlmann도 초대되었습니다.

이들은 가이아 트러스트가 실제로 새로운 패러다임을 만드는, 즉 생태마을에 거주하는 사람들을 지원해야 한다는 데 의견을 일치시켰습니다. 왜냐하면 생태마을 사람들은 본질적인 전환을 시도하고는 있었으나 다른 어떤 곳에서도 지원을 받지 못하고 있었기 때문입니다. 그들은 기술적으로 진보된 사회에서 지속가능하고 영적으로 충만한 방식으로 자연과 조화롭게 살 수 있음을 보여 주고자 했습니다. 모두 앞서 말한 좋은 모델이 세상에 꼭 필요하다는 걸 분명히 느끼고 있었습니다.

첫 번째 생태마을은 어디였을까요? 젠GEN이 존재하기 이전에 이미 많은 공동체들이 만들어졌기 때문에 이것은 어려운 질문입니다. 1960년대에는 스코틀랜드의 핀드혼, 미국의 테네시Tennessee 농장, 스리랑카의 사르보다야Sarvodaya, 아프리카 부르키나파소의 남NAAM 운동과 같은 다양한 영적 기반 프로젝트가 시작되었습니다.

아이슬란드의 솔하이머Solheimer는 1930년까지 역사를 거슬러 올라갑니다. 인도의 철학자이자 현자인 스리 오로빈도와 그의 동지인 프랑스인 마더는 1968년 이미 인도의 오로빌 비전을 제시했습니다. 따라서 이 질문에 대한 대답은 쉽지 않습니다.

지오프 코지니Geoph Kozeny는 다큐 〈유토피아의 전망들(Visions of Utopia)〉에서 '공동체'에 대한 개념은 오래전부터 있어 왔다고 말합니다.

공동체는 오랜 옛날부터 인간 문화의 정수였습니다. 그러나 새로운 이름을 사용함으로써 기본 개념에 새로운 에너지를 더하게 되었습니다.

1993년 가이아 트러스트는 기존 설립된 공동체와 초기 공동체 가운데 많은 수를 덴마크 생태마을 네트워크라는 이름 아래 모아, 첫 번째 국가적인 네트워크 모임을 꾸렸습니다. 두 번째는 피오르드뱅에서 좀 더 작은 그룹으로 모여 글로벌 전략 회의를 열었습니다. 이 회의에서 하미쉬 스튜어트Hamish Stewart의 지도 아래, 가이아 트러스트와 덴마크 기금 사무국이 함께 비공식적으로 느슨한 네트워크를 시작합니다.

핀드혼 1995년

이 운동은 1995년 큰 진전을 이뤘습니다. 존 탤벗과 다이앤 길먼이 주도하여 핀드혼에서 콘퍼런스를 열었습니다. '21세기를 위한 생태마을과 지속가능한 공동체'를 주제로 삼은 이 회의는 핀드혼 공동체의 주도로 개최되었고, 비공식 생태마을 네트워크를 성공적으로 조직했습니다. 이 과정은 1996년 핀드혼 출판사에서 『생태마을과 지속가능한 공동체: 21세기 삶을 위한 모델(Ecovillages and Sustainable Communities: Models for 21st Century Living)』로 출판되었습니다. 이 회의에는 40개국 400여 명이 참석했으며 그 밖에도 약 300명의 사람들이 참여를 원했지만 자리가 없어 돌아가야 했습니다. 당시 생태마을이라는 개념이 많은 사람들에게 큰 자극을 준 것이 분명했습니다.

회의 직후 서로 다른 생태마을에서 온 20명이 5일 동안 만나 모임을 가졌고, 세계 생태마을 네트워크인 젠GEN이 공식적으로 설립되었습니다. 미국의 더 팜, 독일의 리벤스가든Lebensgarten, 호주의 크리스탈 워

세계 생태마을 네트워크

핀드혼에서 함께 모인 젠GEN 창립자들.

터스Crystal Waters가 지리적으로 전 세계를 포괄하는 3개의 지역 네트워크를 구성하고, 이들을 국제적으로 통합하는 사무소는 덴마크의 가이아 트러스트에 두었습니다. 그리고 3~5년 동안 이 네트워크를 확장하는 데 전념했습니다.

첫 번째 계획은 기존 프로젝트를 연결해 지역별 네트워크를 만드는데 초점을 맞추는 것이었죠. 그런 다음, 머지않아 예산과 인력이 충당되면 이를 통해 여러 대륙을 가로질러 퍼져 나갈 수 있도록, 장기적으로 교육 네트워크 같은 세계적인 서비스를 만드는 것을 목표로 했습니다.

유엔 하비타트 : 이스탄불

라쉬미 메어의 열정적인 참여로 1995년 핀드혼 모임에서는 다가오는 여름, 터키 이스탄불에서 열리는 유엔 하비타트UN Habiat(유엔인간거주위원회, 1977년 설립된 국제연합 산하의 기구로 전 세계 모든 사람에게 적절한 주거 환경과 보다 나은 생활수준을 제공하는 것을 주된 목표로 활동한다 - 옮긴이) 국제회의에 젠GEN이 참여하여 NGO 포럼 부분에서 중요한 전시회를 열었습니다. 점토로 미장한 긴 스트로베일 벽은 전 세계의 생태마을에서 보낸 사진과 포스터를 붙이기 위한 이상적인 장소가 되었고, 풍력 발전기, 태양 전지, 흐르는 물 등의 설치물은 전시회장을 즐거운 분위기로 만들어 주었습니다.

힐더는 「지구는 우리의 삶터(The Earth is Our Habitat)」라는 소책자 5,000부를 준비했으며, 생태마을 및 세계 정치에 관한 모든 문제를 다루는 40개 이상의 워크숍을 개최했습니다. 또한 젠GEN은 전시장 밖에서 지역의 건축 장인들과 오래된 하란Harran(터키 남부 지역의 전통 건축물 - 옮긴이)식 석조 건물을 짓는 일을 맡았습니다. 오로빌 공동체에서 온 인도 건축가 수하시니Suhasini는 수작업 흙벽돌 기계로 제작한 진흙 벽돌로 불과 5일 만에 매력적이고 내진성이 강한 집을 지었습니다.

한느 스트롱Hanne Strong은 스리랑카 사르보다야에서 아리 아리야라튼Ari Ariararatne과 처음 만나 일을 시작했습니다. 그녀는 40명의 영적 지도자를 초청해 생태마을을 중요하고 새로운 개념이라고 높이 평가하는 목소리를 담은 성명서를 발표했습니다. 공식 회의에서 많은 손님들이 젠GEN 전시회를 방문해 찬사를 보냈고, 젠GEN은 평판이 좋은 유엔 대표단과 로스 라이팅Ross writing, 헬레나 노르베리 호지와의 대화에 초청을 받았습니다. 이렇게 이스탄불에서의 경험은 젠GEN이 세계 무대에서 굳건한 위치를 잡을 수 있게 했습니다.

이스탄불의 유엔 하비타트 전시회에서 젠GEN의 다양한 생태마을 포스터는 많은 사람의 관심을 끌었습니다.

젠GEN의 역사

대륙별 네트워크

그로부터 3년간 젠GEN의 초기 임원진이자 세 대륙의 사무활동가인 데클란 케네디, 알버트 베이츠, 맥스 린데거의 리더십과 초기 젠GEN 이사회의 지도 아래 네트워크가 형성되었습니다.

이 기간 동안 3개의 자치 네트워크가 설립과 성장을 거듭했습니다. 당시에는 아메리카 생태마을 네트워크(Ecovillage Network of America, ENA), 아프리카 지역까지 포함해 활동하던 젠 유럽GEN Europe, 젠 오세아니아 아시아(GEN Oceania/Asia, GENOA)였습니다. 젠GEN 이사회는 이 기간 동안 전 세계 여러 곳에서 모임을 가지기도 했습니다.

가이아 트러스트의 지원 축소

2001년 6월 가이아 트러스트는 젠GEN에 대한 재정 지원이 향후 2년 동안 점차 줄어들 것임을 알렸습니다. 가이아 트러스트는 정책적으로 창립자가 활동하는 시기에 비교적 단기간으로 기금을 투여하는 방식을 취하고 있었기 때문이죠. 당시 젠GEN 역시 재정적인 독립을 원하기도 했습니다. 이제 젠GEN은 새로운 재원을 찾아야 했습니다.

인도 뭄바이에 있는 지속가능한 미래를 위한 국제 연구소의 라쉬미 메어 박사의 특별한 역할을 언급하지 않는다면, 젠GEN의 역사는 완성되지 못할 것입니다. 라쉬미는 비공식적으로 젠GEN의 '유엔 대사'로서 모든 대규모 회의와 많은 기획 회의에 참석했습니다. 그는 유엔과 몇몇 남반구 정부의 고문이기도 했습니다.

2002년 8월 요하네스버그 유엔 국제 정상 회담에서 라쉬미는 남

젠GEN 홍보대사인 라쉬미 메어Rashmi Mayur 박사.

반구의 공식 대변인으로 임명되어 28차례의 주요 연설과 워크숍을 기획했습니다. 그러나 비극적으로 그는 첫 연설에서 쇠약해져 뇌졸중을 앓았습니다. 그로부터 4개월 동안 의식을 잃었고 결국 2004년 초 세상을 떠났습니다. 동료들은 지속가능하고 더 나은 세상을 만들기 위한 비전을 갖고 있었던 그를 매우 그리워합니다.

생태마을에서의 영성

각각 다른 영성적 실천을 행하는 수많은 공동체를 관찰하고 방문하는 것은 매우 흥미진진한 일입니다. 한 가지 두드러지는 점이 있다면, 종교 갈등으로 갈기갈기 찢어진 이 세상에서도 젠GEN만큼은 어떤 문제도 겪지 않았다는 사실입니다. 사실 그 정반대라고 해도 무방합니다. 우리는 현존하는 모든 전통의 범위 안에서 기도와 명상을 해왔는데, 이 모든 것들에 의해 풍요로워지고 받아들여지는 기분을 느껴 왔습니다.

우리와 관련된 전 세계의 공동체에서 매우 다양한 영성적 배경을 가진 사람들이 서로 협력하고 수용하고 사랑하며 살아갑니다. 우리 모두는 공동의 가치를 공유하지만 개별적으로 다른 종교와 문화를 가지고 있습니다. 세상은 이처럼 종파를 초월하는 작업들을 필요로 합니다.

2004~2015년

앞서 언급했듯 가이아 트러스트는 2003년 7월을 기점으로 지원금을 10분의 1 수준으로 줄였습니다. 이에 따라 젠GEN은 사실상 자원 활동 조직으로 변화했습니다.

지속가능성을 위한 교육

새로운 교육 프로그램에 대한 아이디어는 아주 이른 시기부터 거론되었습니다. 1990년대 후반 당시 비교적 규모가 있는 대부분의 공동체에서는 자신들의 지역 내에서 교육을 진행했습니다. 지식을 공유하고 싶은 자연스러운 마음에서 비롯된 활동일 것입니다. 그들은 일반적으로 퍼머컬처, 지속가능성, 생태마을 디자인에 관해 교육했습니다. 그때부터 몇몇 공동체는 스스로를 필립 스나이더Phillip Snyder에 의해 처음 고안된 개념인 '삶과 배움(Living and Learning)'의 중심이라고 부르기 시작했습니다. 하지만 공통적인 교육 과정은 아직 존재하지 않았습니다.

1998년 힐더는 생태마을 네트워크에 연결된 55명의 교육자들을 덴마크의 피오르드뱅으로 초대했습니다. 로스의 육십 번째이자 맥스 린데거의 오십 번째 생일을 기념하는 동시에, 브레인스토밍 방식으로 지속가능성 디자인을 위한 종합적인 교육 프로그램을 만들고 싶었기 때문입니다.

세계 생태마을 네트워크

지금 말하는 교육 프로그램이란 수많은 다양한 개념들, 즉 유기농업, 퍼머컬처, 재생가능 에너지, 폐수 처리, 회의 조율, 생태건축, 갈등 조정, 녹색 사업과 경제 등을 말합니다. 이는 곧 '삶과 배움'을 기반으로 교육 분야의 패러다임을 새롭게 만들고자 하는 시도였습니다. 또 그것은 생태마을에서의 배움을 직접 현장에서 실증해 보는 통합 프로그램을 의미합니다. 새로운 삶의 방식을 만들고 디자인하는 방법을 배움과 동시에 그 삶을 살아 내는 방식이었습니다.

힐더는 여기서 멈추지 않고 2004년 6월 30명의 교육자를 초청해 핀드혼에서 또 다른 모임을 진행했습니다. 이 일의 시작은 2002년에 출판된 힐더와 카렌 스벤슨Karen Svensson의 책, 『생태마을의 삶: 어머니 지구와 인류의 회복(Ecovillage Living: Restoring the Earth and Her people)』의 한 장인 「지속가능성의 바퀴(Sustainability Wheel)」에 묘사되어 있습니다.

가이아 에듀케이션(www.gaiaeducation.net)은 2005년 10월에 핀드혼에서 열린 '젠 플러스 텐GEN+10' 콘퍼런스에서 공식적으로 출범했고, 메이 이스트May East의 뛰어난 진두지휘 아래 성공적으로 활동하고 있습니다. 그때부터 젠GEN과 가이아 에듀케이션은 매우 밀접하지만 동시에 개별적인 두 독립체로 일해 오고 있습니다.

첫 성과는 생태마을 디자인 교육(EDE)이라는 명칭으로, 전 세계적으로 계속해서 진행되는 4주 교육 과정으로 나타났습니다. 가장 최근 집계에 따르면, 현재 35개국에서 진행되는 이 과정은 2008년 바르셀로나에 위치한 카탈루냐Catalonia의 '열린 대학Open University'과 함께 온라인 과정을 개발했고, 2015~2016년에 진행된 여덟 번째 시즌에서는 2년

휴휴코요틀Huehuecoyotl에서 진행된 젠GEN 임원진 모임에서.

간의 석사학위 과정을 인증받았습니다. 현재 해당 교육 과정은 가이아 에듀케이션 홈페이지에서 10여 개의 언어로 수강이 가능합니다.

2003년에 있었던 재정 긴축 이후에도 젠GEN은 이후 6년간 지속적으로 성장해 왔지만 이 기간이 쉽지만은 않았습니다. 다만 긍정적인 측면은 동유럽과 러시아 지역 사람들을 제외하면, 매년 열리는 젠 유럽 의회에 대해 해마다 점점 더 많은 사람들이 관심을 보인다는 점입니다.

특히 가이아 에듀케이션의 프로그램이 도입된 2005년부터는 많은 생태마을에서 새로운 삶의 양상이 드러나기 시작했습니다. 이는 교육이 지역적 차원의 확장일 뿐 아니라 일정하게 소득을 생산해 내는 수단으로 간주되기 시작했음을 나타냅니다. 유엔훈련조사연구소(UNITAR)와 함께 개발하여 잘 다듬어진 교육 과정과 무료로 제공되는 자료들, 유

네스코UNESCO의 인증은 그 시작을 수월하게 했고 대중의 관심을 끄는
데 도움을 주었습니다. 교육은 모든 생태마을이 가진 이야기의 필수적
인 부분이 되고 있습니다.

다시 활기를 되찾은 젠GEN

코샤 쥬베르트가 2008년 대표로 당선되면서 젠GEN은 새로운 국
면을 맞이했습니다. 코샤는 가이아 에듀케이션의 교육 과정을 개발한
30명의 교육자 중 1명입니다. 그녀는 이 교육 과정을 자신이 살던 독일
의 지벤 린덴 생태마을에 성공적으로 도입함으로서 해외에서도 많은
참가자를 끌어모았고, 독일 정부로부터 재정 지원을 얻어 냈습니다. 당
시 주요 목표 중 하나는 독립적인 아프리카 네트워크를 탄생시키는 것
이었는데, 이 목표는 2012년 독일 외교부에서 재정을 지원받으면서 많
은 관심을 받아 이뤄졌습니다.

젠GEN의 새로운 세대는 활동 영역을 넓혀가는 데 있어 매우 창의
적입니다. 동시에 모든 지역에서 일어나는 활동들에 아주 큰 힘을 불어
넣었고, 더 능률적인 조직과 한층 더 넓은 차원의 비전이 자리 잡는 데
일조했습니다. 2013년에는 북아메리카 네트워크(ENA)에서 독립하여
중남미지역 네트워크(Central America & South America, CASA)가 생겼고,
청년 조직인 넥스트젠NextGEN의 활동이 활발해지기 시작했습니다.

2012년 12월 세계는 마야 달력의 한 해가 저물고 새로운 해가 시작
되는 것을 기념하고 있었습니다. 이때 가이아 트러스트는 젠GEN과 가이
아 에듀케이션의 첫 시작을 일궈내고 핵심적인 역할을 맡고 있는 인물 5
명의 공로에 보답하기로 결정했습니다. 젠GEN 네트워크를 형성한 공로

가이아 에듀케이션 대표 메이 이스트과 코샤 쥬베르트.

를 인정해 맥스 린데거, 알버트 베이츠, 데클란 케네디에게 상이 주어졌고, 최근 젠GEN과 가이아 에듀케이션의 리더로서 영감을 불러일으킨 메이 이스트와 코샤 쥬베르트에게도 상이 주어졌습니다.

여러분은 핀드혼, 지벤 린덴, 타메라, 다마눌, 오로빌, 이타카와 같은 생태마을을 방문하여 새로운 문화가 도래하고 있음을 경험할 수 있습니다. 이들은 모두 조금씩 다르지만 전일적인 문화를 가지고 있다는 공통점이 있습니다. 그 안에서 사람들은 충만하고 즐거움이 가득한 사회적 삶을 살기 위한 변화의 과정을 밟고 있으며, 생태발자국을 낮게 유지하면서도 "재미가 없다면, 지속가능하지 않다!"라는 젠GEN의 오래된 격언을 잊지 않고 있습니다.

세계 생태마을 네트워크

소통을 위한 방법들

젠GEN과 함께하는 방법

만약, 이 책이 당신에게 좀 더 이 운동을 함께하고 싶은 영감을 불어넣었다면, 우리는 기꺼이 당신을 환영할 것입니다.

살고 있는 곳에서

당신이 사는 지역에서 가까운 생태마을을 찾고 그곳에서 자원봉사 활동이 가능한지 알아보세요. 이것은 그 공동체를 알게 되는 좋은 방법입니다. 그리고 당신에게 그곳이 잘 맞는지 경험해 보세요. 만약 주변에 생태마을이 없다면, 왜 여기에는 생태마을이 없는지 터놓고 질문하는 것에서 시작해 보세요. 당신과 같은 생각을 하는 다른 많은 사람들을 찾을 수 있을 겁니다.

각 나라에서

여러 나라에 당신이 생태마을을 찾을 수 있도록 돕고 생태마을을 시작하는 방법을 조언해 줄 전국 생태마을 네트워크가 있습니다.

가까운 곳에 생태마을이 있다면 당신은 그들을 연결시키거나 전국적인 네트워크를 위해 일할 수도 있습니다. 만약 생태마을이 없다면 당신은 젠GEN의 대사로서 당신이 있는 곳에서 생태마을 개념을 알리는 활동을 생각해 볼 수 있습니다. 좀 더 자세한 내용은 젠GEN 영문 웹사이트를 살펴보세요.

각 대륙에서

당신이 이미 생태마을 프로젝트에 참여하고 있다면, 함께 적극적으로 꿈을 꾸고 지지할 수 있도록 젠GEN 멤버십 가입을 고려해 보세요. 젠GEN은 전 세계에서 활동하고 있으며 대륙별 사무국 중 한 곳에서 자원 활동을 하거나 인턴십을 할 수 있는 다양한 가능성이 열려 있습니다.

대부분의 경우 숙박 비용은 스스로 감당해야 하지만, 당신의 활동을 지원하는 보조금이나 장학 제도가 있는지 확인해 보세요. 또는 온라인으로 자원 활동가가 될 수도 있습니다. 당신이 속한 대륙에서 어떤 일들이 펼쳐지는지 한눈에 볼 수 있는 멋진 방법입니다.

만약 지속가능한 지역 사회와 관련한 주제에 대해 논문을 작성할 생각이 있다면 젠GEN에 연락해 주세요.

국제적으로

젠GEN은 국제단체로서 당신이 있는 곳에서 이 네트워크가 활동할 수 있기를 희망합니다. 어쩌면 당신은 지속가능성, 번역, 정보기술(IT), 소통, 홍보, 정책에 영향을 주는 활동, 온라인 국제 실무 그룹을 위한 모금 활동 등등의 방법으로 기여할 수 있습니다.

젠GEN 국제 사무국에서는 항상 자원봉사자와 인턴을 받는 일에 관심을 가지고 있습니다. 안타깝게도 현재는 사무국에서 인턴 급여를 제공할 지원금이 없기에, 대부분의 자원 활동가들은 활동비를 지원해 줄 다른 곳을 스스로 찾고 있습니다. 우리는 최소 3개월 이상 활동할 수 있는 인턴을 환영합니다.

당신이 어디에 살고 있든지, 어디에서나 필요한 변화를 만들기 위해 노력하는 사람들을 지원하기 위한, 젠GEN의 캠페인을 통해 친구가 될 수 있습니다. 자세한 정보는 젠GEN 영문 웹사이트를 찾아보세요.

관심이 있다면?

만약 당신이 영감을 받았다면, 간단한 프로필과 당신이 희망하는 일, 기여할 수 있는 일을 서술하여 보내 주세요. 아래 이메일 주소로 연락하시면 됩니다.

info@ecovillage.org (국제사무국)

info@gen-europe.org (유럽)

contact@ecovillage.org (북아메리카)

info@ecovillage.org (중남미)

contact@gen-africa.org (아프리카)

welcome@ecovillage.org (오세아니아와 아시아)

소통을 위한 방법들

젠GEN 뉴스레터

젠GEN 뉴스레터는 세계의 생태마을운동을 소통하는 주된 통로입니다. 전 세계에 있는 정책 입안자들, 소셜 미디어, 잡지, 신문사 등 1만 5,000여 곳의 주소에 1년에 4번 보내지며, 여러 대륙의 젠GEN 회원, 지역 네트워크, 대사, 관련된 운동을 하는 활동가들로부터 모금되는 기부금으로 힘을 얻고 있습니다.

뉴스레터는 전 세계 생태마을에서 진행되는 행사 소식, 혁신과 개발 프로젝트들을 알리는 장입니다. 웹사이트 gen.ecovillage.org에서 무료로 PDF 버전을 다운로드 받거나 구독할 수 있습니다. 당신의 참여를 기다리고 있으니, news@ecovillage.org로 연락해 보세요.

또 다른 웹사이트들

젠 인터내셔널, 젠 아프리카, 젠 유럽, 제나, 제노아, 카사 그리고 넥스트젠은 각각의 웹사이트를 가지고 있으며 대륙별로 특화된 정보를 제공합니다.

gen.ecovillage.org

젠 인터내셔널GEN International은 모든 지역별 네트워크를 대표하고 전체적으로 세계 생태마을운동을 지원하는 상위 단체입니다. 이곳에서 국제적 차원의 젠과 관련된 다양한 소식, 행사, 자료, 정보를 찾을 수 있습니다.

gen-africa.ecovillage.org

젠 아프리카GEN-Africa는 아프리카 생태마을들의 연합체입니다. 지속가능한 생태마을의 개념을 적용한 사회적 회복성, 환경 보호, 자연 복구 활동을 촉진하고 있습니다.

gen-europe.org

젠 유럽GEN Europe은 유럽 생태마을들의 연합체입니다. 인간의 지속가능한 삶터 모델로서 생태마을의 개념을 적용한 사회적 회복성, 환경 보호, 자연 복구 활동을 촉진하고 있습니다.

genna.ecovillage.org

제나GENNA는 북아메리카 생태마을 네트워크로서 주로 미국과 캐나다에서 활발한 활동을 하고 있습니다.

genoa.ecovillage.org

제노아GENOA는 오세아니아와 아시아 지역의 사람, 생태마을, 단체들의 네트워크입니다.

casa.ecovillage.org

카사CASA는 중남미아메리카의 지속가능 거주지 이사회로 중남부 아메리카 전역의 네트워크를 조정하고, 강화시키는 역할을 하고 있습니다. 지속가능한 삶의 방식들을 홍보, 교육, 연구하고 전파합니다.

sites.ecovillage.org

젠GEN 사이트는 세계 생태마을 네트워크의 온라인 커뮤니티 플랫폼입니다. 네트워킹과 공동 프로젝트 개발을 지원하는 다양한 기능을 하고 있습니다. 네트워크의 여러 소식과 행사, 포럼과 장터에 관한 정보를 담고 있으며, 전 세계 생태마을의 개별 프로젝트들에 대한 데이터베이스를 구축하고 있습니다.

db.ecovillage.org

젠GEN의 데이터베이스는 온라인 커뮤니티 플랫폼에서 프로젝트와 행사들을 편하게 보고, 관리할 수 있는 명료한 인터페이스를 제공합니다. 젠GEN 사이트를 통해 접근하는 것과 동일한 데이터에 접근할 수 있습니다. 소셜 기능은 없지만 명료하고 구조화된 경험들을 제공하는 데 초점을 맞추었습니다.

solution.ecovillage.org

우리는 시대적으로 많은 도전에 직면하고 있습니다. 하지만 동시에 훌륭하고 많은 해법이 존재합니다. 이러한 사실을 더 많은 사람들이 함께 공유하고 적용할 수 있기를 바랍니다. '공동체를 위한 제안들(솔루션 라이브러리)'은 이 2가지를 연결하고 있습니다. 명료한 경로로 사용자가 원하는 정보를 찾을 수 있도록 접근이 편한 인터페이스를 통해 지속가능한 삶으로의 전환을 원하는 누구나 필요한 해법을 쉽게 만날 수 있도록 합니다.

솔루션 라이브러리는 인류와 모든 생명을 위한 미래를 만들어 갈

해법을 담고 있습니다. 세계 곳곳에 숨겨진 해법들을 공유하고, 한 곳에 모아 쉽게 둘러볼 수 있는 플랫폼을 제공합니다. 회원들은 각자 해법을 적용해 본 경험을 공유하고, 다양한 프로젝트를 통해 서로 연결됩니다.

이러한 방식으로 솔루션 라이브러리는 지식과 전문성을 주고받아, 전 세계의 사람들이 실행 가능한 해결책을 찾을 수 있도록 돕습니다. 그리고 아마도 가장 좋은 점은 이 모든 것이 무료라는 사실입니다! 마음껏 둘러보고, 공유하고, 연결되기를 바라는 따뜻한 마음으로 당신을 초대합니다.

마음껏 즐기세요!

넥스트젠, 젠GEN의 청년단체

2005년부터 주체적으로 활동하는 청년 모임이 기존의 생태마을 네트워크 안에서 가슴 뛰는 운동을 만들어 오고 있습니다. 넥스트젠 NextGEN은 젠GEN에서 청년 중심으로, 청년이 주체적으로 주제를 정하는 네트워크의 이름입니다. 넥스트젠은 현재 모든 젠GEN 대륙 네트워크에서 청년 기반의 사업들을 구축해 가고 있으며, 여기에 속한 활동가들은 전 세계 다양한 청년들을 대표하고 있습니다.

넥스트젠은 2012년에 활기를 되찾으면서, 목적 있는 삶을 살고자 하는 청년들의 열정적인 바람으로 출발해 지금까지 여러 청년 프로그램을 운영해 오고 있습니다. 청년들이 가진 호기심은 진정한 혁신을 만들어 내는 자연스러운 토대가 되고 있습니다.

이들의 프로젝트는 퍼머컬처, 생태 동아리 활동, 리더십 훈련, 소시오크라시와 드래곤 드리밍Dragon Dreaming(함께 꿈을 이루기 위한 수단으로,

함께 나누고 치유하고 나아가는 역동적인 에너지를 주는 과정 – 옮긴이) 같은 의사 결정 및 프로세스 디자인에 대한 학습 등, 생태와 관련된 여러 혁신 활동들에 중심을 두고 있습니다.

또한 지구 남반구와 북반구에서 청년들은 교류와 국제 활동을 통해 서로를 존중하고 이해하는 방법을 배워 가고 있습니다. 우리는 문화, 교육, 예술, 소통에 대해 탐구하며 전에는 상상할 수 없었던 이러한 방식들을 통해 우리의 잠재력을 활짝 펼칠 수 있습니다.

모임을 만들어 활동하고 원하는 미래를 꿈꾸며 얻은 에너지는 오래된 상처를 치유하고 새로운 길을 찾는 데 도움이 됩니다. 넥스트젠은 짧은 기간의 활동만으로도, 청년에게 힘을 모아 주는 일이 인류가 현재의 파괴적인 시스템으로부터 새로운 세상으로 나아가는 데 얼마나 중요한 것인지 보여 주었습니다. 우리는 언제나 더 많은 청년들이 함께하기를 기다립니다.

2013년 7월 스위스 슈바이엔알프Schweibenalp에서 열린 젠GEN 콘퍼런스에서 넥스트젠은 그해의 가장 고무적인 프로젝트에 수여되는 가이아 우수상(Gaia Excellence Award)를 수상하는 큰 영광을 안았습니다. 이 성과는 전 세계 청년들의 열정적인 프로젝트 덕분입니다. 생태마을 총회에서 수여한 이 상은 넥스트젠에 대한 젠GEN 공동체 전체의 믿음과 지지를 보여 주었고, 더 노력하게 된 활동가들의 헌신은 강력한 청년 운동을 만들어 내는, 동시에 젠GEN과도 뚜렷한 관계를 지속해 오고 있습니다.

nextgen.ecovillage.org

젠GEN과 가이아 에듀케이션

이 시대의 긴박한 위기 속에서 그려지는 협력의 풍경

가이아 에듀케이션은 젠 네트워크에서 탄생했습니다. 이는 광범위한 지식 체계를 배경으로 생태마을 교육자, 연구자, 직업인 들이 여러 차례 회의한 결과입니다. 이 연구 집단의 핵심 성과는 세계적으로 가장 성공적인 생태마을 및 공동체의 경험과 전문성을 바탕으로 생태마을 디자인 교육(EDE) 과정을 개발한 것입니다.

지난 10년 동안 가이아 에듀케이션은 변화를 주도하려는 사람들이 이 세상에서 인간 존재의 의미를 새롭게 디자인할 수 있도록 힘을 실어 주고 있습니다. 180개가 넘는 많은 프로그램들이 5개 대륙, 34개 국가에 널리 퍼진 전통공동체, 계획공동체, 도시 빈민가, 대학, 교육 센터들을 통해 5,000여 명 넘는 사람들에게 전달되었습니다.

생태마을 디자인 교육 과정은 다양한 나이의 학생들에게 에너지와 자원을 더욱 효율적으로 사용하고, 부를 공정하게 배분하며, 낭비를

세계 생태마을 네트워크

줄이는 데 필요한 적절한 기술과 분석 도구를 제공합니다. 또한 그런 지속가능한 사회를 만드는 방법 역시 교육 과정에 포함됩니다. 학생들은 지속가능성 디자이너가 되어 자신들이 속한 기존의 공동체, 기관 및 지역 들이 보다 지속가능한 생산 및 소비 형태를 갖출 수 있도록 돕습니다. 그리고 이 과정에서 함께하는 사람들이 더욱 즐겁고 의미 있고 건강한 삶을 영위할 수 있도록 적극적으로 지원합니다. 오늘날 가이아 에듀케이션 활동은 크게 3가지 흐름으로 나뉩니다.

- 전 세계 60개 이상의 기관들과 제휴한 오프라인 생태마을 디자인 교육(EDE) 인증 프로그램.
- 지속가능성 디자인을 위한 글로벌 온라인 강좌(영어, 스페인어, 포르투갈어).
- 밀레니엄 개발 목표(MDGs) 및 2015년 이후 개발 계획의 실행을 지원하는 프로젝트에 기반한 학습 활동.

　복잡하게 연결된 세계에서 우리는 빈곤을 끝낼 수 있는 첫 번째 세대이자, 자원 고갈 및 기후 변화가 불러올 최악의 결과를 막기 위해 용기 있게 행동할 수 있는 마지막 세대입니다. 2015년은 지속가능한 발전 목표를 기반으로, 모두를 위한 지속가능한 미래를 열고 새로운 번영으로 이끌 수 있는 매우 소중한 기회를 제공하는 통합의 해입니다. 또한 가이아 에듀케이션이 출범한 지 10년을 맞는 해이자, 젠GEN 20주년이기도 합니다. 우리는 이 의미 있는 기념일을 이 시대의 긴박한 위기 속에서 협력의 힘을 강화하고 새로운 힘을 불어넣는 기회로 삼으려 합니다.

주목할 만한 움직임들

부하마Buhama의 피그미 부족 사람들은 콩고 민주공화국의 첫 번째 생태마을을 만들고 있습니다.

호주의 크리스탈 워터스Crystal Waters 생태마을은 200명 이상의 사람들과 함께 야생동물 보호구역을 위해 일제히 행동하고 있습니다.

젠GEN은 인도 오리야Oriya에서 대다수가 생태마을로 알려진 4,000개의 전통부족마을들과 네트워크를 맺고 있습니다.

라 카라바나La Caravana 여행공동체는 남미에서 13년 동안 1,000명의 마을 사람, 농부, 청년, 아이 들에게 지속가능한 기술들을 가르쳤습니다.

독일의 가스트베르케gASTWERKe 공동체는 대안경제학, 합의 의사 결정, 의식 있는 소비를 하며, 사회적·정치적 갈등에 대해 적극적인 참여를 요구하고 있습니다.

노르웨이의 헌달Hurdal 생태마을은 액티브 하우스Active House를 개발하여, 친환경 녹색건축사업을 운영합니다.

주목할 만한 움직임들

헝가리의 에코 밸리Eco-Valley는 200명의
공동체 구성원을 충분히 먹일 수 있는 농작
물을 생산하며, 헝가리 전국의 가난한 지역
사회를 위한 사회적 활동을 하고 있습니다.

미국 버지니아의 트윈 오크스Twin Oaks
생태마을은 이미 50년 동안 존재해 왔고 두
부, 해먹, 태양열 에너지를 직접 생산합니다.

일본 후지산 자락의 고노하나 패밀리Kono-
hana Family는 100명의 구성원들이 건강
한 먹거리를 위해 새로운 농법에 전념합니
다. 또한 심리적으로 건강하지 않은 사람들
을 돌보는 일도 맡고 있습니다.

세계 생태마을 네트워크

캐나다 퀘벡의 라 시테 에콜로지크La Cité Ecologique는 대안학교로 시작해서 오늘 날에는 녹색 사업과 자연환경 보호를 성공 적으로 결합시켰습니다.

미국 미조리 주 북동쪽에 위치한 댄싱 래빗 Dancing Rabbit 생태마을은 생태 및 사회 적 지속가능성을 위한 모델을 만들고 있습 니다. 이를 통해 높은 품질의 저소비전력생 활 양식이 어떤 것인지 미국 사회에 보여 주 고자 합니다.

독일의 생태마을 쉴로스 템펠호프Schloss Tempelhof는 경제 및 법률적 노하우를 바 탕으로 여러 다양한 생태마을을 지원합니다.

주목할 만한 움직임들

참고도서

Abouleish, Ibrahim. (2005) *Sekem: A Sustainable Communityin the Egyptian Desert.* Edinburgh: Floris Books.

Bang, Jan Martin, (2005) *Ecovillages: A Practical Guide to Sustainable Communities.* Edinburgh: Floris Books.

Barton, H. (ed) (2000a) *Sustainable Communities: The Potential for Eco-Neighbourhoods.* London: Earths can Publications Ltd.

Bauman, Zygmunt. (2001) *Community: Seeking Safety in an insecure World.* Cambridge.

Bossel, Hartmut. (1999) "Indicators for sustainable development: theory, method, applications. A report to the Balaton Group." IISD, Winnipeg.

Chatterton, Paul and Alice Cutler. (200S) *The Rocky Road to a Real Transition: The Transition Towns Movement and What it Means for Social Change.* Education Collective Trapese.
www.stuffit.org/trapese/

Christian, Diane Leafe. (2003) *Creating a Life together: Practical Tools to Grow Ecovillages and Intentional Communities.* Canada: New Society Publishers.

Dawson, Jonathan. (2006) *Ecovillages: New Frontiers for Sustainability.* Devon: Green Books Ltd.

Dawson, Jonathan and Helena Norberg-Hodge and Ross Jackson. (2010) *Gaian Economics.* UK: Permanent Publications.

Duhm, Dieter (2001) *The Sacred Matrix: From the Matrix of Violence to the Matrix of Life. The Foundation for a New Civilization.* Wiesenburg: Meiga Publishing.

EDE(Ecovillage Design Education) (2005): a four-week comprehensive course to the fundamentals of Ecovillage Design for Urban and Rural Settlements. Endorsed by UNITAR- United Nations Institute for Training and Research. Version 3.0: 21.09.05. Director: May East.
www.gaiaeducation.org/

Eurotopia. 1998-2004. Intentional Communities and Ecovillages in Europe. Poppau. •

www.eurotopia.de

Ergas, C. (2010) "A Model of Sustainable Living: Collective Identity in an Urban Ecovillage." *Organization & Environment* 23(1): 32-54.

Garden, M. (2006) "The Eco-Village Movement: Divorced from Reality." *The International Journal of Inclusive Democracy* 2(3): 1-5.

Gilman, Robert and Diane Gilman. "Ecovillages and Sustainable Communities: A Report for Gaia Trust." (Gaia Trust, 1991).

Hopkins, R. J. (2010) "Localisation and Resilience at the Local Level: The Case of Transition Town Totnes (Devon, UK)." PhD -thesis, University of Plymouth.

Jackson, Hildur. (1999) *Creating Harmony: Conflict Resolution in Communities.* UK: Permanent.

Jackson, Hildur and Karen Svensson. (2002) *Ecovillage Living: Restoring the Earth and Her People.* UK: Green Books.

Jackson, J. T. Ross. (2000) *And We ARE Doing It: Building an Ecovillage Future.* San Francisco: Robert D. Reed Publishers.

Jackson, J. T. Ross. (1996) *The earth is our habitat: proposal for a support programme for eco-habitats as living examples of Agenda 21 planning.* Denmark: Holte, Gaia Trust; Global Eco-Village Network.

Jackson, J. T. Ross. (2012) *Occupy World Street: A Global Roadmap for Radical Economic and Political Reform.* White River Junction VT: Chelsea Green Publishing.

Joss, S. (2011) "Eco-Cities: The Mainstreaming Of Urban Sustainability - Key Characteristics And Driving Factors." *International Journal of Sustainable Development and Planning* 3(6): 268-285.

Joubert, Anja Kosha and Robin Alfred. (2007) Beyond You and Me. UK: Permanent Publications.

Joubert, Anja Kosha. (2010) Die Kraft der Kollektiven Weisheit. Wie wir gemeinsam schaffen, was einer alleine nicht kann. Germany: Kamphausen.

Keepin, William and Maddy Harland. (2014) *The Song of the Earth.* UK; Permanent Publications.

Kunze, I. (2012) "Social Innovations for Communal and Ecological Living: Lessons from Sustainability Research and Observations in Intentional Communities."

Communal Societies, journal of the Communal Studies Association 32(1): 50-67.

Kunze, Iris and Flor Avelino. (2009) "Exploring Ecovillages as alternative fields of sustainability and governance." Presentation at the European Conference on Interpretive Policy Analysis, June 2009, Kassel. Forthcoming publication in: *Critical policy journal.*

Kyvelou, S. (2011) "Exploring a South-European econeighbourhood model: planning forms, constraints of implementation and emerging resilience practices." *International journal of Sustainable Development* 14(1/2): 77-94.

Litfin, Karen. 2013. *Ecovillages: Lessons for Sustainable Community.* UK: Polity Press.

Mare, Christopher E. and Max Lindegger. (2011) *Designing Ecological Habitats.* UK: Permanent Publications.

Merrifield, Jeff. (1998) *Damanhur: The Real Dream.* London: Thorsons.

Newhouse, Brian. (2012) *Permaville: How to Design a Permanent Village.* USA.

Schwarz, Walter and Dorothy Schwarz. (1998) *Living Lightly: Travels in Post-Consumer Society.* Oxfordshire: Jon Carpenter Publishing.

Sullivan, W. M. (1994) *The Dawning of Auroviile.* Auroville, India: Auroville Press.

Walker, Liz. (2005) *Ecovillage at Ithaca: Pioneeringa Sustainable Culture.* Canada: New Society Publishers.

위 도서 가운데 4종의 도서가 '지속가능한 사회를 위한 4가지 열쇠(4 Keys to Sustainable Communities)'라는 시리즈로 2014년 아래와 같이 재간행되었음.

Social Key - *Beyond You and Me: Inspiration and Wisdom for Building Community.* Editors: Kosha Anja Joubert and Robin Alfred.

Economic Key - *Gaian Economics: Living well within planetary limits.* Editors: Jonathan Dawson and Helena Norberg-Hodge and Ross Jackson.

Ecological Key - *Designing Ecological Habitats: Creating a Sense of Place.* Editors: Christopher Mare and Max Lindegger.

Worldview Key - *The Song of the Earth: A Synthesis of the Scientific and Spiritual Worldviews.* Editors: Maddy Harland and William Keepin.

코샤 아냐 쥬베르트Kosha Anja Jou-
bert는 국제적인 협력자(facilitator)이자
교육자인 동시에 경영자이며 조언자입
니다. 교육 과정 개발, 국제 협력과 지속
가능한 발전 분야에서 광범위한 활동을
해 오고 있습니다. 남아프리카에서 성장하였고 이후 계획공동체에서
살았습니다. 지난 25년 동안 문화 간 소통에 대한 연구를 했습니다.

현재 스코틀랜드의 핀드혼 공동체에서 가족과 함께 살고 있으며,
젠 인터내셔널의 대표를 맡고 있습니다. 코샤는 지속가능성에 관한 교
육 프로그램을 주도적으로 개발하는 가이아 에듀케이션의 공동 설립
자이자, 국제적으로 적용되는 생태마을 디자인 교육(EDE) 커리큘럼의
공동 저자이기도 합니다. 특히 기존의 조직, 단체, 사회를 인류 공동의
지혜를 통해 협력, 창조, 혁신의 시스템으로 변화시키는 일에 관심이 많
습니다.

독일어로 출판되었던 자신의 저서 『변화를 만드는 사람들을 위한
공동의 지혜(The Change Makers Guide to Collective Wisdom)』를 영어로
번역하는 작업을 진행하고 있습니다.

레일라 드레거Leila Dregger는 농업 기술을 전공했으며 오랫동안 기자로 활동해 왔습니다. 레일라는 다양한 삶의 방식에 대해 배우기 위해 전 세계 모든 대륙에 있는 다양한 공동체를 여행하고, 평화 프로젝트에 참여하며, 그에 대한 글을 써오고 있습니다. 특히 평화, 생태, 공동체, 여성에 관한 주제에 열정을 가지고 있습니다.

지난 25년 동안 언론과 라디오에서 일했으며 공연과 영화 분야의 시나리오 작가이자 감독입니다. 그녀는 『여성의 목소리-가슴으로 하는 정치(The female voice-politics of the heart)』 잡지의 편집장을 지냈습니다. 독일 베를린에 있는 민주주의의 집(House of Democracy), 제그 공동체, 현재 거주 중인 포르투갈의 타메라 공동체에서 언론 업무를 담당했습니다.

2012년부터 젠 인터내셔널 뉴스레터의 편집자로 활동하며, 젊은 교수, 학생, 위기 지역에서 일하는 기자 들을 위해 건설적인 저널리즘을 가르치고 있습니다. 또한 다수의 책을 쓴 저자이기도 합니다.

한국어판에 함께해 주신 분들

* 가나다 순으로 표기했습니다.

• 넥스트젠 코리아 출판번역 담당

추아영(산들), 현숙진(흐름).

두 사람은 이 책의 한국어판 출간을 기획했습니다. 원서를 펴낸 젠GEN 과의 소통부터 번역과 한국어판을 위한 원고 의뢰까지 출간 작업의 전 과정을 진행했습니다.

• 넥스트젠 코리아 출판번역 프로젝트 팀

김두연, 민경주, 민여경, 유해리, 전화영, 정지영(보리), 조형찬.

이들은 2년 이상 꾸준히 이 책의 스터디, 번역, 감수, 회의에 함께 참여했 습니다.

• 번역 자원봉사자

권세현, 김우인, 박세영, 이경현, 이동근, She qing 그리고 풀무농업고 등기술학교 학생들(박준형, 박하림, 변주현, 손하람, 안혜민, 여혜빈, 임세령, 정 수연).

현지 언어(영어, 일어, 중국어)로 된 원고를 번역하고, 부분적으로 지원이 필요한 개별 생태마을 번역 작업에 자원해서 참여했습니다.

• 동아시아편 소통

김재형(빛살), 김현우(오하이오), 황진선(진).

원서에 없는 한국, 중국, 일본 동아시아 세 나라의 생태마을 원고를 더하는 과정에서 각 마을과의 소통 그리고 추가 원고에 대한 감수 작업에 도움을 주셨습니다.

• 해외 네트워크 소통

젠GEN(레일라, 코샤, 크리스토퍼), 제노아 GENOA.

원서를 만드느라 많은 노력을 쏟은 레일라와 코샤, 두 사람은 한국어판 작업에 대해서도 조언과 도움을 아끼지 않았습니다. 해외 계약을 담당한 크리스토퍼 역시 서로 다른 출판 환경에도 불구하고 이 책이 무사히 출간될 수 있게 인내를 가지고 소통에 응해 주었습니다.

• 추천사와 도움말

임진철, 황대권.

넥스트젠 활동가들의 프로젝트와 활동들을 지지하며 조언을 구할 때마다 기꺼이 손을 내밀어 주셨습니다.

• 텀블벅 펀딩 리워드 작업

민지홍(보파), 이경현, 전선미, 최빛나.

넥스트젠 활동가 보파와 오로빌리언인 세 사람은 이 책을 많은 사람들에게 알리기 위한 텀블벅 펀딩 작업에서 소통뿐만 아니라 오로빌의 작업장과 판매처를 오가며 힘을 보태 주었습니다.

• 여러분

이곳에 이름을 다 적진 못했지만, 지난 시간 이 책의 출간을 기다리며 후원하고 응원해 주신 여러 고마운 분들 그리고 텀블벅으로 후원해 주신 많은 분들께 감사의 마음을 전합니다.

사진 저작권 표시 모음

세계 생태마을 네트워크
지구를 살리는 희망의 지도

2018년 7월 7일 초판 1쇄 발행

엮은이   코샤 쥬베르트·레일라 드레거
옮긴이   넥스트젠 코리아 에듀케이션

펴낸이   천소희
편집   박수희

펴낸곳   열매하나
등록   2017년 6월 1일 제25100-2017-000043호
주소   (14011) 서울시 마포구 포은로 8길 28 2층
전화   02.6376.2846 | **팩스** 02.6499.2884
전자우편   yeolmaehana@naver.com
페이스북   http://www.facebook.com/yeolmaehana
블로그   http://blog.naver.com/yeolmaehana

ISBN   979-11-961711-5-5 03330

이 도서의 국립중앙도서관 출판예정도서목록(CIP)은 국가자료공동목록시스템(http://www.nl.go.
kr/kolisnet)에서 이용하실 수 있습니다.(CIP제어번호: CIP2018016970)

 삶을 틔우는 마음 속 환한 열매하나